皇室とメディア

「権威」と「消費」をめぐる一五〇年史

河西秀哉

新潮選書

はじめに

平成から令和へ

二〇一九（平成三一）年四月三〇日夜の八時ごろ、私は東京・渋谷のＮＨＫから六本木のテレビ朝日へ向かうため、タクシーに乗っていた。途中、渋谷駅前のスクランブル交差点を通過したとき、いつもの夜以上に多くの人々がいるのに気がついた。なぜそのような状況になっていたのだろうか。それは、この日が平成の最後の日だったからである。

私がこの日に東京にいたのも、平成から令和へのいわゆる「代替わり」を伝えるテレビ番組に出演するためであった。平成最後の日であった四月三〇日、各局はそのための番組を様々に編成していた。通常のニュースが延長されたり、バラエティ色の強い特別番組が作られたりするなかで、平成という時代を回顧したり、平成の天皇・皇后のあゆみを紹介したりしていた。そして、平成が終わるまさにその瞬間に向けて、テレビではカウントダウンが行われた。元号が変わる前後の時間の各地の様子が中継され、渋谷の交差点もまさにその対象の一つとなっていた。そこに集まっていた人々は、私が先ほど見たときよりももっと多くなっており、まるで年末から新年にかけてのようなお祭り騒ぎであった。この「お祭り」に参加するために、何時間も前から渋谷の交差点に多くの人々が詰めかけていたのである。

しかし、元号が変わるときにこうしたある種のイベントのような騒ぎが展開されたのは、近現代日本史上、初めてであった。近現代において元号が変わったのは、天皇が死去したときのみだったからである。それぞれの天皇の病気の様子はメディアを通じて伝えられたが、人の死である以上、ある程度の覚悟や予想はしていても、いつ何時《なんどき》そうなるのかはわからない。そして、天皇の死を以て起こる「代替わり」や元号の交代をカウントダウンするようなことは「不謹慎」に当たる。それゆえ、これまでにこうした現象は見られなかった。

平成から令和への「代替わり」は、二〇一六年八月八日に天皇が退位の意向を強くにじませた「象徴としてのお務めについての天皇陛下のおことば」をテレビなどのメディアを通じて発表し、それを受けて政府が「天皇の公務の負担軽減等に関する有識者会議」を開催、その後に「天皇の退位等に関する皇室典範特例法」が成立したことで、平成の天皇が日本近現代史上初めて「生前退位」することによって行われたものである。政府が政令によって、退位を四月三〇日と設定し、令和という元号も四月一日に前もって発表されており、平成最後の日が人々に印象づけられていた。

メディアも元号制定に関するプロセスや令和という文言に関するエピソード、平成という時代や天皇・皇后のあゆみを段階を踏んで何度も報道し、一つの時代の区切りと新しい時代への期待感を盛りあげようとしていた。だからこそ、人々はこの「代替わり」に熱狂したと推測できる。繰り返される報道によって平成の終焉という感情が増幅し、人々は新しい時代への期待感をふくらませた結果、わざわざ渋谷などへ集まったのではないか。政治家や経済人、文化人などが平成を振り返る企画に登場するとともに、私を含めた研究者がメディアで平成の皇室に関する総括を展開したことも、時代の変化を印象づけたと思われる。天皇や元号が変わることを、一つの時代の変化と同義で見ること、私たちはそうした感覚をどこかで内面化していたようにも思える。それは、繰り返すが、「代替わり」をめぐるメディアの報道によって具体化した。平成から令和への「代替わり」は、そうした状況のなかで展開されたのではないか。[1]

昭和から平成は？

こうした現象は、一つ前の「代替わり」、すなわち昭和から平成への変化のときとは大きく異なる。この「代替わり」については本論で詳しく触れるが、先ほど述べたように、天皇の死を以て起こった「代替わり」であった。昭和天皇が重体となってから死を迎えるまでに一定の時間があったことで、世間では様々な「自粛」が起きた。そこでもメディアは「自粛」を先導する役割を担っており、人々の「空気」を形成する役割を果たしていた。

私はこのとき小学生であったが、子ども心にその現象を不思議に感じたものである。昭和天皇が重体になっていたことから、多くのイベントが「自粛」された。一九八八（昭和六三）年秋、私がファンであった中日ドラゴンズはセ・リーグで久しぶりに優勝したが、その盛りあがりは抑えられていたように思う。バラエティ番組も休止するなどの措置がとられていた。小学生の私でもなんとなく「自粛」を肌で感じることが多かった。

同時期、ニュース番組では毎日、昭和天皇の体温・脈拍などの数値が具体的に発表されていた。それは新聞でも同じである。NHKでは後に高知県知事ともなる橋本大二郎が、当時は宮内庁担当の記者として、神妙な面持ちで毎日その状況を伝えていた様子が強く記憶に残っている。体温などの数値といった天皇個人の情報がメディアを通じて伝えられ、吐血や下血といった言葉も飛び交った（私はこのとき、初めてこの言葉を知った）。これも「自粛」をあおったのだろうか。

そして昭和天皇が亡くなると、テレビでは一挙に昭和天皇や昭和史を回顧する番組ばかりが放送された。まるで用意してあったかのように。新聞でもそうした特集が組まれ、紙面を埋め尽くした。その意味では、平成という時代や平成の天皇を回顧する今回の「代替わり」とは変わらないようにも見える。

二つの「代替わり」の違い

とはいえ、昭和天皇のときはそうした方向ばかりではなかった。「自粛」に反対する人々の動向を報じたり、戦時中の昭和天皇の思想と行動、そして天皇制という制度自体に批判的な言説が紹介されることもあった。その意味では、フィーバーに満ちた平成から令和への「代替わり」とは、その趣きがやや違っていたように思われる。昭和から平成への「代替わり」では、時代の区切りを迎えたという感覚はありつつも、どこか冷静な側面もあったのではないか。

この二つの「代替わり」の違いをどう見たらよいのだろうか。繰り返すように、天皇の死を以て「代替わり」がされたか否かという違いもあるだろう。また、戦争を体験した世代が減少し、人々の意識が幾分か変化したということもあるだろう。さらに、天皇制をめぐる様々な変化もあるように思われる。平成の最後、天皇・皇后に対する人々の支持・尊敬は最高潮に達した。それは昭和のときとは大きく違っており、天皇・皇后個人、そして象徴天皇制への肯定的な感情が広がるなかでの「代替わり」だったのである。このような雰囲気を形成した要因の一つが、天皇・皇后によって繰り返し行われた被災地訪問だろう。多くの人々は天皇・皇后と被災者の様子をメディアを通じて知り、天皇・皇后に対する感情を形成していく。つまり、私たちはメディアを媒介にして、象徴天皇制に関する意識を構築していると言ってもよいだろう。平成期、この被災地訪問の様子がたびたびメディアで伝えられた。そしてそれが私たちの印象に強く残った。それは平成の天皇制報道の特徴でもあった。それゆえ、昭和の最後と平成の最後の違いは、天皇制をめぐるメディアの報道の違いに起因しているとも考えられる。では具体的に昭和と平成の報道の違いはどのようなものなのだろうか。そして、なぜ報道の姿勢は変化したのか。本書ではそれを明らかにしていきたい。

小室眞子さんをめぐる問題

令和になって象徴天皇制に関する問題として大きくクローズアップされたのは、小室眞子《まこ》さんの結婚をめぐる一連の騒動だろう。二〇一七年五月、秋篠宮眞子内親王が国際基督教大学の同級生で法律事務所にパラリーガル（事務職員）として勤務する小室圭さんとの婚約準備を進めていることがＮＨＫにスクープされ、その後に婚約内定が発表された。このときのメディアは、小室圭さんの職業も、観光協会によって選ばれた「海の王子」という経歴も、二人が「留学に関する意見交換会」で出会ったことも、好意的に報じていた。それらは、新しい皇族のあり方にふさわしいこととして見られており、もちろん婚約内定の記者会見も好意的に見られた。

しかし同年、小室さんの母親のいわゆる金銭トラブルが『週刊女性』などの一部週刊誌で報じられたことで事態は一変する。そして二〇一八年二月六日には宮内庁は納采の儀などを含めた結婚に関係する儀式の延期を発表した。その際、眞子内親王と小室さんの「お気持ち」が発表されたが、そのなかには「昨年5月、予期せぬ時期に婚約報道がなされました。このことに私たちは困惑いたしましたが、結婚の意思を固めていたことから、曖昧な状態を長引かせない方がよいとの判断をし、当初の予定を大きく前倒しして婚約が内定した旨を発表することにいたしました」という文章があるように、NHKのスクープによって急ぎ婚約内定の公表をしなくてはならなくなったことなど、メディアに対する不信感とも言える「お気持ち」が入っていた。

同年八月には小室さんがニューヨークへ留学し、事態は膠着状態が続いた。しかも秋篠宮が誕生日の記者会見で、「多くの人がそのことを納得し喜んでくれる状況」「にならなければ、私たちは、いわゆる婚約に当たる納采の儀というのを行うことはできません」と述べた。この間、週刊誌などのメディアやネット上では結婚に反対する意見や疑義などが数多く提起された。小室さんに関する様々な噂も報じられた。宮内庁はこれに対して「眞子内親王殿下に関する最近の週刊誌報道について」を発表、週刊誌メディアによる報道を「雑音」と表現しながら、かなり強い調子でその報道に反論したものの、小室さんへの批判は止まらず、眞子内親王へも波及していく。その後に結婚決定の正式発表がなされたとき、同時に眞子内親王の複雑性PTSD（心的外傷後ストレス障害）も発表されたことでメディアへの逆批判も展開されたが、秋篠宮家に対する批判的な報道が続いている現状がある。なぜこのようになってしまったのだろうか。

しかも結婚後、秋篠宮は誕生日の記者会見で「PTSDと診断された眞子さんの体調に影響を与えたと考えられる週刊誌報道やインターネット上の書き込み」について問われ、数多くではないにせよ週刊誌を読んでいると述べ、「創作というか作り話が掲載されていることもあります」と答えた。眞子さんと小室さんについて書かれている、もしくは自分たちが話題となっている週刊誌記事を読んでいると皇族が告白すること自体、今までにない言及であり重要である。続けて秋篠宮は週刊誌について「一方で、非常に傾聴すべき意見も載っています。そういうものが、一つの記事の中に混ざっていることが多々あります。ですので、私は、確かに自分でも驚くことが書かれていることがあるんですけれども、それでもって全てを否定するという気にはなれません」とも述べるなど、そこには自身も参考にすべき意見が掲載されていることにも言及した。

詳しくは本論で述べるように、象徴天皇制の展開が、戦後に数多く創刊された週刊誌の発展とも軌を一にしており、週刊誌には数多くの皇室記事が掲載されてきたという認識が秋篠宮にあったのではないだろうか。週刊誌には美智子皇后（現・上皇后）や雅子皇太子妃（現・皇后）に対するバッシングとも言えるような記事も書かれるなど、プライバシーを含めて様々な問題点が指摘されてきたが、一方で戦後の皇室イメージを形成し人々に定着させたのも週刊誌であった。秋篠宮はそうした経緯を知っているからこそ、週刊誌の公論としての意義に一定程度の理解を示したのだろう。これは、結婚後の記者会見のなかで、週刊誌もネットもまとめて「誹謗中傷」という形でとらえうるように回答した小室眞子さんの態度とは異なる。先ほど述べたように、週刊誌とともに歩んできた皇室の一員である秋篠宮は、その効用の部分についても充分に実感しているのだと言える。だからこそ、虚実混じる記事については、戸惑っていることも正直に告白したのだろう。象徴天皇制における週刊誌というメディアの意味をよく理解しているがゆえに、眞子さんの問題における週刊誌の報道には疑問が勝ったのではないか。

「権威」「人間」「消費」

つまり、メディアとともに象徴天皇制はあり、あるときは協調とも言える関係を築き、象徴天皇制に対する支持・尊敬を集める媒体ともなりつつ、あるときは緊張関係によってバッシングすら展開する媒体ともなった。では、その関係性は具体的にはどのように構築されてきたのか。本書はそれを明らかにすることを目的とする。新聞、月刊誌、週刊誌、ラジオ、テレビ、そしてSNSなどのメディアの特性にも気をつけながら、歴史的なあゆみを見ていきたい。

ところで、本書では天皇制という用語を使用している。この言葉自体、様々な意味で用いられ、戦前のマルクス主義における国家論争などでもこの用語を使いながら国家体制が批判的に検討されたため、現在においてその概念を使うことに批判的な意見も見られる。しかし、本書では天皇制という用語をそうしたイデオロギーを抜きにして、価値中立的に使用する。大日本帝国憲法で「統治権の総攬《そうらん》者」として、日本国憲法では「象徴」と定められた天皇が存在する日本の政治・社会形態・ありようを指すものとして、本書では天皇制という用語を使用する。

なお、本書でキーとなる三つの概念についても説明しておく。「権威」「人間」「消費」という概念である。近現代の天皇制とメディアをめぐる動きは、この三つの概念で説明できるのではないかと思われる。天皇や皇室を「権威」として扱い、私たちとは違う遠い存在と見る価値観。私たちと同じ「人間」として親近感を持ち、支持する志向。さらには、天皇や皇室を「消費」的に扱い、まるで芸能人を見るかのような「空気」感。近現代の日本のあゆみのなかで、それぞれの概念が絡み合いながら、ときに「権威」が強くなったり、ときに「人間」性を希求する人々があらわれたり、ときに「消費」する風潮が高まったり。いずれかのみに振れることはなく、時期によって様々なバランスのなかでこの三つの概念が作用することになる。本書ではその状況を明らかにしていく。また、本書は以上の趣旨と概念から『皇室とメディア――「権威」と「消費」をめぐる一五〇年史』と題した。

皇室とメディア——「権威」と「消費」をめぐる一五〇年史　目次

皇室とメディア——「権威」と「消費」をめぐる一五〇年史

第1章　大衆社会の成立と天皇制

欧州訪問先のイギリスで、首相のロイド・ジョージ（前列左から２人目）一家と首相別邸前で記念写真に納まる裕仁皇太子（その右隣）。1921年５月15日撮影。毎日新聞社提供。

皇室報道の始まり

明治維新後の文明開化によって、日本でも欧米に倣った新聞が多数発行され、政府も報道機関という新しい勢力への対応を迫られた。皇室の事務を司る宮内省もこれらのメディアに対して便宜を図り、皇室発の情報を流す仕組みを整えていった。[1] たとえば宮内省は、情報を受け取る探報記者（通信員）のために宮城（皇居）への通行証を発行していたようである。さらに、彼らに適宜、天皇や皇族に関する情報を伝えた。天皇制とメディアの関係はここから始まった。

一八七四（明治七）年一一月二日に発行が開始された『読売新聞』第一号の冒頭は、天皇・皇后の行幸啓（国内の外出）が実施されて、彼らの乗った車が通る際には脱帽して敬礼するように求める内務大丞《たいじょう》の布告が全文掲載され、行幸啓に関する説明や布告についての解説が付されている。[2] つまり皇室に関する記事は、近代日本において新聞が発行された当初から重要なテーマの一つであった。その後も、天皇や皇族に関する動きや出来事、皇室の行事など、様々な皇室記事が掲載された。明治の初期には、明治天皇はいわゆる「六大巡幸」（一八七二～八五年）という形で積極的に日本全国へ出かけていたが、全国紙もその動向を逐一報道している。[3] それ以上に地方紙は、地元に天皇がやって来るということもあって、大きく紙面を割いて天皇来訪の予定や様子などを準備段階から報道していた。

こうした皇室に関する記事は、当初は「雑報」や「電報」欄のなかで他の記事と並べられて掲載されていたが、『読売新聞』では一八九九年七月一三日より「宮廷記事」という欄が設けられ、そのなかで報じられるようになる。このように特別な欄が設けられた背景には、それだけ天皇や皇族の動向が特別視されていたこと、そして伝えるべきニュースが増えていったからだと推測される。新聞メディアと皇室記事は当初から切っても切れない関係にあった。

また、新聞だけではなく明治期に発行され始めた雑誌でも、皇室に関する記事がたびたび掲載された。たとえば一八八七年に創刊された『国民之友』には、「皇室に不忠なる勿《なか》れ」と題する無記名の論説が掲載され[4]、皇室を利用して自身や家の名誉をあげようとする人々への批判を展開している。また一八八五年に日本初の本格的女性誌として創刊された『女学雑誌』では、「時報」欄に「皇室」の項目が設けられ、女性皇族の動向が掲載されていた。たとえば、皇后が女子高等師範学校（現在のお茶の水女子大学）を訪問して校長らと会い、教室を見学した様子が報じられた記事もあった[5]。女性向けの雑誌だけに、皇后や内親王など女性皇族の動向が紹介されたのである。

とはいえ、メディアにとって皇室記事は掲載に関して慎重に慎重を期さなければならないものであったことも事実である。「統治権の総攬者」である天皇の記事はもっとも「権威」的であらねばならなかったからである。一八七五年には、新聞を取り締まるために発せられた新聞紙条例において、国体を誹謗するような主張を掲載することは禁止された。つまり、天皇制への批判は事実上できない状況にあった。一八九七年には条例が改正され、第三二条に「皇室ノ尊厳ヲ冒瀆シ政体を変壊シ又ハ朝憲ヲ紊乱《びんらん》セントスルノ論説ヲ記載シタルトキハ」発行人などが禁錮・罰金に処せられる条項が加えられた。こうした法令により、皇室に関する記事には他の記事以上の配慮が求められたのである。先に記したように、『読売新聞』が「宮廷記事」欄を設けたのはこの二年後である。それまで「雑報」や「電報」として他の記事と同様になっていたのに比べ一段格があがったのは、先に述べた背景に加え、配慮すべき対象となったからこそ、特別な欄が設けられた面もあるのではないか。まさに天皇制はメディアにとって「権威」であった。

嘉仁皇太子の結婚・裕仁親王の誕生

その後、メディアは日清・日露戦争後の資本主義化によって急速に発達していくが、同時期には一九〇〇年の嘉仁《よしひと》皇太子（後の大正天皇）の婚約・結婚、一九一二年の明治天皇の容体悪化・死去という天皇制をめぐる重大事も多く、新聞はこぞってそうした皇室記事を掲載していった。日露戦争後から第一次世界大戦後にかけて、通信技術などの発達によって人々に同じ情報をより速くより多く伝達することが可能になり、人々の知りたいという欲求もより高まっていく。資本主義化によって給与所得者が増加して、生活にゆとりが生まれ余暇を楽しむ人々も増加し、消費活動は活発となった。中等・高等教育機関に進学する人も増加し、メディアに対するリテラシーも高まっていった。そのため、新聞では『大阪朝日新聞』と『東京朝日新聞』、『大阪毎日新聞』と『東京日日新聞』の発行部数が大正末期になるとそれぞれ一〇〇万部を超えていく。[6] 雑誌も一八八七年に創刊された『中央公論』などが一九一二年には四万部程度であったのが一九一九（大正八）年には一二万部ほどに部数を伸ばし、一九一七年には女性向けの『主婦之友』、一九一九年には総合雑誌『改造』、そして一九二四年には大衆娯楽雑誌である『キング』など、雑誌の創刊ラッシュが起こり発行部数も増加したことで、メディアは大きく発展していく。いわゆる大衆社会がこの頃に成立したのである。[7] そうした状況のなかで、メディアはニュースとなる素材を探しており、皇室記事もその例外ではなかった。

嘉仁皇太子の結婚が正式発表されたのは、一九〇〇年二月一一日である。この日の新聞には、「東宮立妃の御次第」との見出しが躍り、皇太子妃に九条節子《さだこ》が決まったことなどが記された。[8] 結婚当日になると紙面にはよりこの話題が増えて、式次第や恩賜の状況などが記され、『大阪朝日新聞』は、天皇・皇后夫妻や皇太子夫妻などの肖像を掲載した付録も収録している。[9] また「皇室婚嫁」という社説も掲載し、この結婚の意義を高く評価した。『国民新聞』も翌日の紙面で、盛大に行なわれた儀式の様子などを詳細に報じている。[10] このように将来の天皇となる皇太子の結婚は国家的盛儀であり、新聞は競って報じた。その後も、新聞は皇室の若く新しい夫婦の「仲睦まじさ」を示す記事を量産していく。

そして翌一九〇一年の裕仁《ひろひと》親王の誕生も、各紙は大きく報じた。「親王降誕の御事」との見出しが付けられた記事は、裕仁親王が「わずか二、三時間にて御平産」であったことを伝えてその身体が健康であることを示しつつ、明治天皇と皇后が「御吉報まちかね玉ひたる」様子であったという表現などは、どこか一般の家庭の祖父・祖母像を意識させるものであった。[11] また、「南は台湾、北は千島の端《は》てより江戸長崎の隅々に至る迄」裕仁親王の誕生を人々が祝う様子に言及し、「東京市にては日比谷公園に於て午前九時より午後八時に至る迄百数十発の烟火を打揚げ」たことを記す記事もあった。[12] 以上の記事は、皇室に新しい風が吹いていること、それを世間も支持していることを示す内容だろう。しかし嘉仁皇太子夫妻や彼ら一家の様子は、皇室に対する写真撮影の規制から、記事は書かれても写真付きで報道されることはなかった。姿を容易に見せないという意味では「権威」であり続けた。

ただし、明治から大正への「代替わり」直後に、『国民新聞』は嘉仁皇太子が息子の裕仁親王および雍仁《やすひと》親王と一緒にいて、裕仁親王とは手を握っている写真を掲載している。[13]これは八年前の一九〇四年に沼津御用邸で撮影されたもので、天皇即位に合わせて流出し、『国民新聞』に掲載されてしまったものであった。宮内省も明治の終盤（四四年）である一九一一年一二月に皇室写真撮影の規制を緩和しており、新天皇の即位というタイミングで、皇室写真を掲載することを容認する方向へと傾いていた。[14]メディア史研究者の森暢平《ようへい》が指摘するように、この「代替わり」のときにはこれまで表に出なかった皇室の様々な写真が新聞に掲載された。これらも、撮影されたときには掲載されなかった写真である。つまり、メディア用に撮影された写真ではなかったが、「代替わり」になり宮内省の規制も緩やかになるなかで、どこからか入手されて掲載されたのである。これは、天皇の「権威」で押さえつけられることよりも、人々の興味関心の方が勝った出来事ではないか。新聞メディアからすれば、それは皇室を「消費」的に報道し始める萌芽とも言える動きであった。一方、宮内省は写真によって天皇や皇族の「人間」的な姿を示すことで、人々からの支持を調達しようとする意図があったものと思われる。二〇世紀に入ると、天皇制とメディアの関係性は新たな段階へと突入したのである。

明治天皇の死

とはいえ、すぐに「消費」へと傾いたわけでもなかった。やはり「権威」的なものが厳然としてあったのが戦前日本の特徴であった。一九一二年の明治天皇の死去をめぐる報道が、まさにそうした状況を示している。七月二〇日に宮内省は明治天皇が尿毒症であることを発表し、翌日の新聞紙面はその様相を大きく伝えている。たとえば『東京日日新聞』は、「皇后宮御広帯を解《とか》せられず」

明治天皇大喪の際、棺を載せた輿（葱華輦：そうかれん）が京都の伏見桃山陵へ向かう（左上）。担ぎ手は時に天皇の駕輿丁（かよちょう）を務めたことで知られる八瀬童子。1912年９月14日撮影。毎日新聞社提供。

と書いており、皇后が徹夜で看病をしている様子なども詳細に伝えている。[15]これは明らかに、天皇の状態がよくないことを伝える記事であった。[16]以後、新聞は天皇の病状を毎日詳細に伝えるとともに、各地で天皇の「平癒」を祈る人々がいることを報じた。[17]「非常時」であることが人々に印象づけられるものであったと言える。宮内省も、当初は一日三回だった天皇の状態発表を五回に増やし[18]、メディアを通じて克明に状況を人々に示すように努めた。その記事には「天皇陛下の御容態は上下臣民が刻々拝聴せんことを希《ねが》うものなるを以つて」とあり、人々が天皇の様子を気にしているがゆえにそうした思いに応えて回数を増やしたという理由になっている。人々やメディアの注目を重視し情報を開示していたことがわかる。大衆社会化が進行していることを宮内省も受け止め、意識していたのではないだろうか。各紙に天皇の容体が詳細に報じられたのは、第6章で述べる戦後の昭和天皇のときとも同じ状況だった。

そして、七月三〇日、明治天皇の死去が発表された。多くの新聞は葬儀である斂葬《れんそう》の儀を伝える九月一七日まで、全ページを黒枠で囲み、その死を悼んだ。『東京日日新聞』は一面で「哀《かなしき》矣《かな》聖天子崩す」と題する記事を掲載、その冒頭は「我が日本帝国々民は、茲《ここ》に絶大の悲報に接せり」から始まり、天皇の生涯を振り返りつつその死を悼んだ。[19]『東京朝日新聞』は明治天皇の「御一代」を年譜形式で紹介し、やはりその足跡を振り返っている。[20]

そして、明治天皇を「大帝」と表現し、明治の四五年間における日本の発展の「奇跡」を天皇と結びつける言説もメディアにあふれていく。[21]『時事新報』は「天皇崩御」との見出しを付けた記事を掲載し、明治天皇の足跡とともに、人々が悲しんでいる様子などを伝えた。[22]そこでは、次のように書かれている。

王政維新の偉績は或は明治の中興と称すれども其実は日本国の改造と云はざる可からず即ち開国進取の国是、以て全く国家の面目を一新し内には封建を廃して郡県と為し政体を改めて憲法を定め国会を開き全国統一、憲政自由の治化を布き外には国交の改善、殊に両度の戦役の結果に依り領土を拡め国威を宣《の》べ日本帝国をして世界強国の一として指を屈《し》せしむるに至りしは一に陛下の御威徳に基けるものにして明治の御宇《ぎょう》、四十有余年間に、斯くの如き卓越偉大なる御治績を仰ぎ視たるは我国に於て空前曠古《こうこ》の盛時のみならず凡そ世界古今に其の匹儔《ひっちゅう》を求む可からずこのように、日本の発展を明治天皇の偉業として顕彰する言説が展開された。こうした動向は他の新聞でも軌を一にしており、『読売新聞』では三〇日から「明治中興御事蹟」という連載を開始、一回目は天皇が亡くなったことを記し、翌日からは大政奉還以降の明治日本のあゆみを明治天皇の足跡として紹介、日清・日露戦争に勝利するような軍事力を発達させたこと、不平等条約を解消する外交を展開したこと、大日本帝国憲法を制定するなど近代法体制を整備したことなど、近代国家として発展してきた日本を明治天皇の一代記として描いた[23]。

このように、近代日本において新聞をはじめとしたメディアが登場して初めての天皇の死に際し、メディアはその「権威」を前面に押し出す報道を展開したのである。

坂下倶楽部

明治末期から大正期にかけて、メディアは公的機関の取材を一手に引き受ける記者クラブを各省に誕生させていく。宮内省には、明治天皇の死去から二年後の一九一四年に「菊花倶楽部」ができた。翌年に予定される大正天皇の即位儀礼である大礼に向けて皇室に関する報道量が増加するなか、宮内省から様々な情報を得る必要があり、記者クラブが設置されたのだろう。その後に宮内省庁舎近くの坂下門にちなんで「坂下倶楽部」と改称、内閣や宮内省に関する事項を担当する記者クラブとなった[24]。ただし、一九二〇年当時はこの坂下倶楽部は常勤も数名に過ぎず、他のクラブと兼勤の記者たちが多数であったという。天皇や皇族の死去や即位など非常時には活発化するが、普段は他のそれよりも忙しくはなかったのではないか。

なお一九一五年に京都で大正大礼が行われたときには、メディアは「大礼謹写団」なる組織を組むことが求められ、それに加入しなければ大礼の撮影は認められなかった。[25] そのようにメディアは宮内省の下に統制されていたのである。

後に『毎日新聞』の皇室記者として著名となる藤樫《とがし》準二は、一九二〇年に『萬朝報《よろず》』の記者として宮内省担当になった。その後、藤樫は『東京日日新聞』へ移籍した後も宮内省担当を継続している。[26] 彼によれば、戦前の皇室記者は宮内大臣とも正式な会見の機会はなく、ましてや天皇と直接会って話す機会は皆無であった。「いくら申しこんでも『ふーん新聞屋か。』といった調子で、秘書官からかるく鼻であしらわれるのが関の山であった」。観桜観菊会において記事を書くために門前に行くと、「それさえも〝お目ざわり〟といったいやな顔つきをされた」という。藤樫はこうした宮内省の態度を「秘密主義と慇懃無礼な態度にはいささか憎悪さえ感じたほどだ」「〝車夫馬丁、ならびに新聞記者〟といった思想から、要監視人扱いだった」[27] とまで戦後に語っている。森暢平が指摘するように、この表現は回想ということもありやや割引いて考える必要があるが、[28] 藤樫のこれらの言葉からは、戦前の宮内省の記者に対する扱いがあまり良くなかったとも想像できる。

とはいえ、宮内省が坂下倶楽部にまったく便宜を図っていなかったかというと、そうでもないようである。一九二〇年一一月、東京府下の新聞通信社の記者各二名が赤坂離宮御苑の拝観を許可される機会があった。後述するように、デモクラシー下における天皇制の「民主化」をアピールする意図があったのだろう。[29] 同時に、坂下倶楽部には特別にその枠外での拝観が許可された。彼らは当日、東宮御所に設けられた天幕の受付に集合、「孰《いず》れも襟を正して春めく陽炎を浴びながら御苑の奥深く進んだ」という。[30] 新聞社のなかでも特別に天皇や皇族に近い場所を拝観できる機会を有していたのは、宮内省を担当する坂下倶楽部の一員だったからだろう。その点では、宮内省は彼らにそれなりの便宜を図ってはいた。

第一次世界大戦後の世界的な君主制の危機

ドイツ・オーストリア・ロシアの王室は第一次世界大戦の戦中戦後に相次いで崩壊し、ロシアはソビエトとなり初の共産主義国が誕生した。[31] こうした世界的な潮流は、日本の天皇制に対しても危機感を与える。それまでの体制を維持しているだけでは、天皇制を存続させることはできないとの認識が政府や宮中で広がっていった。そして同時期にヨーロッパの「デモクラシー」という新思潮が、人々に政治的・社会的権利の獲得と国家的意思発動への自己の参画を意識化させていた。先に述べたようにメディアの発達によって、人々に同じ情報をより速くより多く伝達することが可能になり、人々の欲求はより高まった。こうした要因によって、民意調達という行為を避けていた近代天皇制は、むしろその民意を内面に組み込んだ上で再編することを余儀なくされた。天皇制の再構築が迫られ、そうすることで社会主義・共産主義の流入防止が図られていく。日本の場合は特に、大正天皇が病気によって最終的な統治権の総攬者としての地位を保てないなかで、世界的な君主制の危機という状況は政府・宮中には切実かつ緊迫した問題としてとらえられていた。そこで裕仁皇太子を前面に出す方針が採られる。[32] そこでは、「人間」的な裕仁皇太子の姿を示しつつ、社会状況に対応して新しく変わった天皇制をアピールする戦略が採られたのである。

裕仁皇太子外遊

その最も大きな方策としてのイベントが、一九二一年三月三日から九月三日まで実施された裕仁皇太子のヨーロッパ外遊であった。[33] メディアは外遊中の皇太子の一挙手一投足を「人間」的な態度として取りあげ、それが新しい皇室像として人々に積極的に支持されていった。たとえば、ロンドン・ピカデリーのダリス劇場を見学し、女優に花籠を渡したという記事などは、日本国内では考えられない人々との距離の近さを感じさせる。また、「東宮の初々しい御容子が英仏貴婦人達の人気の的となる」と題する記事[34]は、皇太子の姿を見たヨーロッパ各地の女性たちから好感を得ている状況を伝えており、これもまた日本国内ではあまりない類の記事であった。「ヨーロッパの女性たちから」という視点を入れることで、皇太子を「初々しい」とも表現することができたのである。帰国の際には、「本社の活動写真班は頻《しきり》と殿下の御英姿を撮影申上げると殿下は態々《わざわざ》右に左に玉体を動かされて特に撮影の便宜に資せられ」たことなどが報道されており、皇太子のメディア対応を高く評価している。[35]

そしてメディアは、こうした皇太子の動向をできるだけ速くそして大量に日本国内へ伝えようとした。『大阪朝日新聞』や『大阪毎日新聞』などは、通信競争を激化させ、記事や写真を速くそして数多く掲載するようにしただけではなく、活動写真なども速報的に公開した。[36] これは皇太子を「権威」として捉えつつ、「消費」的に扱ったとも言える。[37] そしてこの外遊中、『東京日日新聞』は次のような記事を掲載している（「東宮殿下」は裕仁皇太子のこと）。[38]

東宮殿下御渡欧中の御行動と国民の輿論とに刺戟されてさすが頑迷な宮内省でも殿下の御帰朝を機として宮中儀礼其他に多大の改革を見るべく期待されて居るが今回著しき其一例として殿下横浜港御帰着の当日奉迎の新聞通信記者に対し他の親勅任同様御召艦上に御出迎へと同港岸壁より東京駅まで御召列車に搭乗を差許され而して殿下の御行動を細大洩さず国民に報道する

任務の便宜を与ふること、なり目下夫れに対する適当の方法等を考究中とのことだが右は御巡遊中各地に於て内外通信記者に謁見或は扈従《こじゅう》を差許されたる例に鑑みた宮内当局の一大英断である

ここでは、皇太子外遊の状況が宮内省を動かし、メディアへの扱いが変化したとしている。メディア自身がこの状況を歓迎し、自らの立ち位置を自覚している様子もわかる。またこれを踏まえ、宮内省とメディアの共存関係とも言える状況が皇太子の帰国後も生み出されていくことになる。このようにメディアが考えたのは、外遊中の皇太子や随行員との関係性、そしてメディアが伝えた記事を歓迎する人々という状況を意識したからだと思われる。ヨーロッパへ向かう艦内や寄港地において、皇太子は随行する新聞記者たちを「御引見遊ばされたのみか、極めて自由な撮影及び会話をすら許し賜」った[39]。これは「殿下御自身の、新聞の職能に対する深厚の御理解、新聞の御活用に関する特別の思召」と記者たちは受け取った。新しい時代となり、メディアの意義を皇太子自身が理解しているからこそ、自分たちに積極的に接触していると見たのである。彼らはこのように「緊密友好であつた例は未曾有」であると認識し、「新聞は単《ひと》り新聞社の新聞に非ず、実に国民の新聞であり、国家の新聞である」との自覚を深めていくことになる。

また、『時事新報』の特派員であった後藤武男はスエズ運河で皇太子一行と合流し、イギリスやフランスなどの皇太子訪問国に付いて取材を行っていた[40]。訪問先では皇太子と記者とが親しく接触する機会も多くあったようである。それはそれまでの日本国内における皇室取材とはまったく異なっていた。記者たちは海外で、等身大の「人間」としての皇太子に触れつつ、皇室の「民主化」を体感したのである[41]。

そしてメディアも、宮内省から与えられた情報のみを報道していたわけではなく、積極的に新たな天皇像を打ち出そうとする。人々と皇室の結びつきを強調し、次の『読売新聞』の紙面に見られるように、デモクラシーに対応した天皇制への変容を求めた主張を掲載していく。

皇太子殿下は実に明治大帝の残し給へる異国文明摂取、我国文化開発の大業を大成すべき資質を備へさせられることを明かにし給うた。これは我国民の至大なる光栄であり、励みであり、喜びである。斯くてこそ我が国民は君民一致、我が文化に培ひ、我が成長を遂げ、遂に克《よ》く世界の文化に長《とこし》へに貢献することが出来やうと思ふ。[42]

ここでは、皇太子の資質・人格を評価する言説も付されており、大正デモクラシーという状況にあって、メディア自身もデモクラシーを求める社会に適合した天皇制を構想し、それに基づいた報道を重ねていったことがわかる。

裕仁皇太子の摂政就任

実は、宮内省はこの外遊より前の一九二〇年三月に大正天皇の病状について公式発表を行っていた。天皇の病気は様々な症状が進行し、それを隠すことができなくなっていたのである。とはいえ、そのときの新聞の見出しは「御疲労の為め今暫《しば》し葉山に御静養　宸襟《しんきん》を悩ませ給ふこと多き上玉体に幾分の御異状を拝す　奏請に依り四月十日頃まで御駐輦《ちゅうれん》」であり、あくまで疲労が原因の体調不良とされていた。[43]そして同年七月には二回目の病状発表が、翌二一年四月には三回目の病状発表が行われた。その頃、裕仁皇太子の外遊が行われたのである。

そして、人々に歓迎された皇太子は病気の天皇に代わって、世界的な君主制危機の時代のなかで、前面に押し出されていくことになった。一〇月四日、四回目の病状発表が行われ、『大阪朝日新聞』などは号外を出して報道、「聖上陛下最近御容体　御倦怠起り易く　御注意力御記憶力も減退あらせらる」との見出しを掲げ、相当に病状が進行していること、精神にも疾患が及んでいることを印象づけた。[44] これは人々に衝撃を与えることになる。そして、一一月二五日には摂政が設置されて裕仁皇太子が就任する。

この一連の動きは、大正天皇の病状をかなり詳細に、しかもそれが幼少期の疾患が要因であることを報じたため、天皇の「権威」を傷つける可能性もあったと思われる。しかし、隠すこともできないほど天皇の病状が進行しており、公表をしなければ憶測を呼び誤った記事を書かれる可能性もあった。メディアが発達した状況のなかでは、天皇の病状を公表しなくてはならなかった。一方で病状の公表は、天皇の「人間」としての側面を浮かびあがらせることにもなったと思われる。生身の身体としての天皇の存在を示したからである。

さらに興味深いのは、摂政設置という非常事態を構築するため、政府・宮内省はメディアを利用したことだろう。大正天皇の病状を詳細に、しかも深刻に公表することで、天皇では政務に対応できないことを人々に認識させた。外遊によって人気が出た皇太子が、すでに天皇の代理としてふさわしい存在であること、そしてそもそもそうした天皇の代理である摂政を設置することもいたしかたないという「空気」をメディアの報道によって作り出していったのである。

摂政就任当日のメディアの様子を見てみたい。『東京日日新聞』は大きく裕仁皇太子と輔導役となった閑院宮《かんいんのみや》の写真を掲載している。二人ともスーツ姿であった。「人間」としての姿である。そして、「皇太子殿下摂政に御就任の御儀」と大きく見出しを掲げ、そのことを印象づけていた。一方、天皇に関する記述は「御容体の発表」と小さな見出しでの記事で、裕仁皇太子の摂政就任が前面に押し出される紙面構成となっていた。[45]さらに元『萬朝報』の記者で宮内省御用掛であった国府種徳の「皇太子摂政と日本の大局面」という文章を掲載しており、これまでの歴史において皇太子が摂政になったときは「日本が大きな舞台に乗り出したとき」であり、「今日我邦と世界に於ける地位と相照応するものがある」と述べている。裕仁皇太子の摂政就任が日本という国家の現在の地位や今後の発展と結びついており、そうした船出にふさわしい状況であるという論理展開がなされている。外遊後の皇太子人気から生み出された言説であったとも言える。

一方で、『大阪毎日新聞』は先に述べた大正天皇即位時にメディアに掲載された写真、すなわち天皇と幼少の裕仁親王が手をつないだ写真を掲載している。なお、二人のみが切り取られており、他の人物は写っていない。それによって、天皇から皇太子へと政務が引き継がれたことを印象づけたとも言える。写真に添えられたキャプションは「父君陛下に御手を引かれて＝重大任務に就かせられる東宮殿下の御幼時」であり、あくまで主役は裕仁皇太子であった。[46]

翌日も「国民の輝く瞳は新摂政の東宮に」という見出しを掲げ、人々が皇太子の摂政就任を歓迎している様子とともに、摂政宮もそれに応えて政務に励んでいることが記されるなど、[47]この状況が世間に受け入れられ、スムーズな移行が実現したように強調されていった。

変化する皇室とメディアの関係

一九二一年の『新聞及新聞記者』第二巻第九号には、先に述べた宮内省の記者クラブである坂下倶楽部を説明した文章が掲載されている。[48]それによれば、このクラブは宮内省と内閣を担当しているものの、内閣の主要な記事は首相官邸にある永田倶楽部が担当しており、「実際に於ては宮内省の記事、それも主に宮の字の徽章をつけた小使が、恭しく持込む謄写刷の材料を書直すか又は其まゝ本社に電送するだけの仕事であるから、極めて楽で」、メディア業界では坂下倶楽部に行くことを「新聞界の姥捨山にやられる」と称していたという。坂下倶楽部には若い記者もいたのに、なぜそのような言説が登場したのであろうか。それは、中堅の記者が「君、そんなことを書けば〔筆者注：宮内省の〕総務課長から叱られるよ」と言ったりしていたからだという。まるで宮内省の役人のような口調が坂下倶楽部の記者たちにも伝染していたのである。

とはいえ、前述したように一九二〇年代に入ると、天皇制をめぐる状況は大きく変化していく。そのため、「一社を代表した、否多数国民を代表した新聞記者であるといふ自負心を有《も》つてゐて貰ひたい」とこの文章の筆者は主張し、記者たちの奮起を促す。また、実際にそうした傾向を打破する姿勢も出てきていた。第一に、若い記者たちが積極性を持って取材に取り組み始めた。たとえば、『萬朝報』の若手記者であった藤樫については、社の原稿用紙に毎日「一生懸命健筆を揮《ふる》つてゐる。その将来こそ見物である」と評価されている。天皇制とメディアとの関係性が変わりつつあった時期にあって、特に若い世代の記者たちのあり方が変化していたのであろう。第二に、こうした記者たちの取り組みによって、次第に各社が競って記事を速報的に出そうとしていたことである。大衆消費社会となって人々の興味関心は高まった。それに対応すべくメディア間の競争が激化し、関心を引きつける記事を量産するようになった。まさに皇室記事もその一つだっただろう。ここには天皇制の「消費」としての側面がある。

さらに、これまで坂下倶楽部は宮内省から情報を得ようとしても、役人の部屋には入ることができず、廊下で話を聞いていたようである。その意味では、先の藤樫の回想のような扱いではあった。しかしこの時期になると、関屋貞三郎宮内次官を坂下倶楽部に招待し、そこで話を聞く機会もあったようである。つまり宮内省側も、メディアの影響力を無視できなくなっていた。それゆえ、それまでとは対応を変え、記者との関係性を構築しようとしたのであろう。このように少しずつではあるが皇室・宮内省とメディアの関係性は変化していた。

こうした雰囲気を強く押し進めたのが、先に述べた裕仁皇太子の外遊であった。『新聞及新聞記者』では「大正十年日本新聞界に於ける記録的事件」と題する特集を組み、各新聞社の記者や編集者らにアンケートをとってその回答を掲載している。[49]そのなかで、何人かが皇太子外遊を「記録的事件」としてあげている。たとえば、『中央新聞』編輯局長の高木信威は、「東宮殿下御渡欧を分界線として皇室に関する記事の開放的にして自由と為りたる事」と述べる。まさに裕仁皇太子の外遊が起点となって、皇室記事が「開放的」「自由」になったと感じていたのである。高木はこれを第一に掲げ、同年に起きた原敬首相暗殺などよりも重視していた。高木は宮内省担当の記者ではないが、そうでない立場の人間ですら第一に掲げること自体、メディアがこの外遊を「記録的事件」として相当に意識していたことがわかるだろう。

そのほかには、宮内省のメディアへの対応が変わったことを明確に示す回答も見られる。『東京毎夕』の前編輯長であった黒田湖山は、「東宮殿下御外遊と宮内関係者の『新聞理解』」と回答し、新聞は便利だけれども「厄介なもの」で「近づくべからざる」としていた宮内省内の理解が、この外遊によって変化したと考えた。[50]このように、外遊を契機に宮内省がメディア対応を変化させ、皇室記事の質も変わったとメディア自身も認識していたのである。皇室とメディアの関係性が「権威」的なものから「人間」的、「消費」的な方向へと変化しつつあった。

加速する大衆社会のなかでのメディアと皇室

裕仁皇太子の婚約者として内定していた久邇宮良子《くにのみやながこ》女王は、一九二二年になるとメディアへの露出が増加していった。[51] これは、いわゆる「宮中某重大事件」を経てその婚約を盤石にするための久邇宮家の戦略であった。この事件は裕仁親王の結婚相手として内定していた久邇宮良子女王の家系に色覚異常の遺伝があるとして元老である山県有朋らが久邇宮家に婚約辞退を迫った事件である。久邇宮家側は杉浦重剛ら国粋主義者を動員し、それに抗する運動を展開していく。そして、メディアを味方に付け、最終的に山県の失脚と婚約の履行へと進むことになる。[52] 皇太子が一九二一年九月三日にヨーロッパから帰国する際には、一日にあえて良子女王を地方から東京へ帰らせ、二日の紙面に写真を掲載させる（もちろんそれは事前に場所や時間をメディア側に教え、撮らせている）など、皇太子の婚約者としてのイメージを確固たるものにしようとしていた。皇太子について報じていたメディアも、婚約者である良子女王の写真を掲載できることは、歓迎すべき状況であった。「宮中某重大事件」を経て、久邇宮家とメディアの関係性が構築されていった。

翌年にはさらにメディアへの露出を増やした良子は、外出時はカメラを意識して自らの身体を積極的に晒し、メディアに協力する。それがますます「人間」的として好意的に伝えられることとなった。こうした様子は新聞社が製作する活動写真などでも伝えられ、人々に広がっていった。一九二四年一月二六日、二人は結婚するが、結婚前後の状況を、二月二四日に伊勢神宮を参拝する様子なども含めてメディアは大々的に取りあげた。

興味深いのは、週刊誌の存在である。一九二二年二月に朝日新聞社が『旬刊朝日』（後に『週刊朝日』）を、四月には毎日新聞社が『サンデー毎日』を創刊する。新聞社が週刊誌を発行し始めたのがこの時期であった。大衆消費社会のなかで、メディアは月刊誌よりは早く情報を伝え、新聞よりは情報量が多い週刊誌を発刊して、人々に提供するようになった。そのなかで『週刊朝日』は特に皇室記事を数多く掲載しており、皇太子を含め、皇族の人となりなどを紹介した。[53]皇太子の結婚のときには、二人の写真がそれぞれ表紙になってそれぞれの人となりが紹介される号があったり、良子妃が実家の久邇宮家を出るときの写真が表紙に使われる号もあった。[54]このように新しいメディアにとって、若い皇族の存在やイメージは適合的であった。外遊以来の皇太子ブームはその結婚において頂点を迎え、メディアのなかで増幅されていたのである。

昭和天皇即位後もこうした皇室とメディアの関係は継続する。一九二八（昭和三）年に弟の秩父宮と松平節子（のちの勢津子妃）が結婚したときも大きな話題となった。秩父宮は成年となった一九二二年ごろからスポーツ・文化・娯楽に親しみ、軍服にこだわらない「人間」的なイメージでメディアに登場していた。『週刊朝日』には剣道着を着た秩父宮が表紙になっている号がある。[55]そこには「権威」としての皇族像というよりも、等身大の若者の姿が映し出されている。彼の結婚相手を選ぶ際にそれまで以上に選考範囲が広がったことは、そうしたイメージをより増幅させることとなった。[56]そして『東京朝日新聞』が「秩父宮殿下の妃に選ばれた松平大使令嬢」とスクープする。[57]爵位を持たず、会津松平家出身の女性と天皇の弟である親王の婚約を、メディアはロマンスとして積極的に報道し、人々は歓喜する。[58]『週刊朝日』でも松平節子の写真を大きく掲げ、その人となりや秩父宮との関係を示す記事が掲載された。[59]また、結納時には「秩父宮殿下御慶事奉祝」という特集が組まれ、秩父宮の「人間」的な人柄や節子に関する関係者の「謹記」が数多く掲載されている。[60]このように、秩父宮と松平節子の二人は新しい時代を反映した皇族として、「人間」的な親王像が前面に打ち出されるとともに、そのロマンスは「消費」的にも扱われた。

大正天皇の死と昭和天皇の即位

大正天皇の死去に関する報道は、明治天皇の死去時とかなり似ていたと思われる。たしかに裕仁皇太子の摂政就任後、公的な場に出て来る回数は減り、それにともなって天皇に関する報道もなされなくなっていく。しかし、次第に容体が不安定になっていくなかで、「聖上陛下けふの御容態」としてメディアも克明に報道するようになっていく。たとえば、『東京朝日新聞』には「皇后宮にも御喜びの御容体」という見出しの記事が掲載されたが、[61]ここでは天皇の熱が下がったことで安堵する貞明皇后の姿が描かれている。このように、天皇の病状が伝えられつつ、家族としての姿が強調される記事も多かった。東京市の仏教系女学校の生徒たちが二重橋前で祈願する予定であることや福岡から不老不死の神水が献上されたことなど、[62]人々が天皇の病気を心配している様子が多数紹介されるようになる。病状発表後、皇室報道の主役は摂政宮へと代わっていたが、病状が進行するにしたがって再び天皇へと移った感がある。しかも、天皇制の「権威」的な部分がより強調されるような報道だったのである。

ここで興味深いのが、写真付きの記事である。明治天皇の死去時以上にメディアは発達し、写真付きの記事が増加していた。天皇の病状を心配し、お見舞いに訪れる皇族たちを被写体とした写真、[63]天皇が療養していた葉山御用邸前で遥拝をする青年団を撮影した写真[64]などは、文字以上に視覚的に天皇の病状にともなう緊迫感やそこに見える「権威」を人々に感じさせるものであった。『東京日日新聞』は、宮内省で天皇の病状発表を聞く記者たちの姿を被写体にした写真を「緊張する御容体発表」というキャプションを付けて掲載している。[65]記者自身の様子もまさに「非常時」を象徴する姿となった。このように写真付き記事の増加は、出来事を人々により強烈に印象づける効果をもたらしたのである。

大正天皇の病状がさらに進行すると、宮内省はその体温・脈拍・呼吸数を発表し、メディアもそれを詳細に報じるようになった。[66]そうした詳細な数値は人々に事態がより深刻であることを印象づけた。各地で「御平癒」の祈願が数多く行われていることなども報道されたほか、ソプラノ歌手であった永井郁子の演奏会が「御不例に御遠慮申上げて」中止となる事態[67]も起きた。いわゆる「自粛」が、天皇の病状が深刻化するなかで登場してきたのである。まさにそれは、天皇制の「権威」であった。病状が詳細に伝えられるなかで、社会の活動を制約するような風潮が生まれていったのである。[68]

大正天皇は一二月二五日に死去する。メディアは大正天皇その人についてだけではなく、死去のニュースを聞いた人々の様子などを数多く報道していく。[69]明治天皇の死去時と同様に、弔意を示す形で全ページが黒枠で囲まれた。『東京日日新聞』では歴史学者の竹越與三郎による「大行天皇の追憶」という特集[70]が組まれ、天皇の生涯を振り返る記事が掲載された。また、『東京朝日新聞』には「大正時代を顧みて　国運進展に伴う財政の急激な増大」との見出しが付いた大正期を回顧する記事が掲載されるなど、天皇の死とその時期の日本社会の発展が結びつけられた。その意味では明治期と同じである。

ただし、その量はかなり少なかったのも事実である。竹越の特集も三回で終わった。同じ『東京日日新聞』では「新たに仰ぐ聖上陛下」という昭和天皇の人となりを紹介する特集も組まれたが、六回掲載されるなど[71]、新しく即位した天皇への注目が勝っていた。天皇の死去に際しては明治期と同様に、「権威」が強く押し出されていたと思われる一方で、大衆消費社会化を経験したメディアは明治期とはまったく同じ行動もとらなかった。すぐに昭和天皇という新しい日本を象徴する存在を押し出すような報道を展開したのである。

ところで、明治天皇の死去時と大きく異なるのは、ラジオの存在である。東京と名古屋では一九二五年、大阪では翌一九二六年に本放送が開始され、その年には社団法人日本放送協会が設立された。ラジオという新しいメディアが天皇の死を伝えるという事態が登場したのである。しかも、受信契約も順調に伸びていた。日本放送協会は当初は坂下倶楽部を通じて天皇の容体に関する情報を得ていたようであるが、一二月半ばになると、宮内省から直接情報を得ることを目指していく。また、東京で得た情報を名古屋・大阪に電話報告し、一二月一五日より三局一斉に天皇の容体を放送するようになった。しかも午前午後一回ずつだったニュースの放送を午後に一回増やして合計三回とし、それまでの午後一〇時までだった放送時間を延長して最後のニュースを午後一〇時半に放送するようになった[72]。また、一六日からは娯楽演芸番組を中止、二四日からは一般講演番組も中止するなど[73]、特別編成体制が組まれたのである。天皇の容体はこの時期、重大ニュースとして合計四三三回も放送された[74]。

これは、朝刊・夕刊を持つ新聞以上に天皇の病状を数多くしかも速報的に伝えるメディアが登場したことを意味する。実際、大正天皇は一二月二五日午前一時二五分に死去したが、ラジオは東京ではそれを二時五四分、名古屋と大阪では三時に速報で伝えた。その後、時報・ニュース・天気予報以外の放送が中止されている。[75] 人々はラジオを通じていち早く天皇の死を知ることになったのである。しかも、大正天皇の大喪は葬儀・葬列が中継され、人々が同時体験できるようになった。このように、メディアと皇室の関係性はまた一歩、新たな段階へと進むことになった。

次第に窮屈に

しかし、これまで述べてきたメディアと皇室の関係性は長く続かなかった。第一次世界大戦後には社会主義思想の広がりなどから不敬罪事件が増加し、一九二三年一二月には摂政である裕仁皇太子の乗った自動車が狙撃される虎ノ門事件が発生した。政府・宮内省には衝撃が走り、天皇制の「権威」を強化する方策へと転換していくことになる。一九二五年には「国体」を否定する人々を取り締まる治安維持法が制定され、[76] 次第に天皇制に言及することがためらわれる「空気」が醸成されていく。その時期に大正天皇の死去が重なった。こうした状況を受けて世間の風潮も少しずつ変化し、メディアにとって窮屈な時代になっていく。たとえば、これまで写真付きで報じられていたような皇室記事が、次第に文字ばかりになっていく。昭和天皇自身も一九二〇年代後半になると、外出時に大元帥としての軍服を着るようになり、ただでさえ少なくなった天皇を写した報道写真もそうした「権威」的なものが多くなった。[77] このように、「人間」としての姿勢よりも「権威」としての姿勢が強調されるようになっていったのである。[78]

しかしそのなかでも『東京日日新聞』の宮内省担当記者であった藤樫は積極的に天皇の日常性を描き公表していった。彼は皇室とメディアの関係性について、一九三五年に次のような文章を書いている。[79]

私は一新聞記者として多年宮内省へ出入してゐる関係から『 陛下の御覧になる新聞は、どういふ風に切抜いてある』とよく質問を受ける。成程心中や殺傷などの、社会風教上面白くない社会面を、直々御覧に入れるのは恐懼に堪へないとの意味からであらう。〔中略〕

今や新聞は国民の日常生活に、欠くべからざるものになつてゐるが、皇室に於かせられても同様御愛読遊ばされてゐるのである。我が英明なる　今上陛下がどうして切抜きの新聞などで御満足遊ばされませうか。事実として各新聞社から配達されるのを、一応消毒されるのみで、全く新聞そのままを御手許に差上げてゐるのである。

これは、天皇自身が新聞を愛読していることを示唆することで、大衆社会が展開して以来のメディアと天皇制の強い関係性を人々に知らしめようとする文章であった。藤樫はその後も、昭和天皇のまじめな人柄や英明さ、人々と変わらぬ日常性を伝える記事を執筆していく。[80] 彼は天皇の具体的なエピソードを描くことこそ、メディアのあるべき姿と考えていたのである。

そして藤樫は一九三七年に『皇室大観』『聖上陛下の御日常』という書籍を相次いで出版する。前者には次のような文言が書かれている。[81]

皇室におかせられても折角国民のために斯く光栄の途を開かれてゐるのであるから、この有難き思召に副《そ》ひ奉るやう腐心したが、何しろこと皇室に関することとて軽々にも運びかね、幾度か筆を執つて幾度か躊躇した。

然しそれは結局自分の遠慮であり、卑怯であると思つた。即ち一人でも多くの国民にかゝる光栄のあることを正しく認識して貰ふことは国民として最も必要のことであり、又私に与へられた最善の仕事であると信じ、茲に漸く決意して編輯にとりかかつた次第である。
戦争に向けて総力戦体制が構築され、日中戦争も勃発するなかでも、「皇室と国民の最も関係ある事項」を記し、藤樫は書籍としてまとめた。後者の目次は「御降誕から主なる御事績／御祭祀を重んじさせ給ふ／御多端なる国務の御親裁／親しくわが陸海軍御統率／国際親善に努めさせ給ふ／民草に広大無辺の御仁慈／体育と男女青年に御留意／御熱心に御研究の生物学／恐れ多い御簡素な御日常／拝すも畏し偉大な御性格」となっている。[82]
この時期は、一九三五年に憲法学者である美濃部達吉が展開し一九二〇年代には国家公認の憲法学説として影響力を持った天皇機関説が問題視される事件（天皇機関説事件）が起こっていた。『東京朝日新聞』に「互に忠君愛国の心を信ぜよ」という論説が掲げられ、美濃部に対する擁護がメディアでも展開されたものの、[83]軍部や野党政友会が結束した結果、最終的には美濃部の著書は発禁処分となる。そして政府は二度にわたる国体明徴声明を発表し、統治権の主体が天皇にあることを明確化し、天皇機関説の教授を禁じた。[84]帝国議会貴族院本会議では東京帝国大学名誉教授で貴族院議員・歴史学者の三上参次が「皇室の尊厳を内外に維持せよ」と強調し、それがメディアでも大きく報道された。[85]このように一九三五年以降は天皇の神格化が進み始めた時期でありメディアにも天皇に関する報道を躊躇するかのような雰囲気が流れていたが、藤樫は天皇や皇族の「人間」的なエピソードを紹介し、天皇や皇后などの人物像や社会事業に熱心な姿を示すことで、人々の天皇制への興味関心を満たすような報道をしていたのである。第一次世界大戦後における皇室報道の経験が、そうした「国体」の肥大する時期にあっても継続していたと言える。
興味深いのは、両書ともに藤樫が所属する東京日日新聞社が発行しており、メディアとしてこうした天皇像を積極的に人々に伝えていこうとする意図がこの時期にも見えていることである。藤樫は天皇に関するエピソードを記し、模範的な人物であり、国家や人々のことを常に考える理想的な君主であると述べた。そして、その天皇の意思に応えるためにも自分たちが一致団結して国難に立ち向かわなければならないという旨の主張を展開していた。それまでと同じようなエピソードが展開されても、デモクラシーに対応する皇室像が強調される大正期、天皇を模範に戦争遂行に邁進することが主張される戦時期と大きな違いが見られたが、天皇の姿を伝え続けることでは変わりがなかった。

その後、英米との戦争が勃発した翌年の一九四二年には藤樫は『仰ぐ御光』を出版し、そのなかで「仁慈」を強調、天皇や皇族が戦争を遂行するために過ごす日常を紹介しており、次のような叙文を書いた[86]。さらに戦争末期の一九四五年にはそれを改訂している[87]。

聖天子常に上に在《おわ》しまして、御仁慈を垂れさせ給ふ、わが皇室の有難さ、われ〳〵国民は寸時も忘れてはならぬ。茲に於て如何に大御心を砕《くだ》かせ給ひつゝあるかを、御日常の上に仰ぎ、御聖徳の一端に拝し奉ると共に　皇后陛下　皇太后陛下の御坤徳《こんとく》の片鱗を併せて窺《うかが》ひ、深く深く心肝に銘じて億兆一心、その総力を挙げて米英両国を屈伏せしめ、東亜永遠の平和を招来し、以て聖慮を安じ奉ることこそ、忠誠なる臣民の本分である。

この本では天皇の具体的なエピソードを紹介することによって、「君民一体」の関係性が構築されることが期待されている。戦時期は天皇個人の指導性が浮き彫りにされ、人々が主体的に戦争に取り組む姿勢が問われた。そして、総力戦体制を構築していくために、メディアでは天皇・皇族に関するエピソードが紹介されていくのである[88]。たとえば、満州事変後の『東京日日新聞』には皇后の誕生日である地久節《ちきゅうせつ》の記事で、皇后が時局を考慮して「御日常の御生活につきましては一段と御質素に、おなぐさみなどの催しは一切お見合わせ遊ばされてゐられまする」との河井弥八皇后宮大夫の話を掲載している[89]。ほかにもアジア・太平洋戦争中の『朝日新聞』には「両陛下　御祝御膳に野戦兵食　畏し・前線の労苦を偲ばせ給ふ」という見出しが付された記事で、元旦の天皇皇后の食事の献立が写真付きで紹介され、「極めて質素」な「野戦兵食」を食べたことが紹介される[90]。天皇を中心とした皇族が戦っている兵士たちのことを思っている様子は、飯盒《はんごう》の写真まで掲載されていることで、より印象づけられる。いずれも、天皇や皇后が人々を思いやり、自ら率先して行動していることを印象づけるものであった。このようなメディアの報道姿勢が、敗戦後の象徴天皇制にも繋がっていくことになる。

以上のように、明治から昭和の戦時期まで、メディアと天皇制は緊張を孕みつつも、共存関係にあったと思われる。近代に入って日本に本格的に登場した新聞は、当初から皇室報道を重要視していた。初期のメディアにとって天皇制は「権威」であった。しかし二〇世紀になって、その関係性は少しずつ変化する。大正期の世界的な君主制の危機のなかで、天皇制は大衆消費社会で発展してきたメディアを利用してその問題の克服を図ろうとした。一方のメディア側はデモクラシーも含めた社会の変化に対応した報道を展開し、皇室の「人間」化を報じていく。そこには、大衆の欲求に応じた「消費」的な潮流とともに、メディアも自身への宮内省の扱いの変化に「権威」から「人間」という天皇制の「民主化」を見て、皇族が人々と同じような感覚を有していたことを報じる側面もあった。そして、そのような変化を伝えなければならないというジャーナリズムの信念もあったのではないか。裕仁皇太子の外遊をめぐる熱狂は、まさにその結節点でもあった。

メディアは人々に天皇が身近な存在であることを意識させようとした。それは第一次世界大戦後であればデモクラシーに適合的な皇室像を、戦時期であれば総力戦体制に取り組む模範としての天皇を示したのである。メディアはその際、天皇や皇太子のエピソードを積み重ねることでよりイメージを具体化し、記事を量産した。もちろん、戦争が近づくにつれ、報道が窮屈になっていく側面はあった。だが、二〇世紀初頭の経験を活かし、メディアは戦時期においても天皇や皇族個々人の具体像を描く報道を繰り返した。そうした姿勢は、後述する敗戦後の昭和天皇、皇太子・皇太子妃、そして平成の天皇・皇后に対する報道へと連続していくことになる。第8章などで後述する「人柄主義」報道の原型は、まさに戦前にあったのである。

第2章　天皇制はいかに維持されたのか

毎日新聞大阪本社を視察、印刷されて流れる新聞を見る昭和天皇。1947年6月6日撮影。毎日新聞社提供。

メディアとの関係変化

一九四五（昭和二〇）年八月、日本は敗戦を迎えた。このアジア・太平洋戦争の敗戦は、天皇制とメディアの関係性を変えることとなる。昭和天皇の戦争責任の追及、そして天皇制の存続すら危ぶまれるなかで、政府や宮内省はこうした問題に対応すべく、積極的に動いていく[1]。

そのなかの一つに、一九四五年一一月八日に宮内省が新聞記者を宮城内に入れ、空襲で被害を受けた様子を彼らに取材させたことがある。新聞各紙は翌日、たとえば『朝日新聞』が「荘厳な宮殿今はなし」との見出しを掲げ、宮城の荒廃を伝えた[2]。こうした「宮城拝観記」は全国紙のみならず地方紙などでも掲載されており、多くの記者が宮城内の取材を許されていた。

『朝日新聞』の記事は、宮城宮殿が焼失し「かつての荘厳な宮殿がいまは一目に入る広場と変わつてゐるのだ」と評する。つまり、宮殿の建物が無くなってしまったことを伝えている（天皇は御文庫と呼ばれる場所に避難）[3]。そして、焼け砕けた石が雑然と残っている様子も紹介し、焼失した宮城宮殿の片付けが未だになされていないことを印象づける。また、「再建の議は当分御沙汰あらせられずと承る」と述べているように、こうした状況がしばらくは改善されないことも伝えていた。

『朝日新聞』に限らずこの日の多くの新聞の記事は同じような論調で構成されており、宮内省が新聞記者を宮城内に入れたのは、惨状を見せ、それを記事にさせることで被害の大きさを訴えるためだったのではないかと推測できる。

敗戦は、天皇の戦争責任が追及されて制度の廃止へと向かう可能性すら想定される、天皇制にとって未曾有の危機であった。それを回避するための方策の一つが、宮城内へ記者を入れ、記事を書かせることだったと思われる。天皇が直面している困難や窮状をメディアを介して世間に訴え、天皇への同情を集めて責任追及の動きを少しでも和らげようとしたのではないだろうか。この「宮城拝観」が、敗戦後の天皇制とメディアの関係を構築する第一歩となった。

次には、戦前は天皇と接触することができなかった宮内省担当の記者たちが、天皇と会って話をする機会が生まれる。その様子は、側近である徳川義寛侍従の日記で次のように描かれている。

> 九・四〇　宮内省記者クラブ員十数名
> 霜錦《そうきん》亭前にて拝謁、田中徳に御下問あり、罹災者ありや、食糧は如何。[4]

この「拝謁」は、天皇制にとってもメディアにとっても画期的な出来事となった。第1章でも述べたように、戦前では考えられない異例の「拝謁」だったからである。[5]その様子を、毎日新聞社内で発行されていた『毎日新聞社報』は次のように伝えている。

> 初めて新聞記者に拝謁があるといふ朝、宮内省記者室は異様な緊張に包まれてゐた。宮廷記事報道を担当し見て来たやうに儀式等の様子を書き続けてきたわれわれも龍顔を拝したことも、玉音に接したこともなく、内廷の様子もたゞ話に聞くのみだつたがそれが今朝、目の前に繰届けられるといふのだ。[6]

天皇と会うことになった記者たちは朝から「緊張」していた。しかし、この天皇と記者との初会見は、天皇が皇居内の生物学研究所へ出かける途中に偶然、記者たちと出会ったという設定で行われた。それは、この『毎日新聞社報』で描かれている様子とは異なる。この設定はあくまで世間向けのものであった。おそらく、戦前には接することのなかった記者たちを、天皇・宮内省側から呼ぶことでメディア・世論対策をしたという意図を世間に知らしめたくなかったのだろう。たまたま出会ったというフィクションは、天皇の「権威」を傷つけないようにするためでもあり、天皇制が危機ゆえにメディアにすがったという印象を与えないための方策だったのではないか。

しかし記者たちは、「お会いして初めて知った人間天皇だった」と後に回想していることからも、彼ら自身が天皇と初めて会って「現人神《あらひとがみ》」ではないことを実感した。記者自身もこの会見で天皇制の「民主化」や「人間天皇」を体験し内面化したのである。この経験こそが、「人間」としての天皇像を人々へ伝える記事の量産へと繋がっていったのではないか。記者たちは、天皇の「和やかなお顔は、深刻なほどおやつれで、厳しかった戦時中のご心労、戦後の苦しいご生活をおしのびしないわけにはゆかなかった」と書く。こうして敗戦の危機のなかでの天皇の苦悩を読み取り、その姿を描くことで天皇の責任追及を回避する役目をメディアが担っていったのではないか。戦前の天皇の神格化は「天皇を取り巻く軍国主義的、帝国主義的軍閥や官僚の中にあった、そして天皇を神と教え込まれた国民の心の中にあったのだ」という記者たちの回想の文言からは、この会見によって昭和天皇個人を救い出そうとする意識が記者たちのなかに生まれていたことを示している[7]（もちろんこれは後の回想ということをやや差し引いて考える必要はある）。

皇室報道への自己批判

敗戦後の動きのなかで、メディア側もいかに皇室報道を展開していったらよいのか、様々に模索していた。占領軍（ＧＨＱ）による思想・信条および言論の自由を求める動きをどう理解したらよいのか、そしてそれを天皇制について報じるときにどう活かしていくのかを考えていたのである。

たとえば「人間宣言」より前の一九四五年一〇月一〇日、戦中に投獄されていた人々の「出獄戦士歓迎人民大会」が開催されたことを報じる記事では、『毎日新聞』はその様子を大きく扱いそこで「天皇制の打倒」の主張が展開されたことも報じ、『朝日新聞』は天皇制に関する主張には言及しつつも小さな記事としてまとめ、『読売新聞』はこの大会についてはは報じたものの天皇制の問題には触れなかった。[8] このように、各紙で違いが出ていたのである。

新聞記者のための新聞である『日本新聞報』はこの状況を、客観報道を旨とするならば『読売新聞』の姿勢は「新聞の故意」としつつ、「国民的感情を洞察すれば国民の大部分は天皇制が俎上の鯉になることを必ずしも歓迎してはゐない」ゆえ、これが天皇制報道の「むづかし」さだと論じている。[9] つまり、天皇制の「権威」が人々のなかに残っている状況で、自分たちだけがそこから離れることは困難であるとメディア自身が考えていたのである。それはまさに天皇制の「権威」にメディアがとらわれていた証拠だろう。

しかしそればかりでもなかった。『日本新聞報』は、一〇月二三日に『毎日新聞』が新春の歌会始の勅題について例年よりも小さく報道したことを「聡明」と高く評価した。[10] それは、天皇制の「民主化」を目の当たりにして、今までのような報道でよいのかといった自問が記者から出てきたことを意味する。そしてこの『日本新聞報』の記事では、これまでの皇室報道が敬語などを含めて、「記者が単に伝習として形式的に、何等心奥に崇敬の念もなく只字間だけをそれらしく用ひてゐる」として、その慣例化したあり方を批判する。そして、そうした記事のあり方が、「久しく皇室と国民との間を不用意に隔離して来た」とまで言い切った。ここには、これまでの皇室報道に対する自己批判が含まれていよう。戦前の報道姿勢は天皇制を「権威」として扱いつつ、実際は極めて形式的なあり方に終始していたこと、そうした報道姿勢が天皇と人々とを遠ざけてしまったことなどに言及したのである。

このように、メディアが皇室報道を変化させなければならないという意識を持つようになったところに、先に述べたように天皇が記者と会うなど、天皇制の「民主化」や「人間天皇」を記者に実感させる出来事が用意されたのである。そして、次第に天皇退位論や天皇制打倒・廃止論などを展開する人々に関する報道もされていくようになる。ただし、大手メディアが積極的に自社の意見として展開することはほとんどなかった。

いわゆる「人間宣言」

ところで、天皇と会見した記者たちが「人間天皇」と回想したのは、彼らが天皇と会ってから一〇日後の一九四六年一月一日に、「新日本建設に関する詔書」、いわゆる「人間宣言」が発せられたからである。これはGHQが天皇制の「民主化」を進めるなかで軍国主義・超国家主義イデオロギーを一掃するため、天皇や日本人の神格化を否定する勅語を出させることを思いついたことから始まる。その後、GHQと日本政府・宮内省との交渉のなかで案文が作成され、発表された[11]。この「人間宣言」は、まず冒頭に明治天皇が発した「五箇条の御誓文」が挿入され、その趣旨に則り新日本建設を行うことが誓われる。その後、敗戦によって「思想混乱」が生じていることに対して天皇が「深憂」していることが述べられつつ、天皇と人々との「紐帯」は「終始相互ノ信頼ト敬愛トニ依リテ結バレ」ていること、天皇を「現御神」とすることは「架空ナル観念ニ基クモノ」と否定される。

先の記者たちと天皇との会見に関する新聞発表は、「外国人記者への影響を配慮し、翌年一月一日まで延期され[12]」たと言うが、それゆえに大きな効果をもたらした。「人間宣言」と同じ日に発表されたからである。『毎日新聞』は記事（藤樫執筆）のなかで、会見の内容とともに「平和的、民主的」な天皇の側面を強調している。[13]また『読売報知』は、天皇の「御顔に拝す労苦の跡」との見出しを掲げ、頭髪に「やや白きを加へさせられ、御顔の皺も数を増」すなど天皇が復興のために努力・苦労していることを強調し、それとともに記者に「食糧には困つてゐるだらうが、どうしてゐるかね」「家は焼けなかつたかね」といった言葉をかけたことなど、天皇の「人間」性を描いた。[14]メディアにとって画期となった「拝謁」という出来事は、「人間宣言」と同時に発表されることで相乗的な効果を持ち、新しい天皇像を伝えるのに十分なものとなった。

また、「人間宣言」を伝える新聞記事には、背広姿の昭和天皇と三女の孝宮《たかのみや》とのツーショット写真も添えられ、天皇の家庭的な姿による「人間」性がより強調された。「人間宣言」の意義を視覚的に印象づけるための写真が選ばれたと見てよいだろう。『朝日新聞』や『毎日新聞』にはこの写真の他に、香淳《こうじゅん》皇后と孝宮、四女の順宮《よりのみや》、五女の清宮《すがのみや》の写真も大きく掲載されている。[15]ジェンダー史研究者の北原恵が指摘するように、この写真には女性皇族の姿を見せることによって天皇の家庭的なイメージを強化するねらいがあったと考えられる。[16]それはつまり、天皇制の「民主化」と、「人間」としての天皇像を示す意図でもあった。そしてそれ以上に、「人間宣言」のイメージを形成するにあたって、メディアが大きく寄与したことを示している。

以上のように、「人間宣言」や記者たちとの会見を描いた記事が一九四六年一月一日に集中して掲載され、人々に新たな天皇像がアピールされた。一九四五年八月に敗戦という危機を迎えたのち、天皇・宮内省は年末から翌年頭にかけてメディアを使ってその危機の克服を試みていた。この成功を機に、天皇制とメディアはその後、共同歩調を取っていくことになる。

この「新日本建設に関する詔書」が「人間宣言」と呼ばれるようになったのは、藤樫準二の影響があった。[17]さらに、「人間」という概念を強調したのは藤樫だけではない。他紙の記者たちもこぞって天皇の「人間」性を強調する文章・記事を執筆していった。『朝日新聞』の宮内省担当記者であった藤井恒男もその一人である。藤井は天皇の日常生活を詳細に紹介した「嵐に立つ天皇」という文章を執筆しているが、[18]そのなかで藤井は、「人間天皇」という概念を繰り返し強調し、天皇の「人間」性を描くことに努めた。藤井は「神秘的な天皇観を、民主的な天皇観におきかへる」必要があり、それにはまず天皇を「人間天皇」と認識することだと主張して文章を結んでいる。

『読売新聞』の宮内省担当記者であった小野昇は、『人間天皇』という著作において、やはり天皇の日常生活に注目している。小野はこの『人間天皇』のなかで、天皇やその家族、そしてその関係性を描き、家庭人としての天皇像をアピールする。[19]こうして人々に自分たちと変わらない「人間天皇」の姿を印象づけた。また、「平和愛好の文化人」としての側面や「鉄骨仁風の御性格」を強調するのは、天皇が戦争責任を追及されるのを回避するための意図だと考えられる。記者たちが伝える天皇の日常生活や性格描写によって、「人間天皇」という概念が人々に定着し、象徴天皇制へとスムーズに移行する素地となった。

ところで、「人間宣言」を伝える『朝日新聞』には、天皇の弟である高松宮のインタビュー記事も掲載されている。[20]そのなかで高松宮は、天皇の日常生活について紹介するとともに、天皇が常に平和を意識している点、人々の生活を慮って心労を重ねている点を強調している。このように高松宮も記者たちと同様に、「人間宣言」を定着させる役割を担った。天皇に近い弟宮がメディアに登場することで、天皇の「実像」が描き出され、「人間」性がアピールされた。宮中では天皇の退位論を主張していた高松宮も、天皇制維持のためには「人間天皇」像をメディアに対して積極的に展開したのであろう。[21]本音と建前を使い分けながら、高松宮は発言していたと考えられる。

全国巡幸と「人間天皇」アピール

天皇は敗戦後、加藤進宮内省総務局長に「私は方々から引き揚げてきた人、親しい者を失つた人、困つてゐる人達の所へ行つて慰めてやり、又働く人を励ましてやつて一日も早く日本を再興したい」との思いを語っていた。[22]その希望をかなえるべく、大金《おおがね》益次郎宮内次官と加藤がGHQや政府の説得にまわった。[23]そして「人間宣言」が発表され、そのイメージをいかに流布させるかが重要な課題として浮上すると、天皇の巡幸も現実味を帯びてくる。GHQにとって巡幸は「人間宣言」のアピールにつながり、その政策の延長線上にあるものだった。[24]

巡幸は一九四六年二月一九日・二〇日に神奈川県から開始された。このとき、七台の簡素な車列で皇居を出た天皇の服装は、軍服ではなくソフト帽をかぶった背広であり、まさに「人間天皇」像をアピールするのにふさわしい格好だった。天皇はこの巡幸のなかで、戦災復興状況の視察と戦災者激励、引揚者援護状況の視察を主な目的として、各種工場などの職場・引揚者住宅や援護局など復員者や引揚者関係施設・学校などの公共施設を視察し、人々と言葉を交わした。この様子は写真つきで報道され、[25]人々に天皇との距離が近づいたことを実感させたと思われる。メディア自身も、この神奈川県での取材はこれまでのような制限がなくなり、「異例のこと」と高く評価している。[26]

この年には一都八県、翌一九四七年には二府二一県を訪問するなど、天皇は精力的に日本各地を回った。

地域のメディアで天皇の巡幸を取材した記者たちは、天皇の「人間」としての様子を間近に感じていた。『愛媛新聞』の記者で巡幸取材を行った石橋審平は、「天皇自身が〃あまり人間的に〃行動されているさまにわれわれは天皇の人間味を一層強く反映させることが、こんどの巡幸の最大の目的だと痛感した」と述べる。[27] ここには、メディアの側である自分たちが「人間」としての天皇像を人々に伝えなければならないという使命感を有していたことがわかる。石橋は同行取材後、「県境までお見送りして単身自動車で引返えしてくるときほど恋人に分かれたような寂漠《ママ》とした感じにおそわれたことはなかつた、この気持ちがあるいは人間天皇のもつている〃無批判の好ましさ〃ではなかろうかとおもつた」とも回想している。彼自身が「人間」としての天皇を強く実感していたのである。

メディアは、この全国巡幸を「人間天皇」をアピールする機会ととらえた。藤樫は巡幸を「陛下の〃人間〃宣言地方巡幸」と評価しており、[28]「人間宣言」の延長としての巡幸という性格を積極的に押し出す記事を執筆していた。小野も「民主的な御気軽な陛下を身近に拝した市民たちは、温い肉親の愛情のやうなたち難い敬慕の念にかられて、両側からどつと押寄せ、左右前後をぐるりと取巻いた」というように天皇を歓迎する人々の姿に注目し、「このやうに国民が陛下をお慕ひする感情は、これまでのやうな強要された崇拝、観念だけの『忠』の中からは決して生まれて来ない」「今や陛下はわれ〳〵と共に在られる」と述べる。[29]

『朝日新聞』では藤井が執筆した「行幸メモから拾ふ『人間天皇』」という記事を掲載し、天皇が一人称を「わたし」と述べて自分たちと同じ言葉を話していること、いつも同じ服装で帽子を無造作に扱うことを紹介して、天皇が自分たちと同じ「人間」であることを強調している。[30] この記事では、天皇の声が「女性的」などとも書かれており、そこには戦前のような天皇の「権威」は見られない。つまり、「大元帥」として軍を統率した天皇の姿がかき消されることで、戦争責任を回避しようとする意図がここにもあった。メディアは巡幸における人々と天皇の接触を大々的に報道し、その様子を新しい天皇制のあり方として高く評価した。こうして、メディアには「人間」としての天皇像が溢れ、記者たちによって書かれた記事や著作によって「人間宣言」はその内容とともに、名称も定着していった。こうして天皇制は、敗戦という危機を脱していくことになる。

一九四七年の北陸巡幸のときには、休息中の天皇の写真を撮りたいとメディアが宮内府に要望したものの一旦は断られ、天皇の許可によって認められる出来事があった。[31] さらにそこで撮影した写真原稿を新聞発行の締切に間に合わせるため、天皇の車列よりも報道関係の車を先に行かせたことから、「わざわざ報道班の人々に道をゆずられ」たとメディアは考えた。このエピソードはメディアにとって天皇制の「民主化」を象徴し、「人間天皇」を示す機会ともなった。

ただし一方で、こうした記事の書かれ方を含め、メディアのなかでも葛藤や批判があった。『日本新聞報』では、『朝日新聞』の神奈川県巡幸二日目の記事における「不潔と乱雑で有名な鴨居の援護所もけふは見違へるやうに綺麗になつてゐた」という文言を評価しつつ、それが小見出しにもなっていないことを批判し、「皇室関係記事だから、たゞ品良く静かに行かうとする心掛けではもう遅い日本だ」と主張する。[33] このように、記事には「人間天皇」のアピールだけではなく、天皇制の「権威」に関する問題点も指摘されていたのである。その意味では、記者たちも単なる天皇制の礼賛者ではなかった。しかし、『朝日新聞』はそれを読者にあまり印象づけないような編集を試み、巡幸を「人間天皇」アピールの好機としたのである。メディアのなかには、そうしたあり方を批判するジャーナリズムの精神もあって、それが『日本新聞報』の言及となった。こうしたバランスのなかで皇室記事が書かれていったのである。

記者たちの動向

宮内府とメディアは一九四七年八月、基本的には敬語の簡略化を企図した「宮廷用語の一新」を申し合わせた[34]。皇室だからといって特殊な敬語を用いないこと、二重敬語をやめて単純な敬語にすること、内容のともなわない敬語の使用はやめることなどがその方針であった。具体的には、「聖旨」「御沙汰」などの用語が使われなくなり、「玉体」が「体」、「御差遣」が「さしつかわす」に代えられるなど、これまで使用されていた表現を言い換える新しい「宮廷用語」が取り決められた。それは天皇制の「民主化」を、報道用語からも示す意図があった。

こうしたメディアの動向を受け、宮内省担当の記者たちは自社の記事のみならず、様々な媒体に天皇関係の記事を書き、著作を執筆した。彼らは中央のメディアだけではなく、敗戦後に数多く生まれた地域のメディアにも積極的に記事を執筆し、地域に新しい天皇像を伝える媒介者となっていた。その点について、『朝日新聞』の藤井恒男が次のような回想を残している。

私は、新憲法で新しく位置づけられた〝象徴天皇〟を浮きぼりにした『人間天皇』を書きたいと思い、構想をねった。それにはまず、どうしても陛下の素顔を語らねばならない。

ところが、陛下の素顔を語るには材料が不足である。もっと伺いたいこともあった。そこで、忘れもしない四月三十日の夜、加藤進宮内次官を紀尾井町の官舎に、ひそかに訪ね、私の考えを述べた。五月三日新憲法施行の日に〝象徴天皇〟の横顔を書き、新しい天皇に対する読者、国民の理解を深めるデータを提供したい。そのために、明日にでも陛下との記者会見をやって欲しい、と進言した。[35]

宮内省側もこれに応え、天皇と記者たちの会見が行われることになった。一九四五年一二月の初めての「拝謁」以来の会見であった。この間の事情について、『昭和天皇実録』は「この度、新憲法施行を機に各新聞社等よりインタビューをお受けいただきたいとの要望があったが、外国新聞社との均衡上実現困難なため、御苑拝観中の右七名と偶然お会いになるという形で、天皇として初めて日本人記者より質問を受けられる」と記している。[36] 個々の新聞社とのインタビューは、日本のメディアだけではなく外国のそれも考慮しなくてはならないため、調整が困難になるので受け入れられなかった。そのため、このときも宮内省庁舎から吹上御所に帰る昭和天皇が、たまたま皇居勤労奉仕団を見学していた記者たちに気づき、声をかけたという設定で行われた。[37] この会見では、記者たちから天皇に質問がなされる形式が初めて採られ、健康・巡幸・生物学研究・美術・スポーツが話題となっている。そして新聞各紙は、その様子を日本国憲法施行の日である一九四七年五月三日の紙面に掲載した。

天皇と記者たちの会見はその後、たびたび設定されていく。巡幸を機会にして天皇は記者たちとの接点を持つことが多くなった。[38] 一九四九年五月から六月の九州巡幸では、終了後に藤樫・田中徳・『朝日新聞』の秋岡鎮夫を皇居内の花蔭《かいん》亭に招き、天皇との特別座談会を行った。[39] 入江相政《すけまさ》侍従は天皇と記者たちとの座談会を「皆非常に難有がり、い丶会であつた」と評価する。[40] 記者たちにとってこのような会見の場は、天皇の肉声を得る絶好の機会であった。天皇側にとっても、その場で語ったことが新聞紙上に伝えられることを承知した上で、発言をしていたのではないか。このように両者の共存関係を前提として、天皇に関する報道がなされた事実は重要であろう。これらの報道は、宮内庁の手の届くなかでなされた。一方で記者たちにとっては、戦前では基本的にはあり得なかった天皇と直接触れ合う機会を得、「民主化」を自ら体感したはずである。[41] 先に引用した藤井の回想は、記者がこうした体験を読者である人々に伝える使命を認識していたことを示すだろう。

記事を書いたのは現役の記者だけではなかった。過去に天皇に関係した記者たちも様々なエピソードを記し、その「人間」らしさをアピールした。前章でも述べたように、皇太子時代に外遊取材に同行した元『時事新報』の記者で茨城新聞社の社長となっていた後藤武男は、「天皇に金を貸した話」という文章を『文藝春秋』に寄稿した。[42] パリでお土産を買うように皇太子が随行員に命じたものの、彼らが持ち合わせていたお金が足りず、後藤が貸したというエピソードである。実際は後藤が皇太子に直接お金を貸したわけではないが、こうしたタイトルが付けられ、文章を「天皇と新聞記者の借金物語などは、余り世界に類例があるまい」と結んだことで、ある意味では戦前から天皇制が「民主化」された側面もあったことを後藤は読者に提示しようとした。

後藤はさらに『文藝春秋』に、外遊のときのエピソードを紹介する文章を書いている。[43] そのなかでは、昭和天皇となった皇太子が自分のような新聞記者の名前を記憶するほどの意識を有していたこと、「真の平和主義者である」こと、そして気心の知れた側近をその後に失い「孤独」であったことなどを記している。それは、「人間」としての昭和天皇像を示すとともに、等身大の姿を提起することで戦争責任を回避する方向へも展開する言説であった。後藤の文章は、現役の宮内庁担当の記者たちが書いていたそれと軌を一にしていたのである。

伝えられる天皇のイメージ

では、記者たちは具体的にどのような天皇像を伝えたのだろうか。戦前にも報道されていた生物学者としての天皇像[44]については、敗戦後の報道では趣味を超えて科学者レベルであることが盛んに描かれ、書籍や標本を数多く収集して場合によってはその道の「権威」の研究にも疑問を持って研究を進める学者らしい真摯な態度が強調された。[45]それはどこか、天皇制の「権威」に従って戦争へ突き進んでしまった人々との対比を感じさせる。この「真摯」という言葉は、昭和天皇の性格を語るキーワードの一つとなっていた。そして天皇が生物学の研究を気兼ねなくできること自体が、敗戦後の平和や「民主化」の象徴となったのである。

しかも興味深いことに、戦前から天皇が生物学を研究していたことに言及がなされるなかで、実は戦前から天皇は平和を愛好し、「人間」的な生活を送っていたのであり、その立場や性格の内実には変化がないこと、そして戦時中がいかに特殊であったかという論が展開された。[46]「陛下は平和と民主主義と文化のシンボルでもあらせられる」と田中は強調し、天皇の生物学研究を平和や民主主義・文化といった概念に結びつけた。[47]小野昇も、天皇が生物学研究をしている姿を見せることは、「〝強要された崇拝〟、〝信仰としての天皇観〟とはまったく違つた文化人としての共感のなかから、ホノボノと湧きあがつて来た新らしい〝陛下への敬慕〟」を人々に感じさせると述べた。[48]

つまり、生物学者としての天皇像は、戦時中の天皇制を特殊化し、敗戦後の天皇制の変化を象徴するものだったと言える。このように生物学者としての天皇像が伝えられることで、優しい性格を有し、平和を求め、民主主義や文化といった敗戦後の価値観に適合的な象徴天皇像がより定着していくことになる。

天皇の趣味に関してはさらに、将棋が盛んに取りあげられた。藤樫は天皇と将棋の関係を描いている。[49]が、生物学研究が専門に特化した趣味であるのに対し、将棋は一般の人々も同じく好むものであり、「人間天皇」にふさわしい趣味と強調する。しかも天皇の将棋は我流で実力も七級程度と言われ、生物学研究に比べむしろ専門的ではないことに力点が置かれており、身近な一人の「人間」としての天皇像を描くのに有効な事象であった。

さらにこの将棋への言及をとおして、天皇と皇太子との親子関係も描かれる。家族の団らんの一コマとして天皇と皇太子が対局し、和やかな家庭の風景として、「人の世界の共通事」と語られた。[50]以上のように、天皇の性格や家族との関係を描くことで、「人間」としての天皇像を強調し、敗戦という危機を克服して象徴天皇制を強固にしていく役割を皇室記者たちは担っていたのではないだろうか。[51]

ただ、その際にプライバシーについて問題になることがあった。一九五〇年五月二〇日に昭和天皇の三女である孝宮和子と結婚した鷹司平通《たかつかさとしみち》は、メディアの報道の様子を「私生活を無視」したものと振り返っている。[52]天皇の娘の敗戦後初めての結婚であり、鷹司が旧摂関家ではありつつも日本交通公社に勤めるサラリーマンであったことから、この結婚は天皇制の「民主化」を示すものとして大きく取りあげられた。[53]しかし、鷹司はいつまでもメディアから追い回され、「人をサラシモノ」にしているように感じたという。実は鷹司は、結婚当初から記者に対して「いい気持はしませんよ」と答えており、その報道のあり方には疑問を表明していた。[54]メディアにとってみれば、天皇制の「民主化」を伝えるため、元皇族の女性についてもその「人間」としての姿を伝えようとしたのだろう。しかし当人たちからすれば、それは私生活が常に覗かれることを意味していた。つまり、「民主化」を伝えようと「人間」的エピソードを強く押し出せば、プライバシーの問題が付きまとうことを鷹司は提起していた。これは、その後の皇室報道にも継続する問題となっていく。

一九四八年になると、東京裁判の結審を控えて天皇退位論が再燃する。[55] それに対し宮内府担当の記者たちは、天皇の苦悩を積極的に伝える役目を担っていく。その先駆は藤樫であり、『毎日新聞』は「平和国家建設の責務　留位して達成せん」との記事を掲載した。[56] そのなかでは天皇側近から得た情報として、天皇は自身の戦争責任について悩み反省と考慮を重ね、退位では自身の責任を償いきれないと考えて進んで留位を決断し、平和国家建設に責務を果たしたいとの信念に達したと述べている。記事は「全国民が退位を希望するならば何時でもいさぎよく位を退かれるであろう」と結んでおり、天皇が常に人々のことを考え、苦慮している姿が強調される構成となっている。

これを受け『読売新聞』でも小野が同様に、天皇は苦悩した上で退位せずという決断をしたと報じ、[57]『朝日新聞』でも秋岡が「再建の十字架になう」との見出しを掲げ、公人として感情に任せて行動すべきではないと天皇が考え、人々とともに国家を再建することが必要だとして退位しない決断をしたと書く。[58] これらの退位論をめぐる報道を通じて、記者たちは天皇の「人間」的苦悩を伝えた。それによって、退位という危機から天皇を救おうとしていたのである。

報道を注視する天皇

昭和天皇が新聞各紙を毎日読んでいたということはよく知られている。「国民の中にはあゝいう考えのものがある、ということをはじめて知ることが出来て良かつた」との天皇の言葉[59]が伝えられるように、世論の動向や様々な情報を新聞から得ていた。天皇が記者たちと面会したことがなかった時期からすでに、「この記事はA記者が書いた…これはB記者かね？」と側近に話しながら新聞を読んでいたエピソードも紹介されている。[60]おそらく、相当に注意深く読んでいたからこそ記者の名前を記憶し、その文体などから執筆した記者を推測できたのだろう。天皇は、その記事のなかで自分の動向や発言がどのように伝えられているのか注目していた。たとえば、天皇と田島道治《みちじ》宮内庁長官との会話に次のようなものがある。

読売新聞に写真が出て、どこかと思つたが、総務課から出したときいて先づ安心したが、一月二十六日の孝宮の記事の読売のことは、そんな事を想像してはわるいが三笠さんでないかと思ふとの仰せあり。[61]

これは、『読売新聞』による三女の孝宮の結婚の日程を伝える記事で、天皇と皇后そして孝宮のスリーショット写真が掲載されたことを指している。[62]天皇はその記事を見て、写真の出所を気にしていたのである。この会話からは、それが宮内庁総務課であることを自ら確認したことがわかる。さらに、孝宮の結婚相手が鷹司平通に決まったことを伝える『読売新聞』の別の記事[63]に関して、その情報源が自身の弟である三笠宮ではないかと推測している。これは、『読売新聞』の記事がたとえば同日の『朝日新聞』などに比べて、貞明皇后が喜んでいることに言及するなど、情報がやや詳しかったからだろう。だからこそ、天皇は身近に情報源があると疑ったのである。つまり、天皇は『読売新聞』だけを読んでいたのではなく、各紙の記事を読み比べていたと推測できる。

さらに一九四九年一〇月、昭和天皇は「田島はサンデー毎日の私のことに関する記事や田中や藤

宮内官と宮内記者団の野球を見る昭和天皇一家（写真奥、左から４人目が昭和天皇）。1946年９月撮影。このように当時の皇室と宮内記者は日常的に交流があった。藤樫準二氏旧蔵。

天皇が東京でメディア関係者と会う場合もあった。天皇は一九四八年から始まった新聞週間中の一〇月五日、三越百貨店で開催されていた「自由を守る新聞文化展」を皇后とともに見学し、各新聞社代表に対して「新聞事業の重要性は私もよく知っており皆様に感謝しています」といった言葉をかけた[72]。天皇はここでも新聞事業の重要性を強調しており、そうした「おことば」をかけられたメディアは戦前との違いを感じ、自らの使命感を高めていったのではないか。

このとき、一つの問題が起こった。天皇と皇后が新聞文化展を見学した際、「取材の自由を獲得した記者団が報道競争に走りすぎ全く節度を失つた」ため、特にその場にいた外国人記者たちから批判が出たことである[73]。巡幸時に人々が天皇を取り囲んでしまう現象などは報じられていたが、記者たちも同じようなことをしてしまったのである。それに対して外国人記者たちからは、各社が数多くの記者を天皇と皇后に近づけてその言動を取材しようとしたことが批判された。それはどこか、「消費」の対象として天皇制を見つつあるメディアの姿勢といえるのではないだろうか。このような姿勢は、その後の皇室報道にも継続していくことになる。

さらに一九四九年には日本新聞協会役員ら一〇名を会食に招き、三笠宮や田島宮内庁長官を含めて懇談し、天皇は「新聞は世論の指導者として重要な任務をもっているから公正に自重して努力して欲しい」と述べた一方、メディア側からは天皇が新聞を購読しているのか質問し、それに対する答えもなされた。[74] 新聞協会側としては、この状況は大変に「栄誉」「画期的」だと感じたようである。『新聞協会報』には「天皇と新聞人」という座談会が二回にわたって掲載され、日本新聞協会会長の馬場恒吾《つねご》読売新聞社社長ら天皇と会食をした人々が出席し、そのエピソードを披露している。[75] ここでは、数多くの新聞を読んでいるという天皇に対して馬場が「ずいぶんけしからんことを書いていると思われることがあるでしような」と聞くと、「ある」と答えて場を和ませる天皇の「人間」性がまず語られる。そうしたエピソードが多数述べられつつ、しかし座談会では天皇と自分たちが親しく言葉を交わしたことの意義が強調されている。後者は、天皇の「権威」を感じているからこそ語られた感想だろう。たとえば、座談会では、終戦にともなう御前会議での天皇の政治的決断に関する噂について、「あれ本当ですか、と聞こうと思つたが具合が悪いからよした」とする発言（本田親男《ちかお》毎日新聞社社長）もあった。これは天皇には遠慮して聞けないという感覚が残っていたからだろう。

そして翌一九五〇年一〇月二日、日本新聞協会の馬場ら全国の新聞社の代表一三〇名が第三回新聞週間にあわせて皇居を見学している最中、旧北車寄門内で「ちようどお出ましの天皇、皇后両陛下にお目にかゝ」るという設定で天皇と会い、馬場からあいさつした後、天皇から声がかけられるという出来事があった。[76]ここでも、以前に宮内省担当記者たちと初めて会見したときのように、「たまたま会った」というフィクションが用いられている。そこで天皇は新聞の使命を強調し、「真実を公平な面から見ながら伝えることが必要」と述べた。その言葉を聞いたメディア側は、天皇が質素な身なりをしていることを見てその「人間」性を感じつつ、新しくなった天皇制を伝える自らの使命感を意識していった。天皇の言葉によって戦前のような報道姿勢を反省し、メディアとしてのあり方を内面化していく。天皇と会うことでこのような感情が醸成されるという点では、天皇は「権威」としての存在でもあり続けていたのであろう。

メディアへの天皇の訪問が次のステップにつながることもあった。『中部日本新聞』は訪問を踏まえて、翌年の新年企画に「何かの形で読者の皇室にたいする熱誠にアッピールし、あわせて社の名誉にもこたえる」ようないい企画がないかと考え、天皇の御製（詩歌）を紙面に掲載しようと思いついたという。[77]愛知県訪問や中部日本新聞社の見学という機会が、天皇制支持の方向へと強く転回し、それをさらに推し進めるような企画へと向かっていったのである。しかも、『中部日本新聞』は単なる御製ではなく、愛知県訪問に関連した御製を宮内庁に求めた。『中部日本新聞』東京総局の森田茂彦によれば、一週間も宮内庁に通い交渉したという。当初は「宮内庁としては公平の原則も考えねばならない」と「あてになるような、ならないような返事」をもらったが、最終的には年末に「地方民の熱誠におこたえ給うた」三首を受け取り、一九五一年一月一日の紙面に掲載することができた[78]。そのなかには、「日の丸をかかげて歌う若人の声たのもしくひびきわたれる」と、巡幸のときに人々に歓迎されたことが天皇自身の印象に強く残っているかのごとく感じられる御製もあった。

宮内庁の特別な対応は、『中部日本新聞』が地方のメディアであったことが理由としては大きかったと思われる。地域に密着したメディアである『中部日本新聞』に愛知県訪問に関する御製が掲載されれば、県民にとってはそれだけ自分たちが重要視されたと感じ、天皇制により親近感を有する。実際、三首のなかには「名古屋の街さきに見しよりうつくしくたちなほれるがうれしかりけり」というように、敗戦後に街が復興した様子を見た天皇の喜びが表現されているものがあるが、「名古屋」という固有名詞を入れた御製があることで、この地に対する天皇の思いを人々に認知させる意図があったのであろう。それゆえに宮内庁は特別に御製を『中部日本新聞』へ渡したのではないかと思われる。

このように、天皇制は敗戦後、メディアを重要視していった[79]。メディアの方も戦前との違いを体感したからこそ、その「民主化」を積極的に報じていく。両者の強い関係性は敗戦後のこの時期に構築されたのである。

「天皇陛下大いに笑ふ」

一九四九年六月号の『文藝春秋』に、仏文学者の辰野隆《ゆたか》、俳優・漫談家の徳川夢声《むせい》、詩人・作家のサトウハチローが天皇と会見したときの様子について座談した「天皇陛下大いに笑ふ」という記事が掲載された[80]。彼らと天皇の会見は二月二五日に行われた。なぜこのような天皇の会見が実施されたのだろうか。辰野は次のように語っている。

宮内府で、陛下が国民と親しまれる方法をいろいろ考へましてね、民衆に親しまれてる人達を陛下がお話をするやうな機会があればいいなァといふわけで、わたくしにお話があつたんです。誰がよからう、徳川夢声氏どうだらう、サトウ・ハチロー氏どうだらう…。[81]

このように、宮内府側から、天皇が人々に親しまれるよう、文化人との会見が設定されたのである。この年には皇居に学士院・芸術院の会員や文化人などが招かれ、食事や懇談が積極的に行われた。[82] 辰野ら三人と天皇との会見もその一環であった。辰野らは座談のなかで、天皇の真面目な性格にたびたび言及しつつ、よく笑う「人間」性も強調している。

また、徳川は天皇の印象について、「我てえものがないんですよ」「陛下即ち日本ですよ」「陛下は日本てえものを人間にしたやうなもんですね。日本のいい所だけ集めて、ですよ」と述べる。[83] ここで徳川は、日本という国家の「象徴」として天皇の存在を認めている。辰野・徳川・サトウともに、天皇と直接会ったことで、こうした認識をより強めたと発言する。このように、文化人を通して象徴天皇像の定着が図られようとしていた。

このような文化人と天皇との接触は、すでに一九四七年から少しずつ見られ始めていた。関西巡幸途中、京都御所に作家の谷崎潤一郎、歌人の吉井勇と川田順、言語学者の新村出《しんむらいずる》が呼ばれ、「天皇と同じお茶お菓子を食べながらうちくつろいで語るという型破りの」座談会が行われた。[84] これが『朝日新聞』などのメディアで紹介され、「陛下をかこんでこんなうちくつろいだ文学放談が出来るなんて隔世の感がある」と評価された。新村はこのときの様子を「風薫る京の大宮御所」という文章にし、『文藝春秋』に寄稿しているが、[85] 後に文藝春秋はこの新村の文章を含めた『天皇陛下』という書籍を出版している。[86] このなかには、徳川や吉井、作家の宇野浩二などの文章・短歌が収録されており、いずれも、天皇と会った文化人がそのときの様子を記したものである。

この『天皇陛下』と同じ月、『天皇の印象』という著作も出版された。[87] このなかには、作家の長与善郎や辰野、田中徳ら一八名の文化人・新聞記者らの文章が収録されているが、いずれも天皇と会ったことに触れており、天皇との会話の内容が事細かに記されているのが特徴である。たとえば、建築家・社会事業家でもあったアメリカ人のウィリアム・メレル・ヴォーリズ（このときは日本に帰化して一柳米来留）は、「陛下はよくお笑ひになる。御自分にしろ拝謁者にしろ、うつかり飛ばした冗談に敏感に興ぜられる」と書く。天皇との会話が非常に打ち解けたものであり、天皇が「人間」的であることをうかがわせている。さらにこの『天皇の印象』の冒頭に収録された文章で安倍能成《よししげ》学習院長は、「かうしてわりに自由な気持で陛下の御ことを書けるやうになつたにつけても、時勢の変化を思つて感慨実に無量である」と書き始めている。安倍は、天皇と直接接触できること、そしてそれを文章にできることが「民主化」された天皇制を示していると強調した。そして、彼らの文化的素養を理解することができる天皇を「人間」として「敬愛する」と述べた。文化人らがこのような文章を執筆することで、天皇の「人間」としての姿や文化的側面が強調されていく。辰野によれば、天皇と文化人を積極的に会見させたのは、田島宮内庁長官と三谷隆信侍従長、そして安倍であった。[88] 彼らは文化人との交流によって、象徴天皇像に文化という概念を組み込んでいったのである。

一九五〇年代に入り、サンフランシスコ平和条約の発効が近づくと、新聞紙面も天皇の報道に工夫を見せていく。批准時に実施されていた関西への巡幸では、メディアが天皇に対して「恐れ入りますが陛下も少し前へ」「こちらを向いて下さい」と写真のポーズを注文したという。[89]メディアのカメラマンが天皇にポーズを要求することはこれが初めてであったが、宮内庁もそれを許可し天皇もそれに応じた。宮内庁に用意された場面での撮影だけではなく、メディア側もいかに天皇を見せるのかという点を考えて写真を撮影していた。

平和条約と天皇制を結びつける記事はその後も展開された。一九五二年一月一日の紙面は、その年が平和条約発効の年であることを紹介しつつ、天皇一家の姿、特に成年となった皇太子について取りあげる記事が多かった。評論家の中島健蔵はその現象を「これは、単に儀礼的なものではなく」「天皇問題が五二年における話題の一つとなることを暗示する」と評した。[90]メディアが象徴天皇制を大きく取りあげ、それが社会的な話題になるであろうことを示していたと言えるだろう。

さらに四月二九日の天皇誕生日の夕刊各紙には「講和発効の新聞を読まれる天皇陛下」という写真付きの記事が掲載された。それまでの「祝祭日に発表された天皇陛下のお写真は形どおりの堅い感じのものが多かったが、この日の写真は明るいソフトな図柄でいかにも第五十一回のお誕生日と講和発効の朝を迎えられた二重のお喜びにふさわしいもの」となったという。[91]これは、平和条約発効（二八日）と誕生日（二九日）が重なり大きなニュースとして報道することから、「〝新聞を読まれる天皇陛下〟がいちばん民衆に素直で身近かな印象をあたえるだろう」と考えられ、『東京新聞』が交渉、最終的に宮内庁のカメラマンが新聞社の注文した絵柄で撮影し、共同通信社を通じて各社に渡された。しかも宮内庁は当初、新聞を読む天皇の古い写真を提供しようとしたところ、メディアが当日の新聞を読む天皇の姿を要求し、それに応える形で提供されたものであった。メディアは占領が終わり、「新生日本」の出発を祝うムードを天皇の誕生日と結びつけようとしていた。そして、宮内庁もその要望に応えたのである。

以上のように、天皇制は象徴天皇制へと転換することで敗戦という最大の危機を乗り越えた。その際、メディアとの関係性をこれまで以上に積極的に構築していく。両者の協同によってソフトランディングを果たした天皇制は、次章で詳しく述べるように皇太子・皇太子妃という新しい存在を前面に出す方向へと向かっていくことになる。

第3章　皇太子ブームからミッチー・ブームへ

正田美智子が明仁皇太子の妃に決定し、宮内庁で記者会見に臨む。右は父・英三郎、左は母・富美子。1958年11月27日撮影。毎日新聞社提供。

明仁皇太子への注目

明仁《あきひと》皇太子は一九五一（昭和二六）年一二月二三日、成年となる一八歳の誕生日を迎えた（皇室典範第二二条で、皇太子の成年は一八歳と規定されている）。メディアはこの年の初めくらいから次第に皇太子を「日本の若きホープ」と期待し、多数の記事を掲載し始めた。[1]

『毎日新聞』は「ことし成年式の皇太子さま」という見出しの記事を掲載し、そのなかで宮内庁担当の藤樫準二が、「一九五一年の御希望は？」という質問に対して「高校馬術選手として国体への出場を目指してがん張るつもりだ」と皇太子が答えたことを記している。[2] この記事は、学習院高等科の馬術部主将として活動していた皇太子を、若い等身大の「人間」として示したものと言えるが、それを皇太子本人の口から引き出して紙面に独占的に掲載したという点で興味深い。[3]

また、『読売新聞』では同日、より長い皇太子へのインタビュー記事（ただし取材は紙でのやり取り）が掲載された。[4] どのようなスポーツをしているかという質問に対し、「乗馬、テニス、スキー、ピンポン、水泳などが好きです」という答えがなされ、「どんな新聞、雑誌をお読みですか。さいきん読まれたものでとくに印象にのこっているのは」という質問に対して、雑誌は『リーダーズ・ダイジェスト』『文藝春秋』『中央公論』など多数が、本ではアルフォンス・ドーデの『月曜物語』や小泉信三の『今の日本』などが回答としてあげられた。皇太子の人となりがわかる記事であり、やはり若い等身大の「人間」としての皇太子像を示し、それまでにはない、かなり異例のものであった。なぜこうしたインタビューが実現したのだろうか。宮内庁担当の小野昇によれば、社会部長から「元旦用に皇太子さんについて、何かないかな」と尋ねられた彼は、直接のインタビューはダメでも紙上インタビューならば大丈夫ではないかと答えた。[5] 小野は、これまで皇太子について書いてきたものの基本的には伝聞で、皇太子本人に直接尋ねたことがなかったため、インタビューを思いついたという。親しい侍従に聞いたところ、当初は一社だけに出すのはと断られたものの、最終的には質問を紙で三〇問出してそのうち答えられるものの回答をもらう形式でゴーサインが出た。宮内庁側も、皇太子のインタビューを出すことの意義を認めたからだと思われる。これは皇太子にとって初めての「紙上インタビュー」となった。

なぜ、メディアではこのように皇太子への期待が高まったのだろうか。その理由は、昭和天皇が戦争という過去の問題のイメージを有し続けていたことがあげられる。サンフランシスコ平和条約の調印、そしてその発効によって占領が解消されて日本の独立が近づくにつれて、「新生日本」という概念が日本社会に広がっていく。そのときも昭和天皇の退位論が持ち上がった。[6] 再出発する日本において、天皇制も新しく生まれ変わる必要があると見られたのである。そのとき、昭和天皇にはどうしても戦争のイメージが付きまとった。それに対し皇太子は、「生れ変った青年日本をそのまま浮彫した」姿でとらえられた。[7] 青年として新たに表舞台に立つ皇太子の清新なイメージが「新生日本」の出発と重ね合わされる。「新生日本」にとって、過去の問題と接点のない皇太子の存在は、そのイメージに適合的であった。

こうした背景もあり、講和と独立を経るなかで、天皇の代役として、皇太子の存在が前面に出てくる状況が続いた。このことを日本近代史研究者の色川大吉のように「選手交替」と表現する見解もある。[8] 色川は、天皇報道が減少する一方（彼の言葉で言えば「天皇沈潜期」）、皇太子の報道量が、週刊誌やテレビのなかで増加する現象を指摘している。

立太子礼と皇太子像

一九五二年一一月一〇日、成年式・立太子礼が行われた。本来は一九五一年が皇太子の成年であったが、この年の五月、祖母の貞明皇后が亡くなったため、服喪期間となり延期となっていた。ところが、延期されたことで立太子礼がより大きな意味を持つことになった。一九五二年四月二八日には講和条約が発効、五月三日にその式典が行われた。延期されたことで、立太子礼はこの後の最初の国家的な儀式となった。このような時期的符合が、国家と皇太子像の連関を強調する言説を生むことになる。

「戦後の一切の記事を通じて、明らかに最大の記事」と翌年に社会学者の清水幾太郎《いくたろう》が評価したように、立太子礼当日に向けて、皇太子関係の記事はますます増加していった。敗戦後の『朝日新聞』における皇室関係・天皇関連記事数を調査してまとめたデータ[10]によれば、皇室関係記事は一九五〇年代に入ると、五二年の皇太子立太子礼から、後述する五三年の外遊の時期をピークに、その数が相当増えていることがわかる（五〇年には一〇〇件前後であったのが、五三年には五〇〇件以上）。一方で、天皇にしぼった記事は増えてはいるもののそれほどの伸びは示していない。つまり、天皇以外の皇室関係記事が増えているということになる。その増えた分の大多数は、皇太子関係の記事であった。立太子礼、そして外遊についての記事が多数掲載されたのである。立太子礼当日のメディアは、「若くりゝしい皇太子のお姿に、新生日本の清く正しく伸びてゆく力と望みを仰ぎ見」るというように、「新生日本」への希望や再生への期待を皇太子の成長に見ていた。[11]それは、「権威」

ではない「人間」としての皇太子への期待とも言えるだろう。

しかし立太子礼のなかで、吉田茂首相が寿詞《よごと》を「臣茂《しん》」と結んだため、「いわゆる〝重臣〟意識をもって、皇室と国民との間に隔てのかきねを築き、象徴を雲の上に奉」っていると批判が噴出する。[12]すでに立太子礼前から国家的な儀式が行われることで、皇太子と人々との距離を広げてしまうのではないかとの危惧もあった。つまり、「権威」化が危惧されていた。吉田の行動は、まさにそれを具現化するものであった。

天皇の弟である秩父宮も、「東宮様の在り方についても逆コース的傾向を強いられる様相がかなり現われつつあるような印象を受ける」「東宮様でもややもすると『先例』ということが先に立ち、それでは「人間性が失われて国民にアッピールしなくなって終う」と、吉田の寿詞に対して懸念を表明した。[13]そのため、皇太子自身が立憲君主制の見本を実地で学んで旧習を打破し、象徴天皇像にふさわしい人々と天皇との関係を構築する土台とすべきだとして、外遊への期待がメディアや人々のなかに醸成されていくことになる。

ところで、立太子礼は村山長挙《ながたか》朝日新聞社会長らメディア関係者や歌人の佐佐木信綱ら民間代表一二四名を含む各界の代表三〇〇人が参列して開催された。[14]皇居から東宮御所までのパレードにも約一〇万人の人々が集まり、その様子は写真付きで報道された。また、NHKラジオでも立太子礼を祝う特別放送のなかで実況中継され、[15]皇太子の様子は人々に広く伝えられた。『毎日新聞』は社説のなかで、「皇太子さまは将来の天皇に、——日本国の象徴、日本国民の統合の象徴になられることが、公式に約束されるわけである。従って、皇太子さまの人柄は、あすの日本には極めて深い影響がある……若い日本を代表する象徴となっていただきたい」と述べている。[16]また、神社界の新聞である『神社新報』も社説のなかで、「皇太子さまは、まことに日本国民の希望の象徴」「誰もが、未来の日本の光りとして、希望のシムボルとして、殿下を仰ぎお慕い申上げてゐる」「皇太子さまを仰いで、日本人が民族的統一を保って行」く必要があると強調している。[17] これらは、講和・独立が実現したこともあって、将来的な日本における新たな統合の象徴としての皇太子への期待であった。

こうした期待はメディアだけのものでもなかった。人々も明仁皇太子に対しては好感を持っており、立太子礼翌日の一般参賀には約二〇万人もの人々が皇居を訪れ、一五日に皇居前広場で行われた奉祝都民大会には約七万人が参列している。[18]

一連の行事を終えた皇太子への期待は継続して非常に大きかった。「新しい民主的な教育をお受けになった人間としての殿下」「を、すぐれた魅力ある男性の象徴として、世界に誇りたいのです。しかし、あくまでも血の通った殿下であってほしいのです」という意見[19]は、「人間」「血の通った」という文言が示すとおり、自分たちと同じ世界の存在であってほしいという意識が見てとれる。そしてこれは、皇太子を国家の象徴としてとらえ、国際社会にアピールしたいとする意識でもあった。また、「僕はもはやあなたやあなたの父上をあがめたり、したったりする世代には属していない。僕はただ同じ世代の人間としてあなたに親しみを感じます[20]」「あなたが何よりもまず人間として生きてゆかれることを心からお祈りいたします」という意見も、まさに自分たちと同じ「人間」としての皇太子を求めるものであった。

報道をどう見たのか

こうした立太子礼に関する報道は、メディアの内部ではどのように見られていたのか。『新聞協会報』ではまず「紙面展望」というコラムで「神格化への警告も」というタイトルを掲げて、立太子礼に関する報道を紹介している。[21] それによれば、「全体の調子が、皇室に対する国民の親近感、殊に皇太子に対する人間的な親しみと敬愛の念で貫かれていた」と評価し、戦前戦中の皇室の報道が「厳粛さを固守していたのにくらべて当然とはいえ、非常な進歩であろう」と述べた。メディアの報道姿勢は、象徴天皇制にふさわしいものであると強調したのである。さらに、「このような宮中の行事に便乗して、みずからの格式を張ろうとする連中の再現することや、国民に親しまれるべき行事が、また昔の神格化されることに対する警告を忘れてはいない」と言及し、吉田首相による「臣茂」に代表されるような、いわゆる「逆コース」的な風潮に対してメディアは批判的な論調を掲載していたと述べる。その点で、「人間」としての皇太子を支持し、「権威」としての姿を批判していたことになる。また、皇太子の将来に関しても「『一個の人間』としての修業と完成を期待しているのが大部分」の論調であるとし、「要するに新聞が要望していることは、国民の方も、宮中の方もお互いに心して、従来の障壁を取り除け、ということであった」とまとめた。メディアが敗戦後の象徴天皇制の理念に基づいて報道を展開していると自負している様子が見て取れるだろう。

同日の『新聞協会報』では、立太子礼に関する報道を振り返る記事がさらに掲載されている。[22]「易しい表現に苦心」とのタイトルが付けられたその記事では、各社ともに「皇室記事をできるだけ平易に扱うため、国語の使い方にはとくに注意を払い、厳粛な儀式の雰囲気をできるだけ易しい言葉で明るく表現するために努力した」と述べられる。象徴天皇制にふさわしく、「権威」的な儀式と読まれないよう、「人間」としての皇室像を見せるべく、工夫したという意識もメディアは有していた。

宮中はこうした報道などをどう見ていたのだろうか。田島宮内庁長官は天皇に対して、立太子礼が近づいていたとき、世間の反応に対して「宮内庁側は一向消極的でありまするのに、世間の関心は意外に大きいので驚いて居ります」と述べた。[23]それに対して天皇は「日本人が昔ながらの伝統で皇室の事国体の事を思つてくれるかと思ふて私は嬉しく思つた事だが」「宮内庁側としては消極でゐる事がよろしい」と答えた。天皇としては、皇太子に関する報道の多さと人々の関心は評価していたのである。おそらく、大正期の自身の経験があったがゆえ、同じように感じていたのではないか。一方で、宮内庁が関与することについては否定的な態度を示し、あくまで、メディアや人々の自由に委ねることを求めていた。それは、宮内庁が介入することで「権威」と受け止められかねないことを懸念していたからだろうか。田島はこれに「ハイ、仰せでございまするが、此気持が根なし草でないやうに根底のあるものにならなければと存ずるのでございます。附和雷同的でない、心からの気持になつて欲しいと存じます」と述べた。田島は、メディアや人々の反応が、真摯に意識されたものであることが重要だと見ていた。それが「附和雷同的」にすぎないのであれば、「消費」される危険性もある。田島は立太子礼をめぐる世間の反応をそのように見ていた。

こうした意識は立太子礼後も続いた。田島は皇太子の教育係でもあった小泉信三東宮御教育常時参与（元慶應義塾塾長）と、「東宮様御人気自然におよろしく結構此上ありませんが、二十四日以後は元の大学生に還つて頂き、あまり世の中の人気の方面に御関係ない方がよろしいかと存」ずと会話していた。[24]立太子礼に関する報告を伊勢神宮などにした後、つまり一連の行事を終えたならば学生生活に戻るべきと田島と小泉は考えていた。しかしそれを聞いた天皇は、「比較的御同感薄き御口調に拝す」という様子だったという。天皇は皇太子への期待感をむしろ歓迎しており、天皇制の「民主化」や「人間」としての姿を示す好例と見ていたのではないか。このように、メディアや人々からの期待については、宮中でもその反応が分かれていた。

皇太子像と国家像

立太子礼終了後も皇太子への期待は続いた。その大きな要因は、エリザベス英女王の戴冠式への皇太子の出席が立太子礼前日にメディアで公表されたからである。一九五三年六月二日のエリザベス英女王の戴冠式に天皇の代理として出席することになった明仁皇太子は、その前後に欧米一四カ国を訪問した。[25] 三月三〇日から一〇月一二日まで行われた皇太子の外遊はまさに皇太子人気のピークを招いた。先に触れた敗戦後の『朝日新聞』における皇室関係・天皇関連記事数を調査してまとめたデータでも、一九五三年が皇室記事の一つのピークであった（そしてそのほとんどが皇太子に関する記事）ことからも、それがわかる。

イギリスからの派遣招請は前年の一九五二年九月八日にあったが「新聞に知れたらウルサイと思」われるので、宮内庁・外務省は「当分は堅く外部に知らさぬ事にしてお」くよう決定した。[26] さらに九月二六日には、宮内庁・外務省間で皇太子派遣を前提とした外遊の調整が行われた。この時点で皇太子派遣は発表されてもいい状態にあった。しかし、発表は一一月となった。その結果、一一月九日の『朝日新聞』一面は、「皇太子殿下を御差遣／英国女王の戴冠式に」「あす立太子の礼」という二つの記事で占められることになる。[27] 立太子礼直前の発表が、皇太子に日本の再出発を国際社会に示すための役割を担ってほしいとの期待に結びついた。[28] 発表を一一月の立太子礼直前にしたのは、より大きな報道効果を狙うためだったのではないだろうか。

さらに、学習院高等科卒業後の留学や外遊の可能性もメディアでは報道されていた[29]。このように皇太子は、成人と同時に国家の再出発とリンクさせられ、知識と見識を涵養するための外遊が期待される土壌があった。

このような期待のなかで迎えた外遊では、「明朗にして素直な、そして若竹のように若々しい[30]」皇太子像がより深化する。皇太子像が「日本に対する不幸な記憶を打ち消し」「清新な日本を印象づけ[31]」ようとする「新生日本」の国家像と結びついていく。外遊は独立後の「日本が敗戦からようやく立ちあがり、その動向が世界の注視をあびている」時期に行われた。「その一挙手一投足は新生日本の歩みをシンボライズする[32]」皇太子が国際社会の注目を浴びる戴冠式に出席することは、「多少の誤解なども消え去るであろうし、民主日本に信頼を呼び寄せて自然にこれら諸国とわが国との国交に大きく貢献することにもなる[33]」。外遊する皇太子は新たな国家像をアピールするという役目を背負っていた。

宮内庁では一九五二年の早い段階で皇太子の派遣が内定していたと推測されるが[34]、それが決定的となったのは一九三七年のジョージ六世戴冠式に出席した秩父宮が、夏頃に皇太子派遣を田島宮内庁長官に勧めたからであった[35]。ここからは、将来の天皇の披露や本格的な皇室外交の再開といった、日本の国家としての再出発を念頭に各国との友好関係構築を目指す秩父宮の意図が見て取れる。

この外遊では、父である昭和天皇の皇太子時代の外遊との関係が盛んに強調された。特に、皇太子の様子を心配する天皇の父親ぶりでは、「世間の親と同じ[36]」イメージで天皇がとらえられた。「人間」としての天皇の姿である。こうした記事も各メディアでまったく同じエピソードが紹介されていることから、宮内庁によって一斉に流された情報だと推測される。

国内外のメディア対策

二月一日に本放送を開始したテレビでは外遊出発時、皇居前から横浜港までの道筋の中継を行い、天皇・皇后もその中継を見ていた。[37] ラジオも特別番組を編成し、横浜港まで実況中継を行っている。その合間に札幌・名古屋・大阪など全国八カ所から、橋本明ら学友や皇太子乳人《めのと》であった竹中敏子ら関係者による皇太子歓送メッセージの中継を含めて二時間四〇分にわたり、歓送ムードをリアルタイムで演出した。ＮＨＫではこうした大規模な多元中継は前例がなく、人々に対して「終始一貫した歓送に対する関心を高め、最後に最高潮に達した」「光景まで連続していけ」るような意図をもって放送を行った。[38] 番組の構成や演出によって皇太子への「関心を高め」させるような狙いがあり、情報をそのまま流すのではなく、それを操作して人々の感情を一定方向へ向けようとする意図が存在していることに注目しておきたい。

宮内庁・外務省は皇太子の動向を伝える「報道の重要性を鑑み」「政治的に言うならば外務省が抑えると云うことは極めてマズイ」[39]「日本政府に於て新聞記者の渡航を阻止することは出来ない。又得策でない」[40] と認識し、規制をかけることによって皇太子や象徴天皇を人々から遠ざけていると の批判を回避するため、メディアに協力する姿勢を見せた。そこで記者の随行については、「新聞通信社の良識に訴えて自発的に人数を削減する」よう各社に要望した。[41] 抑えつけるのではなく、自発性をうながす戦略を取ったのである。

では宮内庁・外務省は各社の判断に任せて後は自由に報道させようとしたかと言うと、そうでもない。記者による皇太子への直接取材は禁止し、会見も予め用意された文章を読みあげて質問は受け付けない方針を打ち出した。随行員の松井明らがプレス係となり、取材は係に対してのみ許可することにした。[42]情報源を制限することでメディアをある程度コントロールしようとしたのである。メディアに何を伝えるのか、そこには随行員の意思が介在しており、外遊中の清新で親しみやすい皇太子像も彼らによって取捨選択された情報によって形成されたのである。その意味でメディアを操作し、積極的に皇太子像を創り出そうとしていたのは宮内庁・政府だったと言えるだろう。メディア自身もこうした方針を受け入れて報道していったことから考えれば、皇太子像は宮内庁・政府、そしてメディアの協同によって創り出されたものであると言えるかもしれない。

ただし、必ずしもメディアはそれに満足していたわけではなかった。『朝日新聞』の随行記者であった斎藤信也は、スペイン訪問についての記事のなかで、「皇太子さまとわたくしたち新聞記者との個人的ないし人間的接触は、太平洋の船旅以後、その機会は全くない」と述べる。そして、「皇太子さまのお顔色だけでは、とてもその『人間的研究』などできるものではない。まして殿下の表情が無表情に近いにおいておや《(ママ)》」と不満をもらした。[43]さらに外遊終了前には次のような文章も書いている。

私たち新聞記者も、松井随員から出発前「一問一答は遠慮してほしい」との希望もあり、一から十まで殿下につきまとっていたわけではない……報道陣と、もう少し打ちとけて話し合われる機会があったら、私たちは、もっと親しみやすい皇太子さまの人間像を祖国の読者に伝え得たろうにと、残念である。

だから、私には、汽船ウィルソンによる太平洋の旅での殿下の御日常が、もっとも自然な、もっとも人間的な映像として、なつかしく残っている。[44]

このように、皇太子と直接の接触ができないために、皇太子の「人間」的な姿を伝えられないことへの記者の不満が高まっていたのである。そして、そうした対応をとる随行者・宮内庁への批判へと展開していく。斎藤はそれを「権威」と見ていた。

一方で外国メディアに対しては、対日感情を考慮してより慎重な対策が採られた。イギリスでは松本俊一大使が中心となって「タイムス、ガーデイアンの主筆欄には久しきに亙り地味に我方の誠意を説明し」ていた。[45] これに応えてイギリス政府も、本来ならば当日でなければ女王も首相も会見の予定を発表しない慣例があるにもかかわらず、皇太子のイギリス到着とともにその予定を発表し、日本を重要視して皇太子を特別待遇に処している姿勢を国内外に見せた。[46] またチャーチル首相主催の昼食会にメディア幹部や野党党首を招待して、対日強硬世論の緩和を試みている。

しかしそれで反日感情がまったく無くなったわけではない。[47] 人々の感情を考慮に入れるならば日本の戦争責任の問題に触れざるを得ない状況にあったが、いまさら戦争の問題を追及することは今後の日英関係に悪影響を残すことになる。そこでチャーチルは両国親善の必要性について言及し、戦争の記憶は残るけれども戦争に直接関係ない皇太子は未来志向にふさわしい存在だから歓迎すべきだとの論理を展開した。[48] その結果、メディアの態度は好転する。

イギリスだけでなくアメリカでも、大使館の働きかけにより国務省がメディア対策に乗り出す。「殿下御来訪に先立ち国務省係官は新聞社の首脳部を集め consulted good will policy〔筆者注：相談された親善政策という意味〕を期待する旨を述べ[49]」、アメリカのメディアも皇太子の若さを前面に押し出し、その訪問を好意的に報道した。こうして海外メディアにおいても皇太子は清新なイメージで登場し、独立した日本との未来志向の関係を各国が強調するための一役を担ったのである。こうした英米の配慮は、冷戦を背景とした日本の戦略的地位向上という状況の下、自国の対日強硬世論を緩和し、日本を西側の一員とするための戦略の一環であった。

創り出された皇太子像

日本のメディアは皇太子との限られた接触のなかで、従来の皇太子像をより補強するような記事を量産していった。メディアの意思によってイメージが創り出される過程は、皇太子出発日の記事が作成される段階で見事に示された。当日の横浜出航は午後四時であったから、夕刊の掲載には間に合わない時間帯であった。そのために『朝日新聞』では前日に原稿を完成させていた。その事情について記者の深代惇郎《ふかしろじゅんろう》は次のように書いている。

予定原稿。皇太子は午後四時に横浜を出帆するから、それから原稿を書いていては夕刊に間に合わない。そこで取材記者たちは、前日に、歓迎順路、横浜港での手順を考えながら、予め原稿を作っておく。天気は晴れと曇りと二通り準備してあるし、沿道を埋めた人の群は必ず歓呼の声を挙げ、日の丸の小旗を打ち振る事になっている。万歳の声は天をも揺がさねばならないし、皇太子はにっこり微笑んでお別れの挨拶をしなければならない。このたくましい想像力で出来上った原稿は、まだ皇太子が眠っている間にちゃんと東京の本社に準備されているのである。〔中略〕直接に皇太子を送ることの出来た人は、全国民の一パーセントにも足りない。他の人々は、ただ新聞を見て、その健康を祈り、又、波止場の興奮をその記事から推測する。しかも、皮肉なことには、皇太子の健康そうな様子も、波止場の歓送のるつぼも、皆、数人の記者の想像力の所産なのである。何千万人の人々は、この想像力が作り上げた記事から再び想像するのである。場馴れした記者の記事は、想像で予め作成しても大して間違いはない。たまに、波止場にいた他の全船舶が鳴らしもしない汽笛を、筆力で鳴らさせるような類の僅かの間違いがあったとしても。人々は、その想像力を、経験者の比較的適確な想像力に依存させながら発展させる。かくて、皇太子の渡航は遂に最後迄フィクションであった。たまたま現実がこれを追いかけて、合致することがあったとしても。以上が、今日、初めて僕が触れ得たジャーナリズムの魔術の一端である。[50]

このようにメディアはその報道内容を自らの意思に合致する形で創り出した。宮内庁・政府はメディアの影響力を認識し、効果的に利用するために情報を遮断して自らの力の及ぶ枠内でメディアを制御し、親しみやすい皇太子像を創りあげようとした。メディアも規制を加えられたにもかかわらず、その枠のなかで自らの期待する清新な皇太子像、それを歓迎する理想的な人々の像を創り出していく。その意味で、メディアは宮内庁と共同歩調をとって象徴天皇像を創りあげていく一つの権力としての作用を担っていた。

皇太子外遊はどう伝えられたのか

この皇太子外遊をメディアはどう報道したのだろうか。その特徴は次のように集約できる。

1　出発前には外遊を期待する記事が多数、大きく取りあげる
2　出発時の記事は一面から紙面を占める、写真付きの特集も組まれる
3　ハワイ到着までは船内の様子が連日大きく取りあげられる、ハワイ到着は一面

4　アメリカ到着までも同様、カナダ横断時はやや収束傾向
5　イギリス到着まで報道熱が再び高まる、到着後次第に沈静化
6　戴冠式前後に報道熱の一つのピークが来る
7　ヨーロッパ巡遊中は扱いが小さい（例外は西ドイツ訪問時）
8　アメリカ訪問が近づくにつれ、再び高揚
9　アメリカ、特に西海岸・ハワイ訪問時（日系社会）は大きな報道
10　帰国時は一面写真付き記事、ただし出国時に比べてやや扱いは減少

さらにその後、外遊はメディアでどう総括されたのだろうか。二つの座談会からその点を探ってみたい。まず、随行記者たちによる「皇太子外遊秘話と未来の象徴へ期待するもの」と題する座談会である。[51]熊崎玉樹（『朝日新聞』写真部）・津田亮一（『東京新聞』社会部）・江崎利雄（『産業経済新聞』社会部長）・辻本芳雄（『読売新聞』社会部次長）・藤樫準二（『毎日新聞』社会部顧問）によるこの座談会では、外遊中の皇太子に関する様々なエピソードが紹介されている。たとえば、熊崎は「写真に写った以外に、もっと和やかな、皇太子が相好くずしたような場合も相当あったと思う」と語った。カメラを向けると、どうしても皇太子としての姿になってしまい、堅苦しく写る場面もあるが、実際の皇太子は笑顔をもっと見せるような人物だという印象を与えようとする。「人間」としての皇太子像を志向するエピソードと言えるだろう。一方で、チャーチル英首相の貫禄に押されることなく、「大使を三十人ほど出した以上の値打がありましたね」（辻本）と言われるほど、各国で「立派」な態度を示したことも紹介された。それは、将来の天皇として人格を形成したことを内外にアピールすることでもあった。その点では、人々とまったく同じではなく、「権威」としてとらえら

欧州外遊中、ベルギーでの明仁皇太子と毎日新聞・藤樫準二記者（左）。1953年７月撮影。藤樫準二氏旧蔵。

れていたことも事実であろう。

もう一つの座談会は、同じく藤樫と津田、『読売新聞』の宮崎泰昌、そして随行員であった宮内庁の吉川重国と外務省の松井明が参加したものである。[52] 司会は小説家の獅子文六《ぶんろく》。獅子自身もこの座談会が掲載された『婦人倶楽部』から「特派」されて皇太子外遊に付いていったようで、月刊誌もそれだけ皇太子外遊に注目していたようである。この座談会も、先のものと同じく、皇太子の「人間」的なエピソードや「立派」な姿を描きつつ、一方で、アメリカでは「スタア」にさせられてしまった状況も紹介する。さらに藤樫の次のような発言もあった。

紙面に載せるのに、行事的な写真は飽きていますよ。それで、殿下の人間性につながるような写真が欲しくなるんでね。たとえばスイスで、イタリーの女性とテニスをなさいましたね。こういうのは、記者側でも何となく扱いたくなるし、読者にも、ほゝえましい光景としてむしろ親しみ深いんじゃないかと思うね。もっとも、その女性とテニスをしたからといって、特別どうということもないんですがね。

ここでは「人間」らしい皇太子という写真をメディアは欲しているると言っているが、それだけにとどまらず、女性と仲良くしている姿をも狙っていたことがわかる。つまり、皇太子が「消費」されてしまっている側面が見える。しかし彼らはそれをどこか微笑ましいエピソードととらえ、「権威」が損なわれたと嘆くわけでもない。そしてこの座談会は、宮内庁・外務省の随行員も参加していることが重要であろう。これは、皇太子のイメージをメディアだけではなく、彼らも協同して創っていったことを示している。

こうして皇太子外遊は外交上での一定の成果とともに、象徴天皇制の主役が皇太子へと移っていくことを内外にアピールする機会となった。

女性皇族の結婚

近代において、皇女は皇族と結婚する慣例にあった。しかし一九四七年の皇籍離脱や華族の廃止に伴って、昭和天皇の皇女を誰と結婚させるのかという問題が浮上してくる。一九四九年には三女の孝宮和子が二一歳となるため、結婚が近いのではないかとの記事が掲載された[53]。日本国憲法が施行されたことを契機にして、「皇族、元皇族、旧華族でもない一市民が花婿に選ばれる場合」が想定されたため、孝宮の結婚への関心が高まった。そして一一月二三日、孝宮の相手として東本願寺法主の長男大谷光紹《こうしょう》が内定したとの報道がなされた[54]。この記事では、孝宮が「主婦勉強に磨き」をかけていることが強調されており、結婚のために主婦としての素養を身につけようとしている孝宮は一般の女性と同じようであって、それまでの女性皇族とは変化したとの印象を与えることとなる。[55]

しかしこの大谷内定説は立ち消えとなった。入江相政侍従が「要するに血族結婚は不可といふことになり、更にその他の点からいつても不可といふことになる」と日記に記しているように、近親婚（孝宮と大谷はいとこであった）が理由で取りやめになったことがうかがえる。[56] そしてこの決定がなされた会議で名前のあげられた鷹司平通が、孝宮の婚約者として内定する。[57] 結婚相手は宮内庁内部の会議で決められており、いわゆる「恋愛結婚」ではなかった。こうした状況は、「周囲の事情から、ご自身で〝良人〟を選択する機会はめぐまれない」[58] とはっきり公表されていたが、「新憲法の精神を結婚にも適用したい」という天皇の意向を汲んで、事前に二人を会わせたこと、そして婚約中の交際ぶりが報道された。[59] たとえば、鷹司が合唱団に入っていたことから、孝宮との会話では音楽が話題になるといったエピソードが紹介される。また、結婚前から二人のツーショット写真も新聞に掲載された。[60] このように、婚約が発表されてから結婚までの約四ヶ月、二人の交際の話題はメディアにあふれた。それは、新聞だけでなく女性向け月刊誌などでも展開された。[61] そこでは人々と同じような結婚、言い換えれば天皇の娘も「人間」として結婚することを示したのである。こうして戦前の皇女の結婚とは事情が変化したことが、「極めて自然だ」と評された。[62] 前述の通り、鷹司は旧摂関家とはいえ日本交通公社に勤めるサラリーマンであったため、皇女が民間に入って生活することへの期待は高まった。

孝宮結婚報道は式後も継続した。翌日には鷹司夫妻の記者会見が行われ、生の声が新聞紙上に掲載されている。[63] エプロン姿で台所に立った鷹司和子の写真が掲載され、夕食を作る「若奥様ぶり」

も報道されるなど、人々と同じように生活する元皇女の姿が描き出された。鷹司がこれについてメディアの姿勢を批判的に感じたことは、第2章で述べた通りである。このときの報道の様子について、鷹司は後に四女順宮厚子《あつこ》の相手である池田隆政へ「また多くの人達からあれやこれやと引張り回される御夫婦が一組出来るかと思うと、誠にお気の毒でなりません」と語り、「当分の間多少は個人的な自由を犠牲になさらなければいけない」と述べている。[65] 近代史上初めて民間に嫁いだ皇女に対して関心が高まり、人々と皇室との距離感を縮めた（「人間」）と感じさせる存在となった一方で、彼女らは人々やメディアの「消費」的な興味の対象としても扱われることになった。

翌一九五一年には順宮と牧場を経営する旧岡山藩主家・元侯爵家の長男池田隆政との婚約が発表された。[66] 順宮の結婚は前年から準備が始まっており、一月に「池田、両徳川、松平、鍋島が最後に残り、結局池田といふことで少し深く進めて見ようといふことに」[67]なり、「池田隆政を第一に考ふること」となった。[68] 旧大名家の元華族が最終的な候補となっており、旧摂関家と結婚した孝宮よりもその選考範囲は広がっている。順宮の旅行のついでに岡山で池田と会わせ、[69] 五月には「皇后様呉《く》竹《たけ》にて順宮様と御話合ひ。侍従次長も同席。其結果佳局良好」[70]とあるように、順宮らが住んでいた皇居内の呉竹寮で順宮の意思を確認して婚約となった。

こうした手続きを経たため、「非常にお気に入りとのこと」と、孝宮のときと比べて順宮自身が池田との結婚に前向きであるかのような報道がなされた。[71] 後に皇太子と正田《しょうだ》美智子が「恋愛結婚」であると語られる前に、すでに順宮の結婚の段階でそうした傾向がメディアにはあらわれていたのである。これは新聞だけではなく、女性向けの月刊誌でも同様であった。[72] そして、二人の交際に関するエピソードが様々に報道され、やはり結婚前のツーショット写真も掲載された。[73]

一九五二年一〇月一〇日に行われた結婚式では「質素」であることが強調されるなど[74]、順宮は人々に近い存在としてとらえられていく。メディアは孝宮の結婚のとき以上に順宮の結婚までの様子を取りあげた。そのためか、順宮の結婚時には沿道に多くの人々が集まり[75]、同日に結婚式をあげる人々が増加するという「結婚ラッシュ」が起こった[76]。こうした様子は「自分たちと同席にすわられる人間内親王に対する親近感からではなかったろうか」と評され、「人間」という概念が強調された。池田厚子はその後も、人々と象徴天皇とを繫ぎ合わせる親しみやすい人物としてメディアにしばしば登場することになる[77]。

彼女らは皇太子の婚約報道後、再びメディアで取りあげられる。そのなかで、鷹司和子はサラリーマンの妻として「夫唱婦随」の生活を送っていることが、池田厚子は「質素」な生活を送りつつも「にじみ出る品性の高さ」が強調された[78]。このように、女性皇族らは象徴天皇制が人々に近づいたことを実感させる存在となっていた。実際に自分たちと同じ「人間」となった彼女らに対する興味関心は高まり、だからこそメディアも彼女らの結婚を積極的に取りあげた。こうした事実がミッチー・ブームの前提に存在していたのである。

過熱する皇太子妃候補報道

明仁皇太子は表舞台への登場とともに、結婚問題についても関心を持たれていく。その結婚に関する報道の端緒は一九五一年七月二九日の『朝日新聞』と『読売新聞』である[79]。これらの記事は、その年に皇太子が一八歳の成年に達するので、先例に従って宮内庁が内々に結婚準備を始めたとするものである。記事では、まず北白川家や久邇《くに》家などの元皇族から皇太子妃候補を選考し、その後、元華族などを検討すると述べられているが、一方で「恋愛の場合も考慮されるなど、人間皇太子さまの御意思を十分に尊重する」との言及もある。恋愛が新しい皇太子像にふさわしいととらえられたからであろう。『読売新聞』はさらにその日の夕刊で、具体的な候補として伏見章子《あやこ》、久邇通《みち》子《こ》・英子《ひでこ》・典子、朝香富久子《あさかふくこ》、北白川肇子《はつこ》などの元皇族の名をあげ、彼女らの簡単なプロフィールと写真を掲載した[80]。また、本人たちに面会を試みた様子なども描かれ、その肉声を掲載することはできなかったが、「けさの読売新聞で知ったのが初耳です」との周囲の反応を記している。これ以後、北白川肇子や伏見章子は最後まで皇太子妃候補として報道されることになる。しかしこうした報道は宮内庁で検討されていた人物をスクープしたものではなく、皇太子妃となるのは元皇族であるとの推測の下、そのうち皇太子と同年か年下の娘を候補としてあげたものにすぎなかった。

なぜこの時期にメディアは皇太子妃報道をしたのだろうか。第一に、記事中にもあるように皇太子が成年に達する年齢であったことが大きい。大正天皇・昭和天皇の結婚年齢を考えると、準備がなされていてもおかしくはないとの認識がメディアにあった。第二に、宮内庁の反応である。第一の認識から、記者の小野昇が黒木従達東宮侍従にインタビューしたところ、黒木が答えに窮したため、小野は皇太子妃選考が始まっていると推測した[81]。また同時期に、田島宮内庁長官が「冗談まじりで」皇太子妃候補について頭中にあると記者に発言したこともあったという[82]。これらの反応を見て記者らは取材を開始した。第三に、講和・独立を控え、「挙国慶祝」を求める雰囲気があったからではないだろうか[83]。国家的なお祝いムードにさらに皇太子の結婚を重ねて世間の風潮を盛りあげようとしていたとも考えられる。こうして、メディアは皇太子妃選考報道を加速させていく。

さらに立太子礼・外遊と皇太子報道が高まりを見せるなかで、皇太子妃候補についても多数の報道がなされるようになる。[84]評論家の大宅壮一が「皇太子妃がクイズの対象として興味の中心になっている」[85]と評したように、皇太子妃はメディアや人々の興味の対象として報道されていく。この頃になると元皇族だけではなく、島津純子や徳川文子《ふみこ》ら元華族の一四名の名前もあげられるようになる。こうした記事は婦人雑誌の他、新聞社系の週刊誌も多数掲載していた。新聞では年頭の皇室紹介記事や年末の皇太子の誕生日の記事のなかで、ごく簡単に皇太子妃の問題に触れられることが多かったが、新聞社は自社の週刊誌を使って報道を積極的に展開していた。新聞社は新聞と自社週刊誌を使い分け、週刊誌の方で報道を過熱化させていたのである。

これには、当時のメディア状況が背景にある。先述の通り、『サンデー毎日』『週刊朝日』は一九二二年に創刊されており、戦前からある老舗週刊誌であった。その後、敗戦後の一九五二年二月に産業経済新聞社が『週刊サンケイ』を、七月に読売新聞社が『週刊読売』を創刊した。経済復興がなされていくなかで、人々の経済的余裕も高まり、新聞社も毎日の新聞だけではなくより詳細な記事を掲載する週刊誌を刊行するようになった。その後、一九五六年二月に新潮社が『週刊新潮』を、一九五八年七月には集英社が『週刊明星』を創刊するなど、出版社も週刊誌を出すようになった。

さらに一九五七年三月には河出書房が『週刊女性』(後に主婦と生活社が発行を引き継ぐ)を、一九五八年一二月には光文社が『女性自身』を創刊するなど、女性週刊誌が登場し、そこでも皇太子妃候補に関する記事が掲載された。皇太子妃選考報道がなされていたとき、週刊誌創刊ブームが到来していたのであり、創刊された週刊誌のなかで目玉記事の一つとなったのが、皇太子妃選考報道であった。そうすると、後発の週刊誌が老舗週刊誌と同じ内容の記事を掲載していたのでは読者の関心を惹きつけ、購入してもらうことは難しい。老舗週刊誌が皇太子妃候補としてAさんと書いた後に、同じAさんと書いても売れないため、新しい皇太子妃候補Bさんを探し出す必要があった。さらに後発の週刊誌はCさんと書くなど、より候補者は増えていく。こうした状況が皇太子妃選考報道の時期にあった。

一九五四年九月には『週刊サンケイ』が「皇太子妃、ご内定か」との特集記事を組み、北白川肇子と島津純子を有力な皇太子妃候補として取りあげている[86]。ここで重要なのは、この記事では彼女ら二人の家族構成、家系、身長、性格、小学校時代の成績などが事細かに紹介されている点である。後に正田美智子に正式決定したときも同じ報道がされており、その先駆けになったとも言える記事である。週刊誌が数多く創刊されたことで、皇太子妃候補に関する情報も、ある社が書いたならば次の社はより詳細にという状況が続いていく。そして、このような記事が一九五四〜五六年には多数見られるようになる[87]。それは月刊誌も同じで、たとえば「ふられた？　皇太子さま」と題する記事では、北白川肇子や島津純子などの有力と言われる候補の人となりを詳しく紹介しているが[88]、そこには皇太子妃候補たちのプライバシーはほとんどない。彼女たちは皇太子妃候補として「消費」され、まさに大宅壮一が述べたように「クイズの対象」となっていた。

こうした状況に対し、天皇も「あの皇太子妃の問題が婦人クラブといふ雑誌に写真入りで出てるよ」と田島宮内庁長官に伝えていた[89]。田島の方がむしろこれを見ていなかったようで、天皇がそれだけメディアに注目していたことを示しているが、天皇は「あゝいふものは困る」と述べ、田島はそれに対して「誠に今度は各新聞スクープに大熱心で困りますが去りとてどうする事も出来ませぬ。むしろ今度他の婦人雑誌も出まして却て興味がうすくなりますかも知れませぬが、次長の話では新聞の連中は之には大変な意気込との事であります」と答えている。宮内庁としては規制することもできず、しかし実際には宮内庁から皇太子妃決定の発表がなされなかったために、次第に記事からもあきらめムードが漂うとともに、新たな情報も尽き、皇太子妃報道は手詰まり状態に陥った。

『孤獨の人』と皇太子妃決定

そしてより重要なのは、こうした皇太子妃候補報道が進展するなかで、皇太子自身はどのような存在であって、どのような期待をするかについてのメディアの関心が次第に薄れていったことである。ほとんどの記事で皇太子妃候補者に関する情報や宮内庁内部での選考状況などが書かれたが、皇太子自身に関する情報は減少し、皇太子自身への関心は立太子礼や外遊時に比べ後景へ退いてしまった。「新生日本」に適合的な皇太子像が象徴天皇像を牽引することへの期待は、この時期には薄れてしまったと言ってよいだろう。

これを象徴する出来事として、一九五六年の『孤獨の人』(三笠書房)の出版がある。[90]『孤獨の人』は学習院時代に皇太子の学友であった作家の藤島泰輔が執筆した小説で、学習院の内部での生活を題材としていた。このなかでは、皇太子をめぐって争う学友たちにとって皇太子は「勢力争いの道具、虚栄《ヴァニティ》の道具」であって、本当に皇太子と友人となる者はおらず、皇太子の環境を変えようとしても妨害する役人がいて皇太子自身も変化を「諦め」ており、皇太子は「孤獨の人」として学習院のなかでさびしく取り残されている姿が描かれる。この『孤獨の人』は、「人間」的なイメージを有していた皇太子がいかに「人間」的な生活を送ることができていないか、また制度としての天皇制や宮内庁がいかに硬直化しているかなど、皇太子の実像や天皇制の問題点を鋭く描き出した小説であった。『孤獨の人』はベストセラーとなり、映画化までされるに至った(皇太子役は黒沢光郎)。それまでの皇太子像が虚像ではなかったかという疑問を提起したと言える。またこれと前後して、皇太子自身に対しても「皇太子明仁殿下　あなたへアドバイス」と題する記事で、「関心がなく」「親しみがわかない」との批判が人々やメディアのなかからなされるようになる。[91]外遊の際の人気ぶりから三年が経ち、皇太子のみでは「新生日本」の表象たり得なくなっており、皇太子妃候補とともに報道されることで、ようやくその位置を保持することができたのである。

ところで、宮内庁で皇太子妃選考が本格化したのは一九五五年ごろからだと思われる。このころ田島前宮内庁長官が宇佐美毅《たけし》宮内庁長官から選考の協力を依頼され、小泉信三らと話し合いを重ねていた。[92]そこでは具体的な候補名もあがっていたが、いずれも進展しなかった。正田美智子に決定するまでに田島や小泉らのなかでは何人かの意中の候補がいたにもかかわらず、結婚には至らなかったのである。それゆえ当初は元皇族や元華族が皇太子妃候補の範囲であったようだが、後に一般にまで拡大され、一九五五年九月の定例記者会見で瓜生順良宮内庁次長が「新憲法の結婚の自由の思想を尊重し、できるだけ広い範囲から選ぶ方針だが縁談にはつり合いが必要であり国民の納得ゆく家柄から選ぶことは当然である」と述べるに至った。[93]この瓜生発言は宮内庁が初めて皇太子妃選考について言及したものであり、これを聞いたメディアは皇太子妃選考が本格化しているとして、報道体制を強化していった。しかし報道された候補は北白川・伏見・島津から変化はなく、メディアは情報を摑み切れていなかった。

こうした状況をやや皮肉めいた視点で描いたのが、一九五六年に創刊された後発の出版社系週刊誌『週刊新潮』である。一九五七年四月一日号の記事では「今年三つの『どうなる?』」との題で、百円ビール・売春防止法と並んで皇太子妃問題が取りあげられている。[94]皇太子が「お見合」を繰り返している一方で、民間人の皇太子妃もあり得るのではないかと推測することで、人々の興味関心を惹こうとする記事である。さらに同年一二月三〇日号では、今年のニュースとして人工衛星・赤線・道徳教育・読売巨人軍と、この年も結婚の決まらなかった皇太子が並列して特集された[95]。「結婚されなかった皇太子――八年越しの〝長すぎた春〟」とのタイトルが付けられ、この年が酉《とり》年で「ヨメトリ年だと縁起」を担ぐ人がいながら結局は決まらなかったと皮肉めいた文章を寄せている。いずれの記事も世間の話題と皇太子妃問題が同列の事象として並び、単なる興味という視点から語られているところに特徴がある。そこには象徴天皇制に対する「権威」性は見られない。皇太子妃選考問題を通して皇太子はメディアのなかで通俗化（「消費」）されつつあった[96]。

　創刊され始めた女性週刊誌もこの話題をたびたび取りあげた。『週刊女性』は一九五七年一二月一日号で、「皇太子妃はどこにいる」という特集を掲載している[97]。皇太子妃選考に関する報道の端緒から現状までを振り返り、「おそくとも、明年中には、婚約発表にまでこぎつけるものとみられる」と記している。また、北白川肇子・伏見章子・島津純子といった皇太子妃候補としてよく取りあげられていた女性たちの写真とプロフィールなど人物像の詳細が掲載されている。同年に創刊された『週刊女性』だけに、読者である女性たちに皇太子妃選考のこれまでを丁寧に紹介する記事とも言える。翌年には「皇太子のすべて」というタイトルを付けた皇太子に関する七ページにもわたるかなり詳細な記事を掲載した[98]。これも、この年の「早ければ新春、おそくとも秋までには、待望の皇太子妃が決定されるものとみられているからだ」という予測から書かれたものであった。その姿勢は、男性週刊誌よりもやや大人しかった一方、この話題をたびたび取りあげて同じような傾向で記事を掲載するという点では「消費」していた。

その後、一九五八年四月になって田島の日記に「Shoda Soyejima 調べよくば賛成いふ」[99]と記されていることから、この頃に正田美智子が皇太子妃の最有力候補として浮上する（「Soyejima」〔副島〕は美智子の母の富美子の旧姓）。メディアもこの頃になると、彼女が皇太子妃候補となったことを察知し、五月ごろに正田家と接触し始めた[100]。報道が熾烈となって結婚まで至らなくなることを憂慮した宮内庁は、小泉から各社に呼びかけさせ、日本新聞協会は宮内庁の正式発表までは予測報道を行わないとする報道協定を各社で締結した。これによって新聞各社は協定を遵守して予測記事は掲載しなくなった一方、小泉が報道自粛を呼びかけてきたことは正田美智子が皇太子妃候補の本命であることの証拠であると確信し、正田家への取材を続けて、来るべき正式発表後の報道のための蓄積を重ねていった。

しかし協会に未加盟のメディアは協定を守る必要がなかった。協定から自由であった出版社系週刊誌の『週刊明星』では、一九五八年一〇月一六日号で正田美智子が皇太子妃候補となっているとの記事を掲載しようとしたが、それを聞きつけた小泉が頭を下げて記事は取り下げられることになった[101]。しかし海外で『ニューズ・ウィーク』が皇太子妃候補として正田美智子の名前を紹介したことから、『週刊明星』はその記事を紹介する形で、「テニスコートでの出会い」や彼女のプロフィールを報道する[102]。一方の新聞は、一一月二七日の宮内庁からの正式発表まで報道を待たなければならなかった。

一九五一年から一九五八年までの長期にわたる皇太子妃選考報道では、メディアが推測や希望的観測を基に数多くの記事を作成していった。それは、メディアによって象徴天皇像が通俗化されていく過程でもあった。それまで「新生日本」の象徴として期待を持たれていた皇太子も、選考報道が長期にわたったがためにその関心を継続させることができなかった。皮肉なことに、報道が過熱すればするほど皇太子妃が決定できない状況に陥り、皇太子への期待感はより低下していく。『孤独の人』はそうした過程のなかで生み出された作品であり、内容の真実性はともかく、少なくとも出版当時に皇太子の置かれた状況を的確に表現していたと言えるだろう。

「恋愛結婚」

一一月二七日、宮内庁は正田美智子の皇太子妃決定を正式に発表した。これ以後、それまで協定によって沈黙していたメディアは一斉に報道を開始する。

そのなかでまず問題となったのが、新聞が報道協定によって皇太子妃報道を控えていたことの是非であった。正式発表後の新聞には慶祝報道が溢れていたが、そのなかに各社とも協定に関する釈明記事を掲載している。そこでは、皇太子妃候補の基本的人権を守るためにはやむを得ず、報道によって決定が損なわれないようにしたこと、また協定は自発的なものであって、報道しない自由もあることが強調された。[103]「権威」に屈したのではないと主張したかったのではないか。具体名こそ言及してはいないものの、『週刊明星』の報道を非難する論調もあった。[104]新聞社系週刊誌でも報道協定に関する釈明とスクープした週刊誌への非難とともに、いかに皇太子妃選考取材に苦労し、報道協定が自らに課した「良識」であったかを記事として大々的に掲載している。[105]出版社系週刊誌であった『週刊新潮』でも「かくて『世紀の特種《スクープ》』は…」とのタイトルが付けられた記事では皇太子妃選考報道にまつわるエピソードが紹介されているが、新聞記者が「皇室に平民の血が入るのは、いいことだ」「だから盲動はつつし」まなければならないとの意図の下に、積極的な意思を込めて自主的な規制をかけたと述べて、その行動を高く評価して記事を結んでいる。[106] ここからは、長期にわたった皇太子妃選考報道に対して「消費」的な傾向にならないようにとのメディアからの自省作用があったこと、そして皇太子妃に元華族ではない正田美智子が選ばれることをメディアが望んでいたことがうかがえる。特に後者は、その後の報道効果を考えていたからだけではなく、メディアが積極的に象徴天皇像の形成に寄与していた一例として見ることができるのではないだろうか。

正式発表後の報道では、詳細に正田美智子の人となりが紹介され、新しい時代の皇太子妃としてふさわしいことが述べられている。婚約後の報道は皇太子ではなく、正田美智子が主役であった。彼女の一挙手一投足、そして服装にまで注目が集まった。[107]

報道のなかでは、皇太子と正田美智子との「恋愛」が強調されていることが注目される。しかし正式発表当初は必ずしもそうではなかった。『読売新聞』ではテニスコートで出会ったことには言及しつつも、小泉を中心とする選考段階で正田美智子がまず候補にあがり、皇太子もそのころに名前を出したため、「こんどの場合、皇太子の『恋愛結婚』というのは、宮内庁が押しつけた『強制結婚』というのも当たっていない」と述べている。[108] 『朝日新聞』でも正田美智子が正式に選考を受け入れる前に皇太子に会って意思を確かめたいとの希望を持っていたにもかかわらず、「周囲の情勢はそれを許さなかった」という。[109] 真偽はともかく、池田厚子の結婚時に比べ、「恋愛」であることは当初大きく取りあげられなかった。

ここには、恋愛によって未来の象徴である皇太子のイメージが損なわれるとの懸念があった。[110] 自民党の平井義一衆院議員は国会で、「もしも伝え聞くように、皇太子殿下が軽井沢のテニス・コード《(ママ)》で見そめて、自分がいいというようなことを言うたならば、ここにおられる代議士さんの子供と変りない。私の子供と変りない。これが果して民族の象徴と言い得るかどうか」と質問した。[111] それに対し宇佐美宮内庁長官は「世上伝わるようなうわついた御態度というものは、私どもは実際において全然お認めすることはできません」と否定している。平井のように「権威」としての天皇像を志向する立場にとって、皇太子が人々と同じような「恋愛」をすることは、その「権威」を損なってしまう要因になると見たのである。そして宇佐美も「恋愛」を「うわついた御態度」として否定している。こうした宮内庁の姿勢は人々の意識に追いついていなかったと思われ、後述する宮内庁批判へとつながっていく。

　しかしこのような平井や宇佐美の態度に反し、皇太子と正田美智子の「恋愛」はその後のメディアで特に強調されていった。藤樫は次のように書く。

> 軽井沢のコートおよび東京ローン（麻布）や郵船コートなどで、たびかさなるテニスの試合から愛情が自然にうるわしく芽ばえ、青春皇太子、人間皇太子としての初恋に凱歌をおあげになったものと言えよう。こうして皇太子さまが、万難を排してみずから民間女性に求婚されるにいたったイキサツは、最初から意中の人として押されたのではなく、当局の、どうも理想的な候補者が見あたらない、との申出に対し、殿下もその最終段階において「では、この女性ではどうか。」と初めて切り出されたものと察しられるのである。
>
> 　皇太子さまは早くから御自分の地位を自覚され、物事に対してはなかなかの〝慎重居士〟だった。それだけに、皇太子さまは決して恋などするようなお方ではない、と側近者も学友も安心しきっていた。ところが、それを見事に裏切られた。もうそこには、以前のようなハニカミやの皇太子さまではなく、現代青年としての御成長が躍如としており、わが皇室結婚史にも全

くの異例のことであった。
約一年後には、御結婚の式もあげられるだろうが、勇敢に伝統を断ち切っての新御生活には、思わざる悩みに遭遇されるかもしれない。どうかあくまでも、〝人間皇太子〟として勇気と愛情をもって、たくましく、おおらかに進んでいただきたいと願うのは、けっして私一人だけではあるまい[112]

このように、「恋愛」は「新生日本」を、日本国憲法における両性の平等や婚姻の自由を、そして天皇制が「民主化」されたこと、「人間」としての天皇制を象徴する重要な要素であったのである[113]。『週刊女性』が「秘められたロマンス」として「恋愛」を強調するように、皇太子と正田美智子の恋愛はメディアが天皇制を通俗化していく、あるいは「消費」していくための格好の素材ともなった[114]。しかし一方で「恋愛」が語られることは、象徴天皇制が日本という国家の目指すべき像に適合的と意識されていったことを示している。高度経済成長下の社会にあって、都市化の進展によって伝統的社会秩序が次第に変容を遂げるなかで、そうした国家の状況にふさわしい新たな概念が「恋愛」だったのである。それは「人間」としての皇室像も目指したものではなかっただろうか。

ところで婚約発表から結婚へと進んでいくなかで、宮内庁への批判も見られるようになる。すでに皇太子妃正式決定直後、大宅壮一が「宮内庁やそのとりまきが、いまの天皇、皇后のように、新しいお二人を祭りあげようとしたら悲劇である[115]」と危惧しているように、宮内庁の対応に対する批判が存在した。清新なイメージを持った皇太子と「平民」の正田美智子が、天皇制という制度のなかで埋没し、個性を失っていくことへの懸念であった。

たとえば、正田美智子に対するいわゆる「お妃教育」に対し、それが彼女を「ノイローゼ気味」

にまでさせるほどのものであったと批判された。その内容についても、時代の変化とは合致せず旧態依然の教育を施しているとして、それがせっかく人々と距離の近い正田美智子を、人々から遠ざけてしまうのではないかとの論が展開された。[116]「お妃教育」が「人間」性とはかけ離れたものであり、新しい象徴天皇制には相応しくないという認識からの批判であった。「恋愛」を否定的にとらえる前述の宇佐美の姿勢も「保守的」と映った。[117]それは「権威」ととらえられた。

さらに、正田家の実家のある群馬県の館林では記念事業が計画され、それによって開発を進めて収益をあげようとする動きが起こった[118]ことから、メディアでは「皮算用」と批判された。ミッチー・ブームに期待し歓迎するといった意識ではなく、利用しようとする風潮は、旧来の天皇制つまり「権威」を私的な利益に繋げる行為ととらえられた。そうしたものへの反発が、ミッチー・ブームのなかで登場したのである。

第4章　「権威」側からの逆襲

軽井沢で静養中に千ヶ滝を散策する明仁皇太子一家と義宮（後の常陸宮、左端）。1961年８月29日撮影。毎日新聞社提供。

あこがれの対象としての美智子妃

一九五九（昭和三四）年四月一〇日、皇太子と正田美智子は「ご成婚」を迎えた。パレードには多くの人々が駆けつけたほか、全国の人々がテレビの中継を注視した。パレードは皇居から元赤坂の東宮御所まで約八・八キロにわたって行われ、NHK、NTV（日本テレビ）系列、ラジオ東京（現在のTBS）系列の三つのネットワークが中継し、それぞれ四〇台近くのカメラと各局合わせて一五〇〇人ほどの放送局員が配置されていた。上空にはテレビ局だけで四台のヘリコプターが飛んでいたという。沿道でパレードを見た人が五〇万人なのに対し、テレビで視聴した人の数はおよそ一四〇〇万人と推定されており、[1]それだけテレビの影響力が強かったことを示している。

美智子妃の服装には婚約発表時から注目が集まっており、女性週刊誌はこぞって彼女をグラビアに登場させ、それが結婚後も続いた。一九五五年に創刊された未婚女性向けの初の実用誌であった『若い女性』[2]には、ファッションデザイナーの松田はる江・中原淳一・森英恵《はなえ》による「皇太子妃にこんな衣裳を…」という座談会が掲載された。[3]このうち、松田と森は美智子妃の服のデザイナーでもあった。このなかで中原が「気品の高い、デザインのいいもの」を着て欲しいと述べたように、美智子妃には人々とは異なる存在でいて欲しいとの思いも表明されていた。一方で松田は、美智子妃が「オーソドックス（正統）なものを上手に個性的にお召しになる」と評価する。奇抜なもの、突飛なものではなく、堅実でありながら、個性も感じられる着こなしと見たのである。決して「権威」的ではなく、自分たちと近いようでありながら、まったく同列でもない、あこがれの対象のような位置付け。だからこそ、女性週刊誌は美智子妃のグラビアを掲載したのである。それだけではなく、服装や髪型などを解説・特集する記事も数多く執筆された。[4] これは、たとえば、当時映画女優としてトップスターであった淡路恵子などと同じような扱い方でもあった。映画スターと美智子妃は同列に扱われていた。

一方で、ときにはその服装に批判が集まることがあり、「美智子さまはもっと自分のモードに発言なさったら」という記事では、「美智子妃はエレガントでお美しいのに」「なんだかモードがやぼったい」として、服装でより自主性を発揮することを望む主張が展開されている。[5] また一九六四年の国民体育大会冬季スケート大会においてブーツを履いた美智子妃に対し、「庶民的」「好もしかった」という声がある一方で、「ちょっと中途はんぱな感じ」といった声があることを取りあげた記事もあった。[6] ただしここでは、内廷費が少なくて十分に服飾費にかけられない美智子妃が「お気の毒」という論調で構成されており、むしろあこがれとしての美智子妃が体面を保つだけの費用を捻出できない状況に対して同情するもので、美智子妃自体を批判するものではなかった。

こうしたあこがれの対象でありながら、遠い「権威」とは感じられない美智子妃と皇太子の存在は、当時の人々の結婚のあり方をも変化させることになる。第3章で述べたように、「恋愛結婚」とみられた二人の結婚は、日本国憲法に規定された「両性の合意に基づく」新しい結婚として人々に認識された。それゆえ、二人に影響を受けた結婚が広がっていくことになり、それが週刊誌などのメディアで新しい結婚像として取りあげられた。たとえば、結婚前に掲載された「あやかり結婚ブーム」という記事では、[7]「ご成婚」当日の四月一〇日に結婚する人々の声を取りあげている。そのなかでは、「皇太子さまだって今時そんな古めかしいことは考えていないんですのよ」と言って、恋愛結婚に抵抗を示す夫の両親を説得した女性の声が掲載されている。これはむしろ、「権威」を使って自分たちの結婚を認めさせた例と言えるだろうか。一方でこの記事では、慶祝行事にあやかった「チャッカリ結婚」が増加していることも紹介している。この日の結婚には新婚旅行も付けたプランを企画する企業があり、応募が殺到しているという。これはまさに「消費」としての側面であろう。さらに「新しい結婚式（会費制スタイル）を設計する」という記事では、皇太子・皇太子妃の結婚に触発されて、結婚式場の予約がうまっていることを報じている。[8] このように、ミッチー・ブームは人々の結婚のあり方を変え、メディアはその現象を数多く取りあげた。[9]

結婚三ヶ月後の一九五九年七月、美智子妃の妊娠が発表された。当日の新聞は「美智子妃〝おめでた〟の模様　日光旅行などおやめ」というタイトルが付けられていることからもわかるように、[10] 妊娠の兆候があって公務を取り止めるとの宮内庁の発表を伝える記事で、こうした宮内庁の発表自体やや時期が早いのではないかとも思われるが、それは公務取り止めからメディアに妊娠を憶測されることを避けたのではないだろうか。それだけ、美智子妃の妊娠がすでに期待されていたとも言える。

メディアはその後、妊娠中の美智子妃の姿を報道した。[11] そして、一九六〇年二月二三日には長男の浩宮《ひろのみや》が誕生する。新聞はその様子を詳しく報道し、皇太子が宮内庁病院へ向かう美智子妃を「優しく見送」り、病室には「花ずくめのベッド」を用意したことなどを伝えている。[12] 週刊誌には「美智子ママにつづけ」というタイトルが付けられた、「あやかり結婚ブーム」の後日談が紹介された記事が掲載されている。[13] ここでは、皇太子夫婦の子どもに合わせて自分たちも子どもをという人々が取りあげられ、「同じ月ではないけれど、まあ、同じ年に子どもをさずかるというのはしあわせ

美智子皇太子妃の出産予定日が近づき、宮内記者会室に集まる報道陣。1960年2月22日撮影。藤樫準二氏旧蔵。

ですよ」という声を紹介している。これは単なる「消費」とも異なる、一方で「権威」でもない、あこがれの対象として皇太子夫妻をとらえている事例だろうか。

その後、皇太子夫妻はそれまでの皇室の慣例を破って子どもたちを自ら育てた。また、夫妻は育児書を読みながら、子ども中心の家庭生活を送っていることが伝えられ、新しい家庭像のモデルとしてとらえられた。育児に関する記事、浩宮に関する記事も新聞や週刊誌などに数多く掲載された。たとえば、「特集　浩宮さま満三つ」という記事[14]では、浩宮の成長の様子を記すとともに、「母性愛の記録」として、家庭的に育児を行う美智子妃の姿を中心に描かれている。それは、まさに「人間」としての皇太子一家の姿を示している。こうしたあり方をこの記事は「皇室のビジョンをつくる美智子さまの最高育児法」と評し、新しい象徴天皇制のあり方と見たのである。一方で、こうしたあり方に対する学習院出身者の「庶民と同一では困るのです。威厳と申しますか、将来『元首』たるにふさわしい態度」が必要とのコメントを掲載し、そこに「権威」側からの反発が存在することを匂わせている。この点はその後、大きな問題となっていく。

美智子妃が東宮御所のモダンな台所に立って料理する写真も、メディアを通して人々に伝えられた。皇太子一家の生活は、それまでの皇室像とは異なる近代的な理想の家族としてとらえられていった。[15]ミッチー・ブームから「ご成婚」、そして出産と、まさに人気の頂点に皇太子夫妻はおり、メディアはその動向を積極的に報じた。

一方で、皇太子一家のプライバシーを無視するような記事も多数出るようになった。たとえば、『週刊平凡』はグラビアで「美智子さまが泳いでいる！」と題して、沼津御用邸付近の海水浴場での皇太子や皇太子妃の水着写真（遠景）を掲載している。[16]こうした隠し撮り写真について、「美智子妃のプライバシー」とのタイトルを付けて報じた『サンデー毎日』は、「さんざんだった夏休み」と評した。[17]その記事のなかで鈴木菊男東宮大夫は、「人権尊重の基本的な考えにも反する」「こちらの事情をいっさい無視して興味本位だけで扱われては、たまらない」と批判し、宮内庁から雑誌社に抗議したことが紹介されている。さらに瓜生宮内庁次長も、「最近痛感させられるのは、他人の生活をのぞきこもうとする気持が、あまりにも強すぎるのではないか」と懸念を示すコメントを寄せている。一方で、この記事では「宮内庁は、皇太子ご一家の尊厳がそこなわれたという感じと、プライバシーの侵害とをごっちゃにして考えているのではないか。ご一家がスターとファンの形でしか民衆と接触できない不幸は、そうした当局の態度に大きな原因があるのだ」という、美智子妃を教えたとする学者（名前は記載されていない）の意見も紹介している。この問題は、後述する小説「美智子さま」のときに大きな問題となる。

このように、皇太子・皇太子妃に関する記事は多数書かれた。ところが、このブームも長くは続かなかった。皇室という伝統のなかで美智子妃が次第に「お疲れ」になり、「お痩せ」になっていると伝えられたのである。第3章で述べたようなブーム時の宮内庁批判のように、美智子妃もそうした因習に搦め捕られてしまっていると見られた。そしてメディア史研究者の森暢平が紹介するように、婚約内定直後からメディアのなかで出始めていた、美智子妃が「雲の上」の人（「権威」）になってしまうとの懸念は、メディアに美智子妃の動向を詳細に伝えない宮内庁の姿勢などもあって結婚後にさらに広がっていくことになる。[18]「人間」としての皇太子・皇太子妃に憧れていた人々やメディアのなかで、次第に「倦怠期」のような感情が生まれてきてしまったのである。

そして同時期、「権威」側からの揺り戻しも始まっていた。[19]ミッチー・ブームによって「人間」や「消費」という側面が強くなればなるほど、「権威」の側から天皇制をとらえていた人々にとっては、好ましくない事態であった。そこに一九六〇年代前半、象徴天皇制とメディアをめぐる様々な事件が起こる。それは天皇制の、特に「権威」を傷つける対象を攻撃する第一段階、中立的な立場であるにもかかわらず天皇制を取りあげることすら問題視する第二段階、天皇制を肯定的にとらえるも「権威」を批判するものを差し止めようとする第三段階として展開し、次第に天皇制を取りあげるメディアへの攻撃が激化していく。以下、その「三段階」を見てみたい。

「風流夢譚」事件

作家の深沢七郎は『中央公論』一九六〇年一二月号に、小説「風流夢譚《ふうりゅうむたん》」を発表する。[20] 深沢は一九五六年に「楢山節考《ならやまぶしこう》」で第一回中央公論新人賞を受賞して作家デビューを果たし、世に知られた作家であった。この「風流夢譚」は深沢をイメージさせる「私」の夢のなかの出来事を描いた短編小説である。

東京で「革命の様なこと」が起きており、「私」は「皇居広場」に向かうバスに乗り込む。『女性自身』の記者が「これから皇居へ行って、ミッチーが殺られるのをグラビヤにとるのよ」と喜ぶシーンもある。「皇居広場」に着くと、そこは人の波で、「皇太子殿下と美智子妃殿下が仰向けに寝かされていて、今、殺られるところ」であった。そして、マサカリが振りおろされ、「皇太子」と「皇太子妃」の首が転がる。さらに「あっちの方へ行けば、天皇、皇后陛下が殺られている」と教えられ、行ってみるとすでに首なしの胴体に人混みができていた。そして、「昭憲皇太后」(明治天皇の皇后)がやって来る。「私」が「この糞ッタレ婆ァ」と言えば、彼女も「なにをこく、この糞ッ小僧ッ」と甲州弁で言い返し(これは深沢が山梨県出身であったためだろう)、取っ組み合いの喧嘩が始まる。「天皇」や「皇后」の辞世の句を解説したり、文化勲章を拾ったりする老紳士も描かれ、やがて「私」も辞世の句をつくりピストル自殺を図るが、一二時を知らせる鐘の音が響き、「風流夢譚」は終わる。

以上が小説の内容である。正直、夢のなかの話ゆえ、ストーリーは支離滅裂な部分が多く、その主張もわかりにくい。しかし、革命が起き、「天皇」や「皇后」、「皇太子」と「皇太子妃」が処刑される場面や「昭憲皇太后」との応酬などは、天皇制批判ととらえられる可能性があったと思われる。現に、この場面を右翼の大日本愛国党は問題視し、一一月二八日、中央公論社へ抗議に訪れた。そして、宮内庁もこの小説を問題にしていく。それを伝えた『読売新聞』は、「宮内庁、大いに怒る」「夢とはいえ露骨」との見出しで、その内容を報じている。[21] それによれば、宮内庁は「実在の人物に対する露骨な表現はきわめて不愉快な感じを覚え、見のがすことはできない。このような表現のあり方が野放しにならぬように法的に必要ならば処置したい」として法務省に研究を依頼していること、一方で法務省では文学作品ゆえに「軽々しく断定はくだせない」としていると報じられた。宮内庁は、「風流夢譚」が「皇室の名誉を棄損し人権を侵害するのではないか」と考えた[22]ものの、実際に法的措置をとることはしなかった。

　この小説に対しては様々な評価が出た。評論家の河盛好蔵《かわもりよしぞう》は、「不愉快に感じたのもまた実感であった」と述べる。[23] しかし、「天皇制の存続を希望する私のような国民は、この制度ができうる限り国民の抵抗を受けないように」するため、「このような作品を取り上げてさわぎ立てる前に、この夢物語をも含めたあらゆる天皇制批判に虚心に耳を傾けて、国民の象徴としての天皇の言動に細心の注意を払うのが宮内庁の重大な責務であろう」と展開し、問題視した宮内庁をも批判する。天皇制に批判的と見える小説に対して、反射的に反応するのではなく、その意味を考えるべきだと河盛は述べたのである。宮内庁の対応が「権威」的であることを批判したとも言える。

　また河盛は一方で、「筆を取る人間は、できるだけ謙虚で、慎重でなければならないのではないか」とも主張する。ここには、深沢への批判が込められているだろう。深沢自身が何かしらの思想性を持って「天皇」や「皇后」、「皇太子」や「皇太子妃」が処刑される場面を描いたのか。河盛は、深沢の姿勢が、天皇制を批判的に扱っているようで、実はミッチー・ブームという風潮に乗って

「消費」的に扱っているのではないかと問うたと思われる。「権威」に対抗するのであれば、「慎重」に対象に迫るべきではないか。河盛の批判の要点はここにあった。[24]

こうした評価があったにもかかわらず、発行元の中央公論社では、『中央公論』の編集長であった竹森清が宮内庁へすぐに出頭し、「配慮が足りなかった」と謝罪してしまう。[25]自らの非を反射的に認めてしまったのである。こうした事態を受け、メディアも「風流夢譚」やそれを掲載した『中央公論』に対する批判を加速させていく。先に述べたように、法務省は表現の自由を背景に、「風流夢譚」が「皇室の名誉を棄損し人権を侵害する」かどうかはすぐに判断しなかったが、むしろ中央公論社側がそれを認めたような行動をとったがゆえ、そのように見えてしまったとも言える。『中央公論』は「深沢七郎『風流夢譚』について」という文章を一月号に掲載し、「遺憾の意」を表明して編集長を更迭する。そのため、その後も右翼による抗議活動が継続していくことになる。

そして事件は起きた。一九六一年二月一日、中央公論社社長の嶋中鵬二宅に右翼の少年である小森一孝が押し入り、嶋中の妻である雅子を刺して全治二ヶ月の重傷を負わせたほか、手伝いの丸山加禰《かね》を刺して死亡させる事態が起きてしまったのである（嶋中事件）。[26]事件後、メディアは「暴力の素地を一掃せよ」という社説を『朝日新聞』が掲げたように、[27]テロリズムに対しては否定的であった。すでに『中央公論』は一月号の文章で「謝罪文を出し」ており、ジャーナリズムのあり方は将来にむけて考えるべき問題であるとしていた。

中央公論社は二月五日に全国紙に「ご挨拶」という広告を掲載し、「問題となった『風流夢譚』については、実名を用いた小説を扱うにあたっての十分な配慮を欠いたことを深く反省し、このことについては出版人として遺憾の意を表明」しつつ、テロには屈しない姿勢を示し、「私たちは社業をとおして、言論の自由確立のために献身する」と述べた。[28]

ところが、二日後の二月七日には全国紙に「お詫び」と題する、嶋中社長名の広告を掲載する。ここでは、深沢七郎の「風流夢譚」は「掲載に不適当な作品であったにもかかわらず私の監督不行届きのため公刊され、皇室ならびに一般読者に多大の御迷惑をおかけした」ことを詫び、また「この件を端緒として殺傷事件まで惹き起し、世間をお騒がせしたこと」についても謝罪した。[29]「言論の自由」を守るという姿勢が後退してしまったのである。[30] なお、作者の深沢も六日深夜に記者会見を開き、「事件の責任は私に」あると謝罪をしていた。その様子は、「重そうなマブタが逃避生活の疲れを物語っていた。トツトツとした口調で、話が殺された丸山かねさんに及ぶと、涙があふれ出し、うつ向いて言葉にならず」と報道されている。[31] 深沢が非を認める形となった。

この「風流夢譚」事件は、天皇制、特にその「権威」を傷つけるような言説に対して、タブーとなるような状況を作ってしまったと言える。たしかに「風流夢譚」には「消費」的に天皇制を取り扱ってしまった点もあろう。だからこそ、メディアはテロを前にして、ジャーナリズムの原則を曲げて、「権威」に屈する第一歩を作ってしまったのではないだろうか。

『思想の科学』の自主廃棄

雑誌『思想の科学』は、会長である哲学者の久野収《くのおさむ》、評論家の鶴見俊輔《しゅんすけ》等をメンバーとする思想の科学研究会の手で一九四六年に創刊されたが、一九六一年一月以降は編集を研究会が行い、販売を中央公論社が行う形で運営されていた。『思想の科学』編集委員会は同年八月、アメリカ政治外交史が専門の斎藤眞《まこと》東京大学教授を責任編集とする翌年の新年号を、「天皇制特集号」とすることを決定する。その企画意図は、①天皇制は戦後日本にとって基底的な問題である、②民主政治の原理と天皇制の矛盾を原理的にとりあげることは研究会として当然である、③「風流夢譚」事件後に「社業をとおして言論の自由確立のために献身することを誓」った中央公論社の方針に協力する、というものであった。[32]

研究会側は事前に中央公論社側へ特集の意向を伝え、「できるだけ慎重にやってほしい」との希望意見が中央公論社側より出たが、基本的に特集案は了承された。特集の目次は、藤田省三・掛川トミ子「対談・現段階の天皇制問題」／福田歓一「20世紀における君主制の運命」／鶴見良行「戦後天皇制の存在と意味」／石川弘明「中学生はどうみるか」／成蹊大学生討論会「大学生はどうみるか」／野間宏「クーデターと天皇制軍隊」／平山照次「天皇制とキリスト者」／葦津《あしづ》珍彦《うずひこ》「国民統合の象徴─神道思想家の天皇制観」／佐藤功「書評・里見岸雄『万世一系の天皇』─その憲法改正案と天皇制」というものであり、約一万部を発行する予定で、この目次を中央公論社も了承した。

この目次を見て思想の科学研究会のなかには、「かなりゆるやか」だと失望の声もあったようである。[33]研究会の同人の一人である都留《つる》重人《しげと》はのちに、「この特集号には、公正をねがう出版社の良心をさいなむようなものは何もない」と述べ、「編集の全ぼうは、真剣な討議にあたいするいくつかの問題を提起した研究会用テキストの感をなしている」との感想を寄せている。[34]天皇制を支持する葦津の論文が掲載されていることからもわかるように、特集は「風流夢譚」事件後の中央公論社の事情も考慮されて、冷静かつ穏健的であり、天皇制批判が強調されていたわけでもなかった。その葦津の論文には、次のような編集委員会のコメントも付けられた。

異なった立場を積極的にぶつけあい、そこからおたがいの思想のより着実な成長と実りを求める、という思想の科学研究会の精神に立って、ここに天皇制支持の議論を展開した葦津氏の論文を掲載しました。同氏は現在、『神社新報』紙論説委員であり、昭和初期いらいいわゆる左右両派の革新運動に体験をもつ数少ない人の一人です。編集委員会としては、同氏のこの論文を出発点として、天皇についての論争を考えています。それが実りあるものとなることを期しながら、今後この問題について一般読者からの投稿をもお願いしておきます[35]

しかし印刷・製本がすべて終了した一二月二一日、中央公論社の幹部会は天皇制特集号を「業務上の都合により」発売中止とすることを決定する。特集号の見本を見たある幹部が、ふたたび「風流夢譚」事件のときのように右翼を刺激するなどとんでもないと中止を訴えたからであった[36]。中央公論社も「編集上の手落ちはなく、執筆者の顔ぶれも左右のバランスは十分に考慮され」ていると述べるように、特集号の内容は中立的だと認識しており、中止の理由は「風流夢譚」事件公判の最中に天皇制に関する特集号が組まれたことにあった[37]。さらに中央公論社は次のようなコメントも残している。

嶋中事件以後、いろいろ微妙な問題があり、わが社はむずかしい立場に置かれている。ささいなことで一部の感情を刺激し、世間に再び迷惑をおかけしたくない一心で、こんどの措置をとった。内容をどうこういうのでなく、時期的にまずいという一語につきる[38]。

ある種のタブーが存在していたことを示す言い分だろう。「風流夢譚」事件後の中央公論社において、天皇制を扱っていることだけが問題になったのである。新聞はこの状況について事実関係を伝えるのみで、『毎日新聞』は比較的大きく取りあげたものの『読売新聞』や『朝日新聞』はその扱いも小さく、問題性を指摘するような論調は見られない。その意味では、腰が引けていたと言えるだろうか。

その後、思想の科学研究会側は協議の結果、発売中止を受け入れるとともに、中央公論社との今後の関係を絶つことを決定する。思想の科学研究会側が穏便に事態の解決をはかった背景には、中央公論社の立場を理解していたからであるとともに、共通の敵である右翼テロに対抗する意味もあった。[39]こうして天皇制特集号は、編集終了後という異例の時期に、保存用の三部を除いて、一万部が断裁廃棄された。

しかし問題はここで終わらなかった。翌年になると、天皇制特集号が右翼の手に渡ったとの噂が流れはじめた。思想の科学研究会が中央公論社に真偽を確かめたところ、右翼系の雑誌である『不二』に葦津論文を転載するためにその部分を切り取って渡したことを認めたのである。また、中央公論社側は特集号を公安調査庁係官に閲覧させたことも口を滑らせてしまう。研究会側はこの事態に対して抗議するとともに、思想の科学社を設立して自主的に『思想の科学』を刊行することを決定した。そして四月に出版された復刊第一号は、天皇制特集をそのままの形で復刻する。中央公論社は再び天皇制の「権威」に屈した形となった。

以上のような『思想の科学』自主廃棄をめぐる動きは、「風流夢譚」事件という右翼テロを経験したのち、初めてジャーナリズムが天皇制について「自主規制」をした事件であったと言える。天皇制についての議論を避けることは、それに対するタブーを生む。いわゆる「菊タブー」の形成である。「権威」側からの逆襲の三段階のうち、第二段階がここでなされた。天皇制に批判的な「風流夢譚」とは異なり、中立的な『思想の科学』までもが規制のターゲットとなった。一方で、天皇制に関する議論が控えられることで、人々の関心も惹起できなくなり、無関心層を増大させてしまとなったと思われる。

う結果を導いていく。それは、人々の支持を存立基盤としていた象徴天皇制にとっても大きな痛手となったと思われる。

「美智子さま」の執筆中止

「風流夢譚」事件、『思想の科学』の自主廃棄が続いたことで、天皇制に関する著作へのタブーはいっそう強まった。そして一九六三年にその延長で起こったのが、小説「美智子さま」の執筆中止である。「権威」側からの逆襲の三段階目の展開となる。

これは、二月二一日の衆議院予算委員会第一分科会において、民社党の受田新吉《うけだ》が皇太子夫妻に対する報道内容について、次のように質問・意見したことからはじまる。

私はここで、皇太子であり、皇太子妃であり、皇子であるという立場から、そうしたいろいろなことを書かれても訴えるところもない、間違いを是正してもらうこともないということになると、一般国民よりももっともっと人権の侵害をされるつらい立場に、またこれが深刻な記事でも出たら、非常につらい立場に立たれると思うのです。[40]

皇室に対して強い尊敬の念を抱いていた受田は、週刊誌などによる報道は興味本位に偏り、人権侵害にあたるのではないかと主張した。たしかにミッチー・ブーム前後の報道は、人びとの興味の対象(「消費」)として皇太子・皇太子妃を扱うことが多かったことは前章でも本章でも述べてきた通りである。受田はメディアの気持ちはわからないではないがとしつつ、「浩宮のオシッコがどうだの、美智子妃の水着姿までが望遠レンズで撮影されるようになったんでは、ちょっと行き過ぎ」[41]と『週刊新潮』に述べたように、先に引用した『週刊平凡』の水着写真に代表されるような、皇族のプライバシーを書きたてる週刊誌報道のあり方を批判的に見ていた。
宮内庁はこの主張を受け、三月一一日、雑誌『平凡』に連載中の小山いと子の小説「美智子さま」が「興味本位で、世間に誤った印象を与え、好ましくない」として、出版社である平凡出版に掲載中止を申し入れた。[42]
「美智子さま」は一九六一年一月より『平凡』に掲載された長編小説で、皇太子妃の生い立ちから婚約・結婚、その後の生活を実名で描いたものである。小山いと子はすでに『皇后さま』（主婦の友社、一九五六年）という、皇族を素材とした同様の小説を執筆していた。執筆にあたって小山は、宮内庁などに徹底的な取材を行い、皇太子・皇太子妃の実態・実像を描くことにこだわった。[43]小山自身、執筆意図を「言葉のやりとりなど細かい点はともかく、大筋は確実な資料をもとにして書いた」[44]「皇室と国民とを密接にすべきだとの立場から、もっとほんとうのことを知らせるべきだと思いました」[45]と述べたように、「美智子さま」は天皇制、特に皇太子・皇太子妃に好意的で、賛美するような内容となっていた。
宮内庁は、①興味本位の実名小説で、私生活に対する侵害と思われること、②事実と小説の間があいまいで、国民に誤解されるおそれがあること、③事実との相違も部分的にあることを理由に掲載中止を求めた。具体的には、①秩父宮・高松宮両宮妃が皇太子妃に好感をもっていないとの部分、②「初夜」と題して寝室の模様を描写したこと、③伊勢神宮祭主北白川房子《ふさこ》が皇太子妃に対して、敵意と侮辱を含んだ冷たい顔をしたと描いたこと、④伊勢神宮の潔斎の場面――を宮内庁は問題とした。[46]宮内庁は「このような部類の小説は宮内庁としては好ましくない」と考え、「こんご同様な問題がおこらぬよう」日本雑誌協会にも要望している。[47]具体的に小山の小説を少し見てみよう。問題の③の場面は以下のとおりである。

神宮の内宮斎館の玄関には、祭主である北白川房子がお出むかえに立っていた。この方は明治天皇の内親王であり、北白川宮といえば皇族中での名門、その孫娘はかつて皇太子妃候補者の第一としてジャーナリズムにとりあげられた姫君である。甥にあたる今上さまがお気に入りでかわいがっていらっしゃることもよくご承知であったから、ぜひ皇太子の妃にと願っておられたのは、祖母の心情として当然であったかも知れない。〔中略〕

そのすぐ後〔皇太子の後〕につづいて、美智子さまはお下りになった。祭主に向かい、ていねいな会釈をなさって頭をあげると、老婦人の刺すような視線にぶつかった。

美智子さまの心臓は凍った。鋭い刃物で、胸の奥を刺し貫かれたようだった。とたんに、全身の血は止まり、足がふるえ、思わず二、三歩、たたらを踏んで後へお退りになった。それまで祭主であるこの老女の孫娘と自分との関連なぞ、すっかり忘れておられたのであるが、敵意と侮蔑を含んだ絶望的な冷たい顔は、いやでもそのことを思い出させた。美智子さまは、もう少しでその場に崩れてしまうところであった。恋の勝利者というには、厚い壁の中であまりにも無力な存在である。だが、はッと立ち直られた。皇太子のやや前かがみの背が見えたのである。このお方のために、すべては覚悟の上ではないか。今さら何をひるむことがあろう。美智子さまは風にそよぐ木の葉のようにみだれる心を一生懸命鎮めながら、老女の前を通り過ぎた。48

この場面は、皇太子妃候補として常に報じられていた元皇族の北白川肇子の祖母である北白川房子との関係性を描いた場面である。孫娘が皇太子と結婚できなかったという恨みのような感情とともに、「平民」である美智子妃の存在を元皇族である北白川が認めていない様子がわかる。こうした「権威」に立ち向かう美智子妃。この小説を読むことによって、読者は「権威」に挑む美智子妃を応援したくなる。小山の意図はそこにあった。だからこそ、「権威」はより冷徹に描かれる。

先に述べたように、小山いと子は宮内庁への綿密な取材を通して「美智子さま」を執筆しており、宮内庁が述べるような事実と相違するとの批判はやや的を外しているようにも思われる。「美智子さま」は、旧来の皇室との軋轢や葛藤、皇太子・皇太子妃の悩みや模索を描くことを通じて、その「人間」性を浮き彫りにした。そのことによって読者の同情と共感を獲得し、新しい象徴天皇制の支持基盤を形成しようとする小山の意図が存在した。だからこそ皇太子・皇太子妃に対抗する旧来の皇室は冷淡に描かれており（そこには誇張が含まれる可能性はある）、宮内庁が問題視した理由はそこにあったと考えられる。つまり、むしろ事実であることが困ったのである。また、小山が強調して描き、ミッチー・ブームを頂点とした「人間」的な皇太子・皇太子妃像に歯止めをかけようとする「権威」側からの意識もあったのではないか。一方で、作家で日本文芸家協会理事長であった丹《に》羽《わ》文雄は、この小説が問題になったとき、次のようにコメントしている。

> 皇室のことを作家として真正面から覚悟して書くならいい。しかし小山さんの作品の場合、やや冷静さを欠いていないか。小山さんは非常に皇室好きで、ほれぬいている態度だ。このさい筆をおいた方がいい。宮内庁の申入れを〝言論の自由の弾圧だ〟ととって抗議してゆくとしたらスジ違いだ。しかし、いちばん心配なのは、ワイワイ騒いでいるうちに〝だから不敬罪の復活が必要だ〟などという声の出てくることだ。[49]

丹羽は、小山が美智子妃を応援するつもりでこの小説を書いていることを見抜いていた。しかし、「皇室好き」の小山が「権威」に負けずに頑張る美智子妃の姿を描く、そしてそれにともない「権威」を冷徹に描くことについて、「真正面から覚悟して書」いてはいないと丹羽は見ていたのである。それは、天皇制という構造の問題性を描き出すのではなく、単なる美智子妃個人のプライバシーを描くことにすぎないと考えたのだろう。そしてこうした事例が「不敬罪の復活」に繋がる、つまりは天皇制や天皇・皇族を描くことを萎縮させてしまう危険性を恐れたのである。

その後、出版社である平凡出版側は宮内庁の申し入れを受け、三月二三日発売の五月号をもって連載を中止し、単行本としても発売しないことを三月一一日に回答して、事態は決着したかのように見えた。[50]

しかし同時期、皇太子妃の第二子妊娠が発表されていたが[51]、三月二二日になって流産の措置がとられた。そのため流産の原因は、雑誌などの興味本位の報道によって皇太子妃が心を痛めたからとの報道がされるようになる。[52]そして特に標的とされたのが、まずは週刊誌であった。先に引用した美智子妃の水着姿を写した記事などを、「まさに映画スターなみの扱いだが、映画スターだって無断撮影で抗議するだろう」「あえて皇室に限らず、低俗なジャーナリズムの人権無視はひどい」と、「消費」として皇太子・皇太子妃を扱う記事に対して、「人間」としての尊厳である人権も守っていないと批判が集中していく。[53]

そして、小山いと子の小説「美智子さま」もこれと同列に扱われた。ここで「美智子さま」は興味本位の表現の一つとして、またプライバシーを侵害した作品としてとらえられた。この「美智子さま」執筆中止は、これまでとは異なり、天皇制を支持した作品でさえも問題とされた事件であった。たとえ象徴天皇制に好意的であったとしても、「人間」として皇族を描くことにブレーキがかけられたのである。それは、象徴天皇制をふたたび「権威」的な方向へと転回させるとともに、それまでのメディアの過剰な報道を抑止する効果以上に、萎縮させることにも繋がった。

差し障りのない記事へ

美智子妃は退院後、健康を回復する名目で長期の転地療養を葉山御用邸で行うこととなった。その静養にむけて、宮内庁は日本新聞協会に静養期間中の写真取材見合わせを要請する。それを受けて宮内記者会は、写真取材だけではなく宮内庁発表以外の取材も自粛することを取り決めた。宮内庁は日本雑誌協会にも同様の趣旨の要請を行い、雑誌協会側も最終的には葉山での取材を遠慮することを申し合わせた。[54] メディアの「消費」的な動きは、ここでやや収まることになったのである。

では、まったく美智子妃関係の記事がなくなったかというと、そうではない。まず『週刊女性』が転地療養前に、「美智子さまがお元気になられる日を祈って」とする短い「おことわり」記事を掲載している。[55] そのなかでは、「一部ジャーナリズムのプライバシー侵害」は「許されないこと」だとしつつ、『週刊女性』は「これまでも皇室のプライバシーを侵害するような記事や取材については深い関心と注意を払ってきました」と弁解する。「批難を受けた一部の雑誌」とは違うのだというのである。今回、宮内庁の要請を受けて、「自主的に」写真撮影をともなう取材を見合わせるのは「たいへん残念なことですが、事態について考えるとき、また、やむを得ないことと思います」とも述べる。これまでの自分たちの姿勢は間違っていなかったこと、美智子妃を病気に追いやったような雑誌とは違うこと、そしてこれからあえて報道しないのは人道的な立場からだと主張したのである。ある種のエクスキューズの文章であろう。

『女性セブン』は「美智子さまごゆっくり静養を」と題する、葉山での静養までの七日間の美智子妃の様子を描いた記事を掲載している。[56] ここでは、皇太子や徳仁《なるひと》親王と家庭的に過ごしつつ（「〝ある家族〟の団らん」と評される）、公務に励む美智子妃の様子が紹介される。記事の最後で、「一般家庭の若奥さまと比べると、何倍も心身ともに疲労が重なるご生活といえる」として、ストレスがかかっていること、それゆえの静養であること、そしてそのために宮内庁の要請を受け入れたことなどを短く書いている。それまでの記事に比べると、差し障りのない内容でまとめられたのではないだろうか。

療養中にも週刊誌では美智子妃に関する記事はあった。たとえば、美智子妃を担当する美容師の松木弘子のインタビューを掲載した記事では、美智子妃の現状などが紹介され、松木から「おふとりになってください」という言葉を引き出して美智子妃の健康状態について話を持っていき、回復が未だ不十分でさらに休養を必要とするといった状況を伝えるものとなっている。[57] 一見すると美智子妃の美容について紹介する差し障りのない記事ながら、工夫をして状況を読者に伝える記事であった。

より具体的な記事も見られる。「美智子さま葉山でお話しした者ですが…」と題する記事では、療養中の美智子妃と葉山の海岸で会った北沢麗子という女性の「感激」が綴られている。[58] そこで「いかがでいらっしゃいますか?」と声をかけた北沢に対してにこやかに会釈をし、連れていた北沢の子どもを見て「いくつですか」と質問して浩宮に関する会話を展開したこと、その子どもが遊ぶ様子を見て「たいへん楽しそうに、お声をたてて、お笑いあそばされました」ことを紹介する。そして北沢は、このときの美智子妃が「お美しく、崇高にさえ、感じられ」つつも、「どこかお寂しそうなごようす」であったこと、翌日に手紙を持っていったところ返事があったことなどを記している。より具体的に、療養中の美智子妃の様子がわかる記事である。雑誌社が直接に取材したものではなく、たまたま交流した人の感想という形で、美智子妃の等身大の姿を描こうとする。

メディアの問題性を自問自答する記事もあった。一九六三年末に「美智子さまもう少しそっとしてあげたかった……」という記事が『女性セブン』に掲載された。[59]この記事では、小説「美智子さま」や週刊誌における美智子妃のプライバシーを具体的に取りあげつつ、一方で美智子妃の流産は「こころないマスコミのせいだ」という声を「極論」とも断じている。さらに、療養中も自粛する雑誌が多かった一方で、「美智子さまを〝売りもの〟にするという傾向は、一部にいぜんとして根強く残っている」と指摘している。『女性セブン』自らはそうではないというスタンスであることは否めないものの、メディアの「消費」的態度を「自戒」するものとなっている。さらに、宮内庁担当記者と読者による座談会を掲載し、「私たちのはいれない世界でしょう。それを親切に伝えてくれますからね。だから、よく読むんです」という読者の声を伝えている。そうした興味関心があるからこそ、週刊誌も伝えるのだという循環を示しているだろうか。まさに、「消費」としての象徴天皇制のあり方である。しかしこの座談会では、宮内庁担当記者が「週刊誌などは、読者ののぞき趣味に迎合しすぎると思うんです」と発言する。それは「卑俗な関心」であり、「美智子さまに対する親近感からとは思え」ない。そうした意識は、「皇室のあり方に逆作用をおよぼす危険性がある」と指摘するのである。「消費」を突き詰めていけば、逆に「権威」に反転するのではないか。メディアの報道のあり方がそうした危険性を孕むものであることを、この座談会では指摘されていた。メディア自身、これまでの報道のあり方を、単なる自粛の方向からではなく考えていたと言えるだろうか。

こうして、それまでのような「消費」的な報道から、家族としての「人間」的な姿を描く記事が増えていくことになる。一方でそれは、宮内庁から発せられた情報に基づいた記事でもあった。

「皇室アルバム」のはじまり

週刊誌などの雑誌が先に述べた三つの段階を経て、様々な模索をしつつも次第に差し障りのない記事が増加していくような風潮のなかで、象徴天皇制とメディアとの関係性において、重要な位置を占めていく媒体があった。テレビである。

そもそも、日本ではNHKが一九五三年二月一日よりテレビ放送を開始、民放の日本テレビも同年八月二八日から放送を開始していた。さらに一九五八年から五九年にかけて、多くのテレビ局が開設された。一九五九年四月一〇日の「ご成婚」のパレードを見るため、多くの人々がテレビを購入したということはよく知られている。この事実からも象徴天皇制とテレビの関係性の強さ、そしてテレビの影響力の大きさを見ることができるだろう。

その「ご成婚」から半年後の一〇月五日、「皇室アルバム」の放送が開始された。大阪の毎日放送と東京の毎日映画社による共同制作である。毎日放送は一九五〇年一二月に毎日新聞社・京阪神急行電鉄・日本電気を中心に新日本放送として設立された。一九五八年に毎日放送となり、一九五九年三月よりテレビ放送を開始した。[60] 当初は日本教育テレビ（NET、現在のテレビ朝日）とフジテレビの放送ネットワーク系列に属するクロスネットであったが、翌年に日本教育テレビに一本化された。一九七五年三月三一日にTBSテレビにネットチェンジすることになり、現在に至っている。

一方、毎日映画社は戦前に設立された大阪毎日新聞活動写真班が起源である。ニュース映画などを数多く制作して一九三八年には映画部となり、一九四〇年に国策によって各新聞社のニュース映画部門は日本ニュース映画社（後に日本映画社に改組）に統合された。しかし、敗戦とともに解散、曲折を経て一九五三年に毎日新聞社映画研究室がスタートし、一九五五年にそれが発展的に解消して毎日映画社が設立された。そうした毎日新聞社の影響を受けた二社によって共同制作されたのが「皇室アルバム」であった。[61] なお、開始から二〇〇三年三月までは髙島屋が単独でスポンサーとして提供しており、その後も資生堂、フジッコ、ヒサヤ大黒堂による単独提供を経て、現在は複数企業によるスポンサー提供を受けている。

では、「皇室アルバム」とは具体的にどのような番組なのか。毎週一回一五分で、その時々の皇室の様子が放送される。天皇や皇后、皇太子など皇族が様々な行事において公務に取り組む様子のほか、「今では撮影のできない『食事シーン』や『運転』『スポーツ』に興じられる姿も見ることができる」と後に評価されたように、[62] その日常生活までもが映像として記録され、放送された。天皇など皇族の人となりを示すシーンが多く、しかも新聞や雑誌とは異なり、動く姿を見ることができるところに特徴があった。

放送時間は大阪の毎日放送、東京のＮＥＴテレビ・ＴＢＳでは異なっていた。大阪では番組開始当初から平日夜の九時台、いわゆるゴールデンタイムと呼ばれる時間帯に、家族がそろって見られる形で放送されていた。東京では当初、平日木曜日のお昼に放送されていた（これでは仕事を持つ人々はなかなか見ることができなかったと思われる）が、一九六二年に大阪と同じ時間帯に移る。その後、一九六九年に夜一〇時台に移動、毎日放送がＴＢＳにネットチェンジした際、大阪は土曜日の昼一二時台、東京は土曜日の朝九時台に移る。この移動の理由は不明ながら、比較的多くの人が視聴できる時間帯であったと思われる。なお、名古屋は放送局が当初は東海テレビ、そして名古屋テレビに移り、毎日放送がＴＢＳにネットチェンジすると同時に系列局の中部日本放送に移っている。放送時間が頻繁に変わっているが、土曜日や日曜日の午前中に放送された時期が多く、仕事をしていた人々でも見られる時間帯ではあったと考えられる。[63]

制作者たちの意図

「皇室アルバム」の制作者たちは後年、番組づくりについて次のように証言している。

「何も引かない、何も足さないという基本方針を愚直に継承している。見ていて安心感を得られる番組作りをしています。テレビ局の経営が苦しい今、どの番組も視聴率を厳しく問われる時代ですが、この番組は数字にとらわれない、テレビ局の良心の砦と思って作り続けています」と語るのは、制作する毎日放送の古山光一チーフプロデューサーだ。

一方、制作協力する毎日映画社が半世紀蓄積してきた映像を活用する演出も好評だ。静岡県を雅子さまと訪ねた皇太子殿下に、40代の男性が「小学生のころ、ご一緒にソフトボールをしたとき、殿下に足を踏まれました」と笑い話になった。昔のその場面がフィルムに残っており、後日放送するなどアーカイブスの強みが発揮された。

「皇室取材は場所や時間が限定され各社横並びになりがち。独自の映像を撮るには、皇室の方が日ごろどういう行動を取るのか、あらかじめ読みが必要です」と話すのは、32年の取材経験を持つ製作部の大谷丕昭さんだ。皇太子殿下が英国留学中にテニス仲間とパブで談笑する姿をスクープしたのも、あらかじめ殿下の好きなパブの中から１カ所を絞り込み、撮影許可を取ったという地道な努力があったからこそ。[64]

ここで、「何も引かない、何も足さない」と言われているところが、一九六〇年代の皇室報道の変化とも関係し、この番組が長く続いている理由を示している。これまで述べてきたように、「消費」的に象徴天皇制を報道するあり方は、皇族のプライバシーを暴くことにも繫がったため、「権威」側からの反発を浴びることになった。それゆえ、皇族を「人間」的な姿として描く、差し障りの少ない記事が増えていくことになる。「皇室アルバム」は、皇族のプライベートを隠し撮りしたり盗み撮りしたりするものではなかった。つまり、宮内庁の管理の下に天皇・皇族の公務や日常を淡々と撮影し、視聴者に提供していた。たしかに、それまでの週刊誌などの報道に比べれば、差し障りのない内容になる可能性はある。それでも天皇や皇族の「人間」的な姿を活写できると制作者たちは見たのであろう。こうした姿勢で作られた番組は、一九六〇年代の三段階を経た後だからこそ、人々も安心して見ることができるものだったと言えるのではないか。それゆえ、次のようなエピソードも語られる。

昭和天皇もよくご覧になっていたことを示すエピソードが伝わる。75年の訪米前、NHK朝の連続テレビ小説と並んで「皇室アルバム」を録画しておくよう侍従に頼んだという。そして長く番組スポンサーだった高島屋会長が園遊会に出席した時に「私のスポンサーですね」とユーモラスに話しかけられた……。[65]

昭和天皇も見ていたという話は、彼ら天皇・皇族自身も安心して見られる番組構成だったからである。もし自身を含めた皇族たちのプライバシーを暴かれるようなものであったら、見る気にならないだろう。「皇室と視聴者のみなさんのパイプ役に徹して放送を続けてきました」と制作者が話すの[66]は、皇室・メディア・人々の三者が安心して提供・視聴できる番組だったからではないか。

制作陣の思いは「皇室と国民との懸け橋になれば」で全員一致。〝地味〟という世評にも毎日放送の米田剛プロデューサーはこう胸を張った。「最近は皇室を扱った特番もずいぶん出てますよね。しかしウチで作ってるのは本当に地味だけれども、間違いのない、正確なという意識はつねに持っている。奇をてらったようなことは一切してません、これは意識してます。非常にオーソドックスです」と[67]。

ここにも、「皇室アルバム」の制作者たちの自負を見ることができる。「消費」的に象徴天皇制を取りあげる週刊誌とは異なり、あくまで「国民との懸け橋」になることを目指す姿勢ゆえ、派手な演出などはなされず、殊更にプライベートを暴くことはない。

三十四年十月五日から高島屋の提供ではじまったこの番組は、国民に親しまれる存在となったものの、いまだに神秘のベールにおおわれた皇居の生活をフィルム構成で綴り、皇室と国民との一層の親密化を試みる番組である[68]。

このように、人々と象徴天皇制との関係性を意識する番組として「皇室アルバム」が制作されたのである。しかし第7章で後述するように、この番組は時代が変化するなかで次第にテレビにおける皇室関係番組のスタンダードではなくなっていくことになる。

番組の内容

放送される映像は、毎日映画社のカメラマンが宮内庁嘱託となって撮影された[69]。番組開始からカメラマンを務めていた太田達朗は、毎日新聞社映画研究室（毎日映画社）の報道カメラマンから皇室担当に配属され、番組の始まる半年前から宮内庁嘱託となった。つまり「ご成婚」が契機となって、皇室の映像を撮影するようになったのである。太田はその後、天皇や皇族の撮影を宮内庁から依頼されたりもしたという。その際、次のような機会があった。

子供たちの世話は乳母に任せるという皇室の慣例を破って、3人のお子さまをご自分の手で育てられた美智子さま。皇太子さまが3才になられたころ、「撮影に慣れさせてください」と太田さんら嘱託カメラマンに頼んで、フィルムの入っていないカメラでの模擬撮影会を考えつかれた美智子さま……。

ここで「皇太子さま」と書かれているのは、徳仁親王のことである。つまり、自ら子育てに取り組んでいた美智子妃は、皇族にとってカメラにいかに慣れるかが重要と意識していたため、太田らカメラマンに模擬撮影を依頼したのである。これは象徴天皇制と映像との共存関係とも言えるエピソードだろう。皇族は、自分たちがどのような被写体となっているかを意識していたのではないか。さらに「常に取材をしているので皇太子さまがカメラマンの顔を覚えていらして会釈されるということもあります」との証言もあるが、皇族は「皇室アルバム」の存在、そしてメディアを意識していたのである。

天皇や皇族の取材については、以下のような証言も存在する。

通称「撮影会」というのもあるが、これは、軽井沢の避暑風景のような完全なご一家の私事に属するシーンの撮影。取材陣の目の前で演技していただいて取材する。[70]

陛下は、カメラマンが「(今の動作を)もう一度おねがいします」と注文すれば、気軽に応じられる。しかし、〝演技〟はおきらいのようすで、二度目の動作の時は、やはりいいフィルムがとれないという。[71]

「皇室アルバム」では、天皇や皇族の公式行事や外出時の公務が取材されて放送されたほか、私的な場面での撮影もあった。具体的には、東宮御所で遊んでいる皇太子や皇太子妃と浩宮の姿、天皇を囲んで家族が談笑する姿などである。それらによって、ほほえましい皇室像が人々に伝わったと思われる。私的な場面は引用のように「撮影会」と呼ばれるものがあった。これは「演技していただいて」という文言に見られるように、テレビカメラを前にして、談笑している姿や歩いている姿などを見せているのである。昭和天皇はメディアに気さくに対応しつつも、同じ動作を繰り返すのは苦手だったのか、「演技」をするのには慣れていなかった。ただし、天皇もまったくの「私生活」をカメラの前に晒していたわけではなかった。あくまで、「私生活風」に撮影されたのであり、宮内庁の管理の下に、あるべき皇室の姿が演出されていたと見ることができるだろう。[72]

では、「皇室アルバム」では具体的にどのような内容が放送されていたのだろうか。毎日映画社のプロデューサーであった高原貞夫は「皇居の案内を放送する回もあったが、とにかく美智子さまが出てくればよかった。圧倒的な人気があった」と回想する。[73] たしかに、番組では皇太子妃の登場回数が多かった。

毎日映画社に残されている台本や構成表を基に、さらに詳しく見てみよう。[74] 一九五九年の番組開始第一回の放送は、「新しくなる千代田区一番」であった。皇居が敗戦後、次第に開放され、観光スポットになりつつあることを述べながら、皇居の各所が紹介される。そして、宮殿の再建が進んでいることなど、天皇が住む皇居の様子を人々に知らしめる内容であった。第二回は「私たちの天皇」として、天皇の公務や生活を紹介、第三回は「皇居の御門」、第四回は「皇居のおまわりさん」と、皇居の風景やそこで働く人たちの様子が紹介される。なお、天皇や皇族の肉声は放送されず、アナウンサーによるナレーションが付けられていた。

皇太子妃にスポットが当てられたのは、第六回の「美智子妃にきまるまで」である。まず、正田家が家族で過ごしている映像に、アナウンサーによる「今からちょうど一年前の十一月二十七日、皇太子様と民間人である日清製粉社長正田英三郎氏の長女美智子さまとのご婚約が正式に宮内庁から発表されました」とのナレーションが重ねられた。そして、ピアノを弾く美智子の映像に「憧れのプリンスに選ばれた聖心女子大学出身、二十四歳の美智子さまに、私たちは心から声援を惜しみませんでした」と、婚約時の状況が説明される。その後、テニスをする美智子、それを見守る皇太子の映像も放送され、テニスコートで出会ったとされる二人のエピソードが思い起こされる演出となっている。また、皇太子と美智子が一緒にレコードをかけ、音楽を聴いている映像もある。ここまで、皇太子や美智子の肉声は流されず、アナウンサーによるナレーションと音楽で構成される。その後、『毎日新聞』で当時取材を担当していた記者が当時の思い出話をする。

番組はその後、婚約発表時に正田家に集まった様々な人々の姿、正田美智子が家から出て皇居へ向かう様子を流しつつ、「学友たちが思わずかけよって『おめでとう』と声をかける一幕もあって、民間からはじめて選ばれた皇太子さまのお妃の門出は民主日本にふさわしい祝福で埋まったのです」とのナレーションから、人々がその状況を歓迎していた様子が示される。その後に流れる「日ごろものに動じないカメラマンたちもおどろかせたほど、この日の美智子さまはご立派な気品高いご態度でした」「美智子さまはそのすばらしいお人柄と気品をみせた記者会見にのぞまれたのです」とのナレーションは、美智子妃の性格を高く評価するものであった。

番組は最後に婚約発表時の記者会見の模様を流すが、このときは彼女の肉声が放送された。公的な場での発言は放送されたのである。そして、号外を掲示板のようなものに貼る人の映像とともに、「こうして世紀のご婚約に日本中がわきたったのでした」とのナレーションが付され、番組は終わる。このように、ミッチー・ブームを思い起こさせる番組となっていたものの、その構成は「消費」的ではなく、淡々としたナレーションにクラシック音楽が付され、差し障りのないものであったと評価できるかもしれない。

その後、「皇室アルバム」では年末の第一三回で「皇室の五大ニュース」として、「ご成婚」について取りあげる。そして、一九六〇年になると、判明する分だけではあるが、次のようなテーマが放送された（数字は放送回）。

14天皇家の新年　15皇后さま　16鷹司和子さん　17皇居の文化財　18雪をたのしむ皇太子・清宮　19皇室の乗りもの　20高松宮御夫妻　34皇太子さまの新居　38皇太子ご一家お引越し　39皇室（外国）のお客さま　40浩宮さまとパパ　42陛下のご兄弟　50ある日の軽井沢　51皇太子ご夫妻の日本勉強　52皇太子ご夫妻アメリカへ　53美智子さまのよそおい―アメリカの旅から―　54日米親善のお役目果たして　55皇太子ご夫妻　思い出の訪米日記からその1　56皇太子ご夫妻　思い出の訪米日記からその2　58浩宮さま

ここからもわかるように、「皇室アルバム」は当初、皇居を含めて皇室に関する様々な事象を取りあげることが多かったが、次第に皇太子夫妻、そしてこの年に生まれた浩宮を含む皇太子一家へと放送内容がシフトしていた。先の高原の回想のとおりである。

そして、一九七八年には次のような記事も出ている。

このごろは天皇が登場することはめっきり少なくなった（五十二年八月第一週〜五十三年七月第三週までの五十回で三回）、かわって、登場頻度の多くなったのは、浩宮、礼宮《あやのみや》、紀宮《のりのみや》（同・十二回）。しかも、視聴率もほかの皇族より高いという結果がでている。いわば『皇室アルバム』の小さなスターというわけである。[75]

実際、皇太子妃、そして浩宮を含む子どもたちの動向は繰り返し放送された。彼らの一家像を描くのが「皇室アルバム」だったのである。

視聴者たちの声・反応

コラムニストの天野祐吉は「『皇室アルバム』は、皇室をおおっていた神話のヴェールをはいでしまった」と評価する。[76]皇族も自分たちと同じ「人間」であることを人々に示してしまった結果、「権威」がなくなってしまったというのである。象徴天皇制は「人間」であることがよいのか、「権威」を有した存在の方がよいのか——これは「皇室アルバム」でも大きな問題となった。たとえば、次のような投書が新聞に寄せられた。

NET毎週月曜夜の「皇室アルバム」は、皇室と国民を結ぶほのぼのとして明るい、まことによい番組み《(ママ)》ですが、ナレーターの口から時々こぼれる「心をよせる美智子さまは…」とか「一夜をあかした宮さまは…」などの木にタケをついだような一貫しない敬語にはガッカリします。この美しい番組み《(ママ)》にふさわしい、なめらかな敬語を終始通していただければと思います。[77]

この四〇代女性の投稿者は、「皇室と国民を結ぶ」番組として「皇室アルバム」を評価する。天皇や皇族の公務だけではなく、生活をも描くことで、自分たちと同じ「人間」である彼ら彼女らを見ることができる。その意味では、「権威」性は剝ぎ取られている。しかし一方で「権威」性を保ってほしいという思いをも述べている。だからこそ、「なめらかな敬語」を求めた。それは、格調性とも言い換えられるだろうか。

投書のなかには、皇族の声に関する意見もあった。一九六六年の次の女子中学生の投書が議論の発端となった。

十一日のNETテレビ皇室アルバム「おめでとう浩宮さま」(午後9・30)はもちろんのこと、毎週楽しく見ているのですが、浩宮さまや美智子さまのお声が聞けないのが残念です。説明つきの単なるアルバムではなく、ご本人の声のきこえる〝声のアルバム〟として放送して下さるようお願いします。[78]

先述したように、「皇室アルバム」は天皇・皇族の映像にアナウンサーのナレーションが付けられるのが基本で、会見を除いて彼ら彼女らの肉声が放送に乗ることはなかった。映像で笑っていたり会話していたりしても、視聴者は声として聞くことはできなかった。これでは、映像メディアとしての利点は減じてしまう。この投書はその点を突いたのである。

翌年末、二〇代の女性による同様の投書が掲載される。

NETテレビ月曜夜「皇室アルバム」を、いつも楽しく見ています。浩宮様や礼宮様のすこやかなご成長ぶりはほほえましいかぎりです。ただ一つお願いしたいのは、お声をほんの少しでも入れていただきたいことです。これはムリでしょうか。[79]

ここでも、自分たちと同じ「人間」として皇族をとらえたい人々の意思を感じることができる。これに対しては、制作する毎日放送編成部が次のような回答を寄せた。

五日付け本欄の「〝皇室アルバム〟に声を」というご意見にお答えします。

NETへネットしている「皇室アルバム」は、ことし中に四百三十回を越えることになり、何か新しい意義を盛りこみたいと念願しています。皇室の方々のご生活の中での自然なお声は、みなさんへの親しみがどんなに増すかと思ってはいますが、取材面、放送面で皇室の方々のご生活への影響などへの考慮から、現在では許されておりません。

しかし、何とかみなさんのご熱望にこたえる方向に、努力は続けております。[80]

皇族の声を放送せず、ナレーションによって説明を加える方式は格調高さを生む。その意味では、「権威」を保つ側面があった。一方、視聴者は放送に親しむほど、皇族を「人間」としてとらえたい願望を持つに至った。毎日放送側も「何か新しい意義を盛りこみたいと念願し」、「みなさんのご熱望にこたえる方向に、努力は続けて」いると回答したのは、視聴者のそうした要望に応えなければ飽きられるという思いがあったからではないか。[81]

こうした声があったのは、「皇室アルバム」が非常に多くの人々に見られていたからであった。視聴率について、一九七八年に次のような記事がある。

視聴率も二〇%台をコンスタントに稼いでいた〔中略〕視聴率の記録（三十五年十月）をみると、二三・四%で、毎日放送全番組のベスト4の高視聴率〔中略〕目の検査とはチト謙遜のしすぎとしても、往年の栄華はしのぶべくもない。平均視聴率は四～五%。時間帯も、ゴールデンからはるか遠く離れた土曜日午前九時三十分から四十五分まで。

しかし、裏番組をみると、NHK『お母さんといっしょ』（三・八%）、日本テレビ『私の音楽会』（一・四%）、フジ「ハイ！　土曜日です」（九%）、テレビ朝日『こんにちは東京』（二・

一％）（いずれも七月二十二日・関東地区の視聴率）となっていて、三・八％の視聴率はよく健闘しているといえよう[82]。

番組開始からしばらくは、夜のゴールデンタイムと呼ばれる時間帯に放送されていたこともあり、毎日放送のなかでもかなりの視聴率を誇る番組であったことがわかる。多くの人々が、「皇室アルバム」を見て天皇・皇族の動向を知るという体験をしたのである。第5章で詳しく論じるように、皇太子夫妻の人気が次第に低下していくのと軌を一にして、「皇室アルバム」の東京での放送局がTBSに変わり、放送時間も土曜日の午前中になった（毎日放送での放送時間は土曜日お昼）。しかし、先の記事からは、同時間帯のなかでは「健闘している」と評価されるように、一定程度の人々は「皇室アルバム」を見続けた。

以上のように、一九五九年に始まった「皇室アルバム」は、人々に天皇・皇族の動向を伝える番組として広く受け入れられることとなった。アナウンサーによる格調高いナレーションで皇族の姿を示す構成は、週刊誌を中心とする雑誌の「消費」スタイルとは一線を画すものであった。「消費」するあり方は、一九六〇年代前半の「三段階」を経て否定されていく。その結果、象徴天皇制をめぐっては差し障りのない記事が増加していくが、そうした傾向に「皇室アルバム」は合致していたとも言える。「人間」らしい天皇や皇族の姿を描きながら、どこか「権威」も感じさせる。一方で、こうした番組は、時代状況の変化のなかで次第に受け入れられなくなり、大勢としては再び「消費」へと向かっていく。ワイドショーによる皇室報道である。その点は、第7章で詳しく論じたい。

第5章　「象徴」を模索する

銀婚式を迎え、東京・元赤坂の東宮御所で記者会見する明仁皇太子・美智子皇太子妃。1984年４月９日撮影。朝日新聞社提供。

模索する皇太子夫妻

第3章や第4章で述べてきたように、ミッチー・ブームによって人々からの注目を浴びた皇太子夫妻ではあったが、その人気は長くは続かなかった。強烈なフィーバーであったがゆえに、人々の熱狂が冷めるのも急速であったと言える。とはいえ、彼ら自身、ブームだけに立脚して行動していたわけではなく、ブームの最中から、自身のあり方についての模索をしていたと思われる。その一つが、人々との関係性をいかに構築するかという点である。一九六〇（昭和三五）年九月、記者から「欧州の王室に比べ、日本の皇室は国民に接する機会が少ないが、いかがですか」と問われた皇太子は、次のように答えている。

国民との接触は大事だと思う。国民から離れてはあり得ない。ただ政治的な立場など、いろいろ違った面があるし、欧州とは違ったやり方で接することもあり得ましょう。[1]

ここで皇太子は、人々との関係性、特に君主と人々とが近しくあることを重視している。これは、一九五三年の外遊で学んできたイギリスなどの王室と人々との関係性が念頭にあったのだろう。とはいえ、単にヨーロッパのような君主制でもないと強調していることは重要ではないか。「政治的な立場」にわざわざ言及していることからもわかるように、皇太子は「象徴」という天皇の位置づけが他の君主制にはないものであり、その模索が必要だと認識していたのである。

その模索の一つが、地方への積極的な訪問であった。しかも、皇太子と皇太子妃が一緒に出かけているところにその特徴がある。地方訪問は一九六一年三月から本格的に始まっているが、国立公園大会（一九七二年より自然公園大会）、国民体育大会夏季大会・冬季大会、全国高等学校総合体育大会、全国身体障害者スポーツ大会、献血運動推進全国大会、全国育樹祭、全国豊かな海づくり大会などに出席し、それにともなって各地域の様々な施設を訪問した。[2] 各都道府県持ち回りで開催されるこうした行事に参加し、その機会に地域の実情に触れ、人々との交流を積極的に行っていたのである。政治学者の原武史が指摘するように、こうした皇太子夫妻の地域訪問は、それぞれの地方紙で大きく取りあげられた。全国紙や週刊誌などの雑誌がその扱いを小さくしていくなかで、各地域にとっては皇太子夫妻が自分たちの地元にやって来ることは大きな出来事だったと思われる。

埼玉を例にとってみよう。一九六四年一一月、県の地域開発状況や産業・教育、福祉施設を視察するために皇太子夫妻は三日間にわたって埼玉県を訪問した。このとき、地元紙『埼玉新聞』は一面で連日にわたって記事を掲載している。[3] 一八日からの訪問場所の予定が一三日の紙面で掲載され、実際の歓迎の様子は写真付きの大きな記事となった。「皇太子さま、美智子さま　埼玉の第一日」と題する紙面いっぱいが写真で埋め尽くされた記事もあった。[4] 若い世代との懇談も実施され、そこでの皇太子夫妻の肉声も紹介されるなど、[5] 埼玉県の人々と皇太子夫妻との交流の様子が描かれた。皇太子夫妻は一九六七年九月には夏の国民体育大会出席のため、同年一一月には身体障害者スポーツ大会に出席のために埼玉県を訪問しているが、このときも『埼玉新聞』は一面で夫妻の様子を伝えている。[6]

一方で、この皇太子夫妻の埼玉県訪問は、『朝日新聞』などではごく簡単に数行程度で紹介されるのみであった（唯一の例外は、美智子妃が眼帯をしている様子はめずらしかったのか、全国の紙面で写真付きで報道されている）。[7] 皇太子夫妻の肉声が記事となることはなく、その意味で、ミッチー・ブームのときのような状況とは異なっていた。[8] それぞれの地域にとっては重要な出来事ではあったが、全国的には大きな話題とはならず、いくぶんか「倦怠期」のような状況が続いていたと言える。

ところで、皇太子夫妻はこうした国内の地方訪問より以前から、日本国憲法に規定された国事行為を代行する法律がなく海外に出ることができなかった天皇に代わって、各国元首クラスの来日に対する答礼や国際親善を目的として様々な国を訪問していた。こうした海外訪問も、「象徴」としてのあり方の模索の一つだったと思われる。一九六〇年代中盤になるとミッチー・ブームは去って、メディアへの皇太子夫妻の露出は減った一方、国際的に日本をアピールする役目を担っていたと言える。[9]

また、皇太子夫妻は一九六〇年の訪米中、ハワイのパンチボウル国立墓地にあるアジア・太平洋戦争での戦没兵士の墓を参拝するなど、戦争の記憶の問題に関与し始めた。[10] 一九六二年一一月のフィリピン訪問では、美智子妃は事前の記者会見で、アジア・太平洋戦争の被害を受けた戦争未亡人の生活を知りたいと答えている。[11] フィリピンでは戦争の記憶がまだ残っており、対日賠償をめぐって複雑な感情があった。アジア・太平洋戦争で残された問題に、自分たちから対峙しようとしていたのである。

皇太子夫妻は外遊にあたって、その国についての知識を得るため学者から話を聞き、書籍を多数読んでいた。フィリピンについても、記者に「戦争の関係で一時複雑な対日感情があったようですが、どうお考えですか」と尋ねられ、皇太子は「非常にむずかしい問題だと思います。何といっても親善が目的ですから、その線でやっていきたい」と答えている。[12] 皇太子自身は日本とフィリピンにおいて、戦後のこの時期にも戦争の記憶に関する問題が存在することを充分に認識していた。日本国内において、戦争の記憶が薄れつつある、もしくは忘れ去られようとしているこの時期[13]にあって、外国を数多く訪問していた皇太子夫妻は必ずしもそうした国内の動向とは軌を一にはしていなかった。

とはいえ、こうした皇太子夫妻の国内・国外における公務の模索はそれほど大きく報道されてはいない。それは第一に、ミッチー・ブーム後には皇太子夫妻への注目が薄れ、彼らに関する記事が減少していたからである。そのため、夫妻の動向も逐一報じられたわけではなかった。第二に、戦争の記憶に真摯に触れようとする皇太子の行動は、戦争責任を忘却したい日本国内の動向とは一致していなかったためである。

皇太子夫妻のイメージ

では、皇太子の何が伝えられたのか。その典型的な例が、結婚一〇周年にあたる一九六九年の報道である。この時、女性誌を中心に、皇太子夫妻と家族に関する記事があふれた。

たとえば、「皇太子夫妻愛の十年」という記事[14]では、まず、皇太子と美智子妃との結婚によって、人々は「新しい『皇室づくり』に、期待を持った」と述べる。そして皇太子夫妻はその期待に応え、自分たちで育児をするなど、皇室内の古いしきたりを改革した。それには「皇太子さまのご理解があった」という。つまり、そうした新しい仕組みを整えたのは美智子妃であるという前提であり、皇太子はあくまで美智子妃の行動を見守る存在なのである。美智子妃は子どもたちのしつけに対しても「はっきりとした信念をもって臨まれ」「お母さまとしてきびしく見守られるけれども、やはり、ふくよかなやさしさをもって接するという役割を受け持たれる」と評価された。女性誌ということもあるが、美智子妃が皇太子一家のあり方を変化させていることが前面に描き出された記事である。美智子妃の「内助の功」や家庭生活を押し出し、結婚から一〇年経った皇室の新しさを印象づけようとしたとも言える。そこには、皇太子が模索した公務の話は出てこない。[15]

皇太子に和歌を進講していた五島《ごとう》茂明治大学教授の文章[16]では、浩宮の教育方針（いわゆる「ナルちゃん憲法」）が美智子妃の発案であるとされるが、「あの基本方針は皇太子さまがお立てになっての上でおふた方の協同作業として成立したのではなかろうか」と述べている。ここでも、ミッチー・ブーム後一〇年の皇太子夫妻を振り返るエピソードは家庭生活である。五島の文章のタイトルは「美智子さまを支えて愛の十年」であり、皇太子が美智子妃を夫として支えたという論調で書かれている。皇太子のイメージは、あくまでよき夫であり、よき父として、伝統的な家庭に入った妻を支える姿なのである。ここには、将来の「象徴」として公務のあり方を模索する姿はなかった。結婚一〇周年の一九六九年を機会に、皇太子の家庭的イメージは再生産されたのである。

では、皇太子自身はどう考えていたのだろうか。この年の夏に静養先の軽井沢で行われた記者会見では、皇太子は「象徴」についてかなり体系的な説明をしている。[17]記者から「次世代の象徴として、これからの皇室のあり方は」と尋ねられた皇太子は次のように答えた。

国民の幸せを願って、国民とともに歩むのが基本的な姿勢です。それが現行憲法の姿勢だと思います。この場合、大切なのは、現実だけにとらわれず、先のことを見越して判断することだと思います。

ここでは、「象徴」をめぐる皇太子のいくつかのスタンスが示されている。第一に、「国民」という視点である。「国民の幸せ」「国民とともに歩む」といったフレーズを述べ、それが「象徴」としての役割であると強調したとも言える。第二に、「現行憲法の姿勢」、つまり日本国憲法を重視しているという視点である。第一点の「国民」という概念も、まさに象徴天皇制の存立基盤が「万世一系」の神話ではなく、「国民の総意に基づく」日本国憲法にあるということを皇太子が意識していたからだろう。それは、「新生日本」の出発というナショナルな意識とともに自身の登場があったこと、「ご成婚」によるブームがあったこと、そしてその後の注目の低下に直面したこと、そうした経験が皇太子にあったからこそ、自らの存在意義や存立基盤を熟考するようになったのではないだろうか。だからこそ、第三に、「先のことを見越して」という視点が提起されたのである。メディアによる一過性のブームに踊らされず、「象徴」とは何かの模索を続けることで、人々からの支持が得られると考えていたのではないだろうか。

皇太子はさらに「象徴」についての説明を続ける。

たとえば、儀式などでの言葉では、主催者側の希望を入れなければいけないが、それだけではロボットになってしまう。立場上、ある意味ではロボットになることも必要だが、それだけであってはいけない。その調和がむずかしい。

憲法上、直接の警告、指導はできないが、人に会う機会が多いので、そのつど問題を質問形式で取り上げ、(問題点に) 気付いてもらうようつとめています。

公害問題を例にとると、人間の幸福を産業経済の発展を中心にみるか、人間の健康を中心にみるかだが、私は人の健康、生命を大切にすることが第一だと思います。公害にはかねてから関心を持っており、これまでも工場視察の際には、いろいろ質問して、注意を喚起するようにしてきました。

象徴天皇は憲法上、政治的な発言をすることはできない。そのために皇太子は「立場上、ある意味ではロボットになることも必要」と述べた一方、しかしただ話を聞いていればいいというものでもないと強調する。天皇は様々な報告を受け、多くの情報に接する。その都度、問題点や矛盾に気がつくこともある。それを指摘するにはどうしたらよいのか。憲法上は、「象徴」は「直接の警告、指導はできない」。皇太子はそれを解消するために質問の形式をとることで、自分に説明をしている人が問題点に気づくように努めていると強調している。天皇も内奏の場などで、下問という形で自らの意見を表明していたことは知られている。[18]皇太子もこの時期、昭和天皇に対する内奏の場に同席する機会もあり、そうした方法を自らも実践していたとも言える。政治家などとの交流を通じて、当時問題になっていた公害についても関心を高めており、皇太子が工場を視察する際、現場の人々に注意を喚起してきたというのである。皇太子は成人後、将来の「象徴」として自身のあり方を考え、様々な経験を通じて体系化していったとも言える。そのことがこの結婚一〇周年の記者会見で示された。

これに対してメディアでは、「一般で考えている以上に時勢の流れに関心を示され、ご夫妻はご夫妻なりのお立場で考えておられた」と評価する記事もあった。[19]ただし、こうした皇太子の「象徴」をめぐる発言を取りあげる記事はそれほど多くはなく、世間には美智子妃とともに子育てをしている家庭的なイメージがあふれていった。

皇太子夫妻と記者会見

ところで、ここまでいくつか皇太子の会見での言葉を取りあげてきた。このように皇太子が記者に対して会見を行うことは実は異例であった。前述したように、昭和天皇は記者と会って話したとしても、たまたま会って話をしたというフィクションが採用されていた。香淳皇后とともに誕生日の会見に臨むようになったのは、還暦を迎えた一九六一年以降である。ところが、皇太子は第3章で述べた一九五三年の欧米諸国訪問後[20]、それに関する宮内記者会との会見が設定された。これは宮内記者会との初めての公式会見であった。メディアに注目されていた皇太子ゆえ、公的な場での肉声が求められたのである。

結婚後もそうした会見は継続した。天皇の名代として各国を訪問する際、誕生日、夏の軽井沢での静養（これは一九六二年から定例化する）、様々な行事や節目など、皇太子と皇太子妃は記者会見に臨んでいる。外遊を繰り返す夫妻が会見に臨んで肉声を披露する機会は天皇・皇后よりも多かったが、それ以上に多くの会見が設定されていたのである。しかも、会見では外遊のときであっても相手国に関することのみならず、家庭生活や子どものこと、そして象徴天皇制に対する認識、そのときの社会情勢などが話題となっている。本章冒頭で紹介した、日本の皇室はヨーロッパ王室よりも国民との接触が少ないと記者に問われたのもアメリカ訪問時の会見でのことであり、そこでも「象徴」のあり方が皇太子に質問されていた。

さて、本章扉に掲載した一九八四年の皇太子夫妻の記者会見の写真を見ていただきたい。夫妻をぐるりと囲んで、記者が円形に座っているのがわかる。通常、私たちは記者会見と言うと、皇族が正面に座り、それに相対するように記者が座っている場面を想像するかもしれない。しかし、戦後の皇太子夫妻の会見は違った。記者たちと円形に座ることで、対等もしくは近しい関係性が表出されるのである。

実際、記者会見では私たちが想像する以上に、皇太子夫妻に対して厳しい突っ込みがなされたりする場面があった。それは、宮内庁を担当する記者たちにはベテランも多く、年長者であったがゆえ、若い皇太子夫妻がやや曖昧な回答をした際には、容赦なく再度質問するような「更問《さらと》い」が行われた。たとえば、先に引用した公害問題に関する発言をした一九六九年の夏の記者会見である。「象徴」としてのあり方について問われた皇太子の答え（「国民とともに歩むのが基本的な姿勢」）を聞いた記者からは、「それならば、もう少しはっきり意見を出されたらどうですか」というような、記者自身の意見とも言えるような質問が出た。これはおそらく記者の側に、皇太子がそうした考えを持っていたとしても外部には伝えようとしていない、そのために世間に伝わっていないではないかという、どこかいらだちのような感情があったからこそ出てきた質問だと思われる。それに対して、皇太子からは「ロボットになることも必要だが、それだけであってはいけない。その調和がむずかしい」という答えを引き出した[21]。質問の数や内容が厳格に決まっていたわけではなく、皇太子夫妻の答えに対して記者が突っ込むという、本来の記者会見とも言えるような形式によって、より具体的な答えを導き出すことに成功している。現在の天皇・皇族の記者会見の様子を知っていると、こうした光景を想像するのは難しいかもしれないが、昭和の中盤から後半の皇太子夫妻の記者会見にはそうした場が存在した。

もちろん、近しい関係性ゆえに和やかな会話が展開されることもあり、そこでつい皇太子夫妻が本音を漏らすこともあった。こうした場が設定されていたことで、皇太子夫妻は自らの思考や振る舞いを鍛えられていったと思われる。

こうした場には通常、美智子妃も皇太子に同席して記者会見に臨んでいた[22]。また、流産後の静養が終了した一九六四年二月、長男の浩宮の四歳の誕生日を前に、美智子妃のみによる記者会見が行われた。これは宮内記者会の希望によって開かれたもので、美智子妃の回復した姿を人々に伝えることに繋がった。このように皇太子妃が単独で会見を開くのは異例であった。話題は浩宮についてに限定されていたものの、最後に美智子妃が「私の健康のことでご心配をかけました国民のみなさんによろしく」と伝え、この言葉が皇太子一家の遊ぶ写真とともに新聞各紙で報道された[23]。美智子妃は人々への配慮を述べつつ、子どもの成長と幸福な家庭像を表出させ、それがメディアを通じて人々に伝えられていく。

そして、一九七一年ごろからは毎年ではないものの、美智子妃の誕生日を前に単独での記者会見が実施されるようになる[24]。皇太子はそれまでも誕生日会見は行っていたものの、香淳皇后にはその機会がなかったため、皇太子妃の単独会見が行われるというのはこれまた異例のことであった。美智子妃はこの会見のなかで、一年間の自身の生活、読書や思考、家族への思いなど多岐にわたる質問に対して自らの考えを回答している。また、天皇制のあり方について問われた時には「時代の流れとともに、形の上ではいろいろな変化があるでしょうが、私は本質的には変わらないと思います[25]」ときっぱり答えるなど、自身の考えについても明確に表明している。このような会見では記者の問いに対して美智子妃は当意即妙に回答しており、そうした彼女の生の声がメディアを通じて人々に伝えられた。

このような皇太子夫妻の会見の様子は、共同通信の記者であった薗部《そのべ》英一が編集した『新天皇家の自画像』（文春文庫、一九八九年）で読むことができる。すべての会見が収録されていないと思われるのは残念であるが、貴重な史料集である。宮内記者会は先ほど述べたように、様々な機会に皇太子夫妻の記者会見を実施していた。しかし、その様子は限られた部分しか紙面になっていない。場合によっては、紙面として取りあげられない会見もあった。おそらく、皇太子夫妻そして象徴天皇制への注目が減っているなかで、そうした話題は読者が興味を持って読むニュースとみなされなかったがゆえ、取りあげられる回数や量も少なかったのだろう。

昭和天皇退位論の再浮上

昭和天皇が古希（七〇歳）を迎えた一九七一年、天皇としての初めての外遊であるヨーロッパ訪問が九～一〇月に行われることになり、その関連のなかで三月ごろから退位論が登場した[26]。提起された理由は二つある。第一に、退位すれば比較的身軽となり、外遊日程も組みやすいというもの。第二に、外遊が昭和天皇にとっての一つの「花道」となるのではないかというものである。

なお、こうした退位論の多くは週刊誌で報道されていた。その意味では、根拠が曖昧な噂レベルの話なのだろう。宮内記者会に所属する新聞は外遊そのものについては数多く報じたものの、退位論についてはほとんど報道しなかった。とはいえ、ロンドンの夕刊紙『イブニング・スタンダード』に、『天皇ヒロヒト』（戦時・敗戦直後の天皇や宮中の動向を描いた書籍。日本では一九六六年に毎日新聞社より刊行）の著者であったレナード・モズレーが訪欧・訪米という「この二つを終えれば、ご自分の天皇としての価値を終わり、そのあとは戦争の罪によごされていない新しい年代にゆだねるべきだとのお考えのようだ」と書いたことが、『毎日新聞』で紹介されることもあった[27]。その意味では、新聞も必ずしもまったく無視していたわけでもなく、そうした噂や動きがあることの意味を読者に提供しようとしていたのではないか。

退位論が提起されるようになった背景には、天皇外遊中の国事行為を明仁皇太子が代行して担うという事実があった。退位論が出始めたときとまったく同じころ、「皇太子殿下がさっそくはじめる〝天皇学〟の内容」という記事が週刊誌に出る。[28]ここでは、外遊中の国事行為代行に対する皇太子の準備の様子が紹介されている。特に、明仁皇太子が幼少時からいわゆる「帝王学」に触れ、敗戦後にはヴァイニング夫人や小泉信三に学んでいたこと、近年は官僚を中心に進講を受けていることが強調され、先述した公害問題への関心にも触れられている。そして、皇太子自身が「自覚」を深めていることにも言及された。これによって読者は、皇太子は将来の「象徴」としての準備を着々と進めているかのような印象を受けただろう。ここからは、外遊を契機とした昭和天皇退位に向けて、人々の皇太子への期待感を高めようとする意図があるかのようにも見える。

同時期、皇室典範には天皇の退位に関する条項がないため、明仁皇太子を摂政にして昭和天皇の公務の負担を軽減すべきではないかという意見も登場した。ヨーロッパ訪問後に出された記事[29]では、皇太子を摂政にしようとする動きが存在していることを報じている。その記事のなかでは、昭和天皇の在位がすでに長期にわたること、古希を迎えたことなど、前述した通りのこの時期の退位論での論理が展開されている。つまり、昭和天皇の「花道」論の延長に皇太子の摂政就任が考えられていた。また、摂政就任には次のような理由も存在するという。

皇太子殿下も四十歳に近い。今回の天皇ご訪欧に当たっては、立派に国事行為の臨時代行を勤められた。国民もこぞってそれは認めた事実だ。そこで時期も実績も整ったので、皇太子殿下が摂政に就任され、老齢の天皇を激務から解放させてあげる

このように、皇太子が天皇外遊中に国事行為の代行を務めたことは、いわば「天皇職の〝予

習〟」だったと評価するのである。明仁皇太子は年齢も三〇代後半となり社会的にも経験を積み重ねていたため、「象徴」としての職務を代行する能力は充分にあると見られていた。天皇の進退が週刊誌で語られること自体、象徴天皇制が「消費」的にとらえられるようになったことの証左とも言えるだろうか。

皇太子と威厳

一方で、前節で引いた「皇太子殿下がさっそくはじめる〝天皇学〟の内容」という記事では、皇太子の「ご学友」の一人でもあった作家の藤島泰輔（第3章で触れた学習院をモデルにした小説『孤獨の人』の作者）による「美智子妃と手をつないでスケートしてころんだり、ああいうのは困ります。失望ですね。皇太子には、皇室の威厳をもっと考えてもらいたい」というコメントを紹介している[30]。このように、皇太子をめぐってはこの時期、「威厳」という問題が提起された。それは、前述したような、家庭的なイメージが天皇にふさわしくないのではないかという考えの下に主張された意見だと思われる。

この「威厳」をめぐっては、藤島のような家庭的イメージ、夫婦仲むつまじい姿を皇太子夫妻が公にすべきではないという意見が提起されたほか、皇太子に口ひげをという意見まで展開された。これを紹介した記事[31]によれば、「今の天皇陛下にくらべて、激動の時代のご経験が少ないだけに、国民の信頼感はどうか」と学習院卒業生周辺では心配されており、過去の天皇のようにひげをはやし、それによって「威厳」を保ってはどうかとの意見が出ているという。藤島はそれに賛同し、ここでも皇太子には「威厳」が必要と主張した。元華族出身で評論家の酒井美意子も「貴族的品格」

が要求されると述べた。つまり、皇太子の家庭的イメージが天皇にはふさわしくないとの意見である。ここには、象徴天皇制を「権威」としてとらえ直そうとする意識が見えるように思われる。

これに対し、日本船舶振興会会長の笹川良一は、人々に「親しむ皇室のご努力の成果」を評価し、「徳をお積みになれば、しぜん威厳がそなわり、国民も尊敬の念を持ってついてくる」ので、ひげを生やせなどと主張することはナンセンスであると論じた。笹川は外見を変えても意味がなく、公務を積み重ねること、次の「象徴」としての自覚を高めることこそ重要だと説いたのである。しかしいずれにせよ、皇太子がある種の「威厳」を身につける必要性を笹川も提起したとも言えるだろう。

結局、一九七一年に昭和天皇の退位はなく、皇太子の「威厳」をめぐる論争も決着しないままに終わっていく。しかしそれは、敗戦後に展開されてきた皇太子の家庭的イメージと天皇としてのあり方にギャップを感じる人々からの疑問であった。繰り返すが、それは象徴天皇に「権威」を求めてのことと思われる。一方で、こうした論争が週刊誌で取りあげられることは、メディアのなかで「消費」的にとらえられていることでもあろう。二つの傾向が共存していたのである。

翌年以降も、「威厳」をめぐる論争は若干ではあるが展開された。とはいえ、皇太子の姿勢を評価する記事の方が目立つ。「浩宮教育に賭ける皇太子の〝孤独な〟決意」という記事[32]では、やはり藤島が登場して皇太子の家庭的イメージに対する批判が展開されるものの、全体的にそのようなイメージに対する肯定的な意見が多く紹介された。同じく「ご学友」で「共同通信」の記者を長く務め、皇室関係の論考を多数発表してきた橋本明は、皇太子が「人間性を大事にと、一心にこだわっている。いわば反逆です」と述べ、これまでの天皇制を改革すべく動いていると論じた。このように、象徴天皇制にふさわしい形で皇太子が様々な改革をおこなっているとの論調の記事が登場してくる。[33]ここでは、家庭的イメージも改革の産物として、肯定的に評価された。中学生となる浩宮への教育と関連させ、皇太子の姿勢がこの時期の社会のあり方や「象徴」にふさわしいと考えられたのである。「人間」的な象徴天皇像が強く志向されたと言えるだろうか。

皇太子自身、一九七二年の会見で記者から「浩宮様は将来の象徴になる人だと思いますが、そのための帝王学を具体的に何か」と問われ、次のように答えている。[34]

重要なものとして、人間として望ましい人格をつくることが第一で、それに立場からくるいろいろなものが加わってくると思います。帝王学はその両方を含むものと考えます。しかし、人間として望ましいものを身に付けることは帝王学ではなく、それは学校教育によるところが大きいのでは……。

ここで皇太子は、「人間として望ましい人格」こそが重要だと強調している。いわゆる「帝王学」と呼ばれるような特別なものを教えるのではなく、むしろ普通に学校に通って教育を受けることで身につくものの重要性を説いた。それは、戦前のように東宮御学問所を設置して特別に教育する仕組みから、一般の人々と同じように学校で学ぶ形への変化であった。皇太子自身も、浩宮への教育方針を通じて家庭的イメージを強化していたとも言える。

このように、「威厳」(「権威」)が世間では提起される一方で、皇太子はむしろそのような意見とは異なる「象徴」のあり方を模索していた。そうした志向は、その後も皇太子に対する批判と反論として展開されていくことになる。そのような動きは、皇太子として「象徴」への助走期間が長かったゆえに起こった現象とも言えるのではないか。そしてこうした論争が主に週刊誌で取りあげられていたことが重要であろう。つまり、この時期には人々は皇太子をめぐる問題を「消費」的に見ていたのではないだろうか。

「皇太子への憂鬱」

明仁皇太子が四〇代に入ると、再びそのあり方をめぐって論争が展開されていく。このときも媒体は週刊誌が多いものの、月刊誌や新聞などでも様々な記事が掲載された[35]。その代表的な意見が、一九七三年にジャーナリストの児玉隆也《たかや》が月刊誌『現代』に執筆した「皇太子への憂鬱」である[36]。このとき、明仁皇太子は四〇歳になろうとしていた。児玉によれば、タイトルの「憂鬱」とは、「やがて、彼を〝象徴〟と呼ぶ日の憂鬱」を指す。児玉はそれを「いらだち」とも表現した。

児玉はこの文章のなかで、「中年皇太子の魅力のなさ」に関する意見を紹介し、皇太子は「〝妻の持参金〟で食べている。だが、その〝貯金〟はもうなくなりかけていることに、周辺は気づいていない」と手厳しく批判している。妻の持参金、つまり美智子妃の人気で何とかこれまでは保っていたがブームも過ぎ去り、皇太子自身に魅力が乏しいためにそれが象徴天皇制の「地盤沈下」に繋がっていると児玉は見ていた。児玉はまた、魅力の乏しさの原因に「皇太子の女性週刊誌的疑似庶民像」をあげている。女性週刊誌を中心としてミッチー・ブームが起きたこと、またそうしたマスメディアを中心に家庭的なイメージの皇太子が人々に受容され消費されたことを批判するのである。月刊誌に掲載された文章だけに、その筆致は週刊誌の記事以上に厳しい。そして児玉は、「天皇には奇妙な魅力がある」としつつ、皇太子を「単なる『息子』」として対比する。なぜ皇太子は人気がないのか。皇太子は律儀で真面目な性格であることはわかるものの、それは「時にはマイナス」

であり、「日本に一人しかいない人間」としてのセックスアピールに欠け、そうした性格だけで人々を魅了するには「まだ若すぎる」、今は「若年寄」にすぎないと児玉は強調した。ある種の「権威」的な象徴天皇像を志向しているようにも読める。

ただし児玉は、明仁皇太子に若干の同情も寄せた。皇太子の性格は育てられた環境の影響もあるという。少年期・青年期と孤独な環境で育ち、敗戦という時代の激変のなかで、「『なんとか自分で環境を創りあげなければいけない。戦後民主主義の集団の中で、自分を律していかなければならない』という、自律思想への努力と、それが、新しい皇室の継承者として自分を鍛えていくはずだという夢」を持っていたと児玉は見る。しかし、宮内庁の体質がそれを許さなかった。それゆえに差し障りのない対応をとらざるを得ないことで皇太子の意思は果たされず、しかも人々からも見えにくくなってしまう。結果として、不人気・無関心の層が広がっていったのだと児玉は指摘したのである。つまり、児玉は単なる「権威」的な象徴天皇像を主張したわけではなかった。むしろ「権威」に凝り固まっている周辺によって「人間」としての自由が得られない皇太子の問題を提起したのである。

同様の意見はその後も広がった。「『皇太子殿下が一部で不評』についての国民の心配」という記事[37]では、そのタイトルがはっきり示すように、皇太子の思考や行動が「一部で不評」を買っていることを記している。たとえば、これまでと同様に家庭的イメージに対する批判とともに、皇太子が外遊においてその訪問場所にこだわりを見せることに対しても批判が展開された。後者は、自分の意見を示すことで外務省などに迷惑がかかっているというものである。皇太子は天皇と同じスタイルを採るべきとの立場からなされた批判とも言える。

29 週刊新潮

週刊新潮 28

特集1

「皇太子殿下が一部で不評」についての国民の心配

昨年来、外務省と宮内庁の衝突が続いている……。皇太子のネパールご訪問の日程をめぐって、バングラデシュへ寄りたい、という東宮側と、外交のバランスから「それは困る」という外務省が対立したのである。あげく「これは殿下のご希望である」という宮内官僚の"切札"で、外務官僚は沈黙した……が、そこから、「殿下はわがままがすぎる」「四十一にもなって、もう少し常識を持たれてもよいではないか」に始まって、「これじゃ、戦争中の天皇制へ逆もどりだ」という声まで出て、はからずも「未来の象徴」をめぐる論議に発展してしまったのです……。

"浩宮のパパ"と未来の象徴

「『皇太子殿下が一部で不評』についての国民の心配」(『週刊新潮』1975年1月23日号)

先の児玉の文章が月刊誌『現代』に掲載されたことは興味深い。『現代』は週刊誌『週刊現代』の兄弟誌として創刊された。男性サラリーマン向けに多様な話題を提供する雑誌であったが、あえて客観性を捨て、取材対象に積極的に関わって対象を濃密に描こうとするニュー・ジャーナリズムの旗手たちが書き手として集い、若手から中堅のジャーナリストやノンフィクションライターが寄稿していた。彼らは「消費」的にこの問題を見る以上に、象徴天皇制の構造や皇太子自身の人柄を真剣に考えようとする意識を有していたのではないか。

一九七〇年代になると、メディアにはそうした気運も生まれていた。評論家でノンフィクション作家の上前《うえまえ》淳一郎も「〝皇太子世代〟から見る次代の天皇像」という『週刊文春』に寄せた文章[38]のなかで、「皇太子に魅力がない、という人たちのほとんどが一度も皇太子に会った経験がない」と述べて、そうした批判を展開する人々の問題性を指摘する。そして、「日本の皇室はやがてヨーロッパ先進国の王室型になっていくだろう」との意見を展開し、皇太子の思想と行動がそうした流れの一環にあることを主張した。上前は明仁皇太子と同世代の立場で、そのあり方を評価したのである。

　上前は翌年にも「皇太子殿下を見たことがありますか」という文章を今度は月刊誌である『文藝春秋』に発表している[39]。これは、各界様々な人々の証言とインタビューから構成されたものであった。『サンケイ新聞』の宮内庁担当記者であった榊原亀之甫は「伊勢湾台風当時に較べれば、皇太子も成長されたこととは思う」「ポーズを捨て、なま身の人間の姿で国民に接していかれるよう期待する」と述べ、明仁皇太子による模索を評価しつつ、さらにそれを深化させるよう提言した。一方で、一九七三年の成人式で成人代表として皇太子の前で「はたちの誓い」を読みあげた女性は、「人間というよりロボットの感じで親しみが持てず、話しかけてみたい気持が起きなかった」と証言する。ここからは、彼女が皇太子により親しみを求めていることがわかる。上前はこうした意見を紹介することで、若い世代が皇太子に有してほしいのは「威厳」ではなく、自分たちにより近い存在であること（「人間」らしさ）だと提起しようとしたのではないだろうか。皇太子が進めているような家庭的イメージをさらに進める必要性を論じたとも言えよう。

　そのほかにも、上前は以下のようなインタビューを取りあげている。漫画家のサトウサンペイによる「殿下、大ナタをふるって陋習を破ってください」、日本近現代史研究者の色川大吉東京経済大学教授による「今の皇太子は今の天皇ほど人気がない。その理由がどこにあるか、御本人は胸に手をあててよく考えてほしいと思う」、歌手の森進一による「いまの天皇より、人間味とか感覚、渋味の上で負けているような気がします。なにかといえば記念式典やら、福祉施設のご訪問やらだけではなくて、たまには買い物やドライブもいかがでしょう」などの声を上前は紹介し、皇太子の目指す方向には賛成しつつ、それをより深化させること、もっと世間にアピールすることを求める意見を取りあげ、「威厳」や「権威」とは別の形での象徴天皇制のあり方こそがふさわしいとの意見を展開している。

皇太子パ・リーグ論

以上のように皇太子の取り組みや公務に対する姿勢が評価されるようになった一つの要因は、一九七五年七月の沖縄訪問ではないかと思われる。一九七二年五月に日本へ復帰した沖縄では、七五年に本土復帰記念事業として沖縄国際海洋博覧会が行われることとなった。皇太子は名誉総裁に就任し、開会式に出席するため夫妻で沖縄を訪れることとなった。しかし、沖縄戦とその後続いた米軍による占領経験から、沖縄における天皇制への忌避感は激しく、皇太子来県反対の運動が広がっていた。[40] 皇太子自身は沖縄訪問に並々ならぬ意欲を持っており、当初の訪問予定は博覧会会場だけで、沖縄戦の南部戦跡は入っていなかったにもかかわらず、自らの希望で訪問場所に組み込まれた。

そして皇太子夫妻は七月一七日、沖縄を訪問する。そのなかでひめゆりの塔を訪れた際、過激派が火焔瓶を投げつけた。いわゆる「ひめゆりの塔事件」である。事件後も予定されていたスケジュールはそのまま続行されたが、この事件は皇太子夫妻に大きな衝撃を与えたものと思われる。その日の夜には談話を発表し、「一人ひとり、深い内省の中にあって、この地に心を寄せ続けていくこと」を訴えかけた。[41] 明仁皇太子はその後の記者会見でも「本土と沖縄は、戦争に対する受けとめ方が違う」と述べたほか、沖縄からの反応を「あるがままのものとして受けとめるべきだと思う」と発言している。[42] 沖縄と戦争と天皇制が切っても切り離せないことを認識し、そのことを受けとめて考える必要性を感じたものと思われる。また、「沖縄の歴史は心の痛む歴史であり、日本人全体がそれを直視していくことが大事です。避けてはいけない」「これからも機会があれば何回も行きたい」とも述べている。[43] 沖縄への皇太子の関心は事件によってより深まった。

それとともに、「ひめゆりの塔事件」での皇太子の対応は誠実なものとして評価されていく。社会学者の藤竹暁は明仁皇太子に関する長文の文章[44]を月刊誌『現代』に発表し、これまでの皇太子のあゆみと人々の感情との関係性を論じた。そのなかで藤竹は、沖縄訪問は皇太子にとって賭けであったと述べている。人気が低迷していた皇太子の並々ならぬ意識がそこには見えるとし、これまで人々が見てこなかった皇太子の取り組みに注目する。「ひめゆりの塔事件」への皇太子の対応を契機にして、「象徴」への模索に光が当たるようになったのである。

とはいえ、それで人気が一気に回復したわけではなかった。そのことを代表する見方が一九七六年夏に提起される。「皇太子殿下＝パ・リーグ」論である。[45]『毎日新聞』社会部の沢畠毅によって執筆された記事であるが、沢畠はこれを「実力はあるのに、人気が、もうひとつパッとしないことを憂えたもの」だと述べている。これは、プロ野球のセ・リーグと比較したパ・リーグの実力・人気と明仁皇太子を結び付けたものであった。ここで重要なのは、「実力はある」とされている点である。沢畠は皇太子の公務への取り組みを紹介し、それを評価している。一方で、こちらが重要な点であろうが、それが世間に知られておらず、人気につながっていないと見ていたことである。沢畠はその原因を、メディアでの記事に「過剰なほどの反応」をしているにもかかわらず、皇太子の取り組みや人格をうまく伝えようとしない側近たちにあると主張した。人気が上昇しない要因は皇太子にあるのではなく、その周辺にあるのだとしたのだろう。それは、児玉隆也が「皇太子への憂鬱」のなかで提起したように、「権威」に凝り固まっている周辺を批判したこととも通底している。皇太子への肯定的な評価は生まれつつも、未だそれが広がっていない状況があった。

「中年皇太子がいま燃えている」

「中年皇太子がいま燃えている」――一九七七年、明仁皇太子の学習院時代の「ご学友」の一人で「共同通信」の記者であった橋本明が月刊誌『現代』に書いた文章のタイトルである。[46]橋本はこのなかで、皇太子のこれまでを振り返りつつ、近年その思想と行動に変化が見られることを指摘している。それは第一に、沖縄への取り組みである。前述した沖縄への皇太子の真摯な対応を取りあげつつ、橋本は次のように述べる。

皇太子が、在沖米軍基地の存在など、きわめて政治的次元に近い問題についてどう考えているか、問う必要もあるまい。皇太子はこの種類の問いかけに答える立場ではないが、筆者にはわかる気がする。沖縄は、生きた永遠のテーマであろう。

橋本はここで、沖縄と米軍基地を関連させ、皇太子の取り組みを論じた。日本国憲法での立場上、皇太子は政治的発言をすることはできないが、極めて政治・外交的な基地問題が集中する沖縄に向き合っている姿に焦点を当てたのである。なぜ皇太子は沖縄に対応するのか。それは歴史的な問題だけではなく、現在の日本社会が直面している問題にも向き合っているのだと橋本は示唆したのである。人々が直視していない沖縄の基地問題に、皇太子は対峙していると主張したとも言えるだろうか。
橋本が指摘した第二の点として、こうした問題を理解するために皇太子が多くの人々から進講を受け、様々な人々と会って意見を聞いていることを紹介している。皇太子のこのような取り組みを橋本は、「皇太子は、どうしたら将来、われわれ国民が良い環境を維持し、より良い環境にしていけるか、腐心している」と評価する。こう述べることで、皇太子の「象徴」としての模索は、長期的スパンに立った深い思索だと印象づけられる。短期的に人気がない、おもしろみがないと切り捨てるのではなく、皇太子が何を考えているのかを人々が考える必要性を説いたとも言えるだろうか。

橋本は第三に、昭和天皇と明仁皇太子の間で公務の分担がすでに行われているという状況を指摘する。日本全国や世界各国への訪問は、天皇がしていない公務であり、そうした場で障害者らと交流するなど、そこには「象徴」としての意味があると強調する。こうした皇太子の天皇観は、「千年の天皇の役割を基軸に展開され」「連綿と文化の守護者に徹してきた時代の天皇こそ本来の天皇の本質的な姿」と考えているからこそ培われたものだと主張した。昭和天皇を受け継ぎつつ、新しい「象徴」像を打ち立てようとしている皇太子の姿を評価すべきではないか、橋本はこの文章を通じて、そう人々に訴えかけた。皇太子に近い「ご学友」から皇太子の思考や行動の意図が説明された意味は大きいだろう。

皇太子自身、この年の誕生日の記者会見[47]で、「象徴」について考えることについて説明している。記者から浩宮の教育について、「今、歴史上名を残された各天皇方の事績を勉強されていて、殿下も一緒にお聴きになっていると伺っているのですが」と聞かれた皇太子は次のように答えた。

天皇の歴史というものは、今度も児玉〔幸多・学習院大学〕学長に話を伺いました。ただ（私の

場合は）少し前ですね、中学から高校にかけてだから。〔中略〕

何というのでしょうか、こう「しみついてくる」というようなことはあると思いますね。〔中略〕天皇の歴史というものを、その事実というか、そういったものを知ることによって、自分自身の中に、皇族はどうあるべきかということが、次第に形作られてくるのではないかと期待しているわけです。〔中略〕

黛〔弘道〕学習院大学教授と、笹山〔晴生・東京大学〕教授の二人がやっておられますが、日本書紀とか続日本紀とかを中心にしておられる。古代ですから、史料というのは少ないわけですね。だからその史料から考えられる限り、こうが正しいじゃないかとできる限り正確を旨としてやっておられるので、私は大変いいんじゃないかと思っています。

ここでは原典史料にあたって歴史を学ぶ姿勢が貫かれている。浩宮と一緒に天皇制の歴史を学び歴史意識を形成していくなかで、皇太子はこのような学びを「象徴」を模索する際の参考したところの記者会見で主張した。橋本が述べた通りの、天皇の歴史を学ぶという姿勢が皇太子の口から説明されたのである。明仁皇太子は、前近代こそ本来の天皇制のあり方とする見方を進講などによって強化していったと思われる。一九八四年の会見でも次のように述べている。[48]

日本の皇室は、長い歴史を通じて、政治を動かしてきた時期はきわめて短いのが特徴であり、外国にはない例ではないかと思っています。

政治から離れた立場で国民の苦しみに心を寄せたという過去の天皇の話は、象徴という言葉で表わすのに最もふさわしいあり方ではないかと思っています。私も日本の皇室のあり方としては、そのようなものでありたいと思っています。

ここで明仁皇太子は、天皇制とは不執政の歴史であると説く。そうした天皇制の歴史を皇太子は学び、天皇と民衆との関係性について思考してきた。そして「象徴」という地位こそが、そうした歴史的なあり方にふさわしいのではないかとも述べている。また、一九八六年に『読売新聞』に寄せた質問書への回答には、歴代の天皇について、より具体的に次のように記している。[49]

天皇が国民の象徴であるというあり方が、理想的だと思います。天皇は、政治を動かす立場にはなく、伝統的に国民と苦楽を共にするという精神的立場に立っています。このことは、疫病の流行や飢饉にあたって、民生の安定を祈念する嵯峨天皇以来の天皇の写経の精神や、また、「朕、民の父母と為りて徳覆うこと能わず。甚だ自ら痛む」という後奈良天皇の写経の奥書などによっても表されていると思います。

このように、古代や中世の具体的な天皇について言及してその事績に触れ、それこそが「天皇が国民の象徴であるというあり方」に一致していると皇太子は強調した。そして、人々との関係性は「苦楽を共にする」ことだと述べた。ここに明仁皇太子による「象徴」の模索が一つの到達点に達したとも言える。「象徴」という文言は日本国憲法に規定されたものであり、歴史的な天皇のあり方として必ずしもそのような言葉でとらえられてきたわけでもない。にもかかわらず、明仁皇太子は「象徴」こそ天皇のあり方にふさわしい言葉であると考えた。それは、日本国憲法という近代的な法規定と歴史的概念の接合とも言える思考であった。[50]

興味深いのは、記者会見で何度も皇太子は「象徴」のあり方を問われていたことである。昭和天皇の在位が長く続き、次期天皇としての助走期間が長かった明仁皇太子には、たしかに「倦怠期」のような感情も存在した。しかし長かったからこそ、「象徴」としてのあり方を何度も問われる機会があった。そのたびごとに皇太子はあるべき象徴天皇像について回答していくが、こうした機会が数多くあったからこそ、彼はその思考を深めていったのである。

皇太子への期待感

「象徴」をめぐるこうした皇太子の姿勢に、次第にメディアでも期待の声が高まっていく。日本コンベンションサービス社長の近浪《ちかなみ》廣は、国際新聞発行者協会総会での皇太子の様子を記し、その姿勢を高く評価している[51]。近浪によれば、このときの皇太子は「いつもと違う」と感じた。「いつもの壇上の飾り雛のような雰囲気とはガラリちがった生き生きとした活力、迫力が感じられた」という。そしてそこでの皇太子のスピーチも、「いつもの紋切り型の原稿の朗読ではなく、ご自分の言葉でご自分の考えを力強く主張されるスピーチだった」と近浪は述べ、彼はその感動を文章にしたのである。これは、前述した児玉隆也が指摘したような皇太子イメージから明らかに変化した姿である。おそらく近浪も、元々は児玉が指摘したような皇太子像を有していたのだろう。この総会でそれとは異なる皇太子の言動に触れて、感じたことをこの文章にしたと思われる。皇太子自身も次第に「象徴」について模索するなかでそれを体系化しつつあり、思い描く「象徴」像に基づいて行動するようになったが、一九七〇年代後半になると、そのような皇太子の姿に触れた人々が彼を評価する方向へとシフトしていったのである。近浪の書いたような文章が『文藝春秋』に登場することで、新たな皇太子像が人々に広がり定着していったのではないか。

一九七八年、日中平和友好条約の締結が目前となってくると、それを機会に皇太子夫妻の訪中が実施されるのではないかとの噂が浮上する[52]。それは、皇族が中国を訪問することで、中国との戦争状態が終結することを意味すると考えられていたからであった。しかも、天皇ではなく皇太子なのは、皇太子がそれまで国際親善を積極的に担ってきたこと、戦争の記憶に触れてきたことを評価する前提があったからである。結果として皇太子の間には訪中が実現することはなかったが、この噂が登場する背景には、明仁皇太子の「象徴」としての模索が人々に理解され、定着してきたことがあると言える。

「共同通信」の宮内庁担当記者であった高橋紘《ひろし》は、この皇太子夫妻の中国訪問問題に触れつつ、明仁皇太子による「象徴」の模索を紹介する記事[53]を月刊誌『現代』に執筆している。このなかで高橋は、これまでの皇太子夫妻の外国訪問は「殺人的スケジュール」で日程をこなしており、「何でも吸収し、できるだけ多くの人とあうことを〝わが道〟と考えている」としている。[54]ここで高橋は、人々との接触や関係性を重視する皇太子像を広めようとしていることがわかる。高橋はまた、皇太子の家庭的イメージへの批判にも言及する。皇太子夫妻の仲むつまじさこそ、現代の日本社会にふさわしいのではないかと指摘しつつ、それまでの宮中のしきたりを改革したからこその「家庭」だと主張する。つまり、家庭的イメージをあえて強調することで、皇太子の行動力や実行力、そして時代に即応した感覚をも評価したのである。高橋は最後に、皇太子の思想と行動をうまく伝え切れていない宮内庁の問題に言及する。「象徴」となった天皇と人々との関係性を皇太子は模索し、彼なりの行動や言葉で示してきたにもかかわらず、人気がないと言われる背景には、その努力を伝え切れていないことがあるのではないかというのである。

宮内庁のアピール不足という意見は、ジャーナリストの田原総一朗も提起している。田原は『週刊文春』に寄せた「宮内庁　皇太子ＰＲ作戦の失敗」という文章[55]のなかで、皇太子の人物像に触れながら、彼への批判をまず紹介し、宮内庁が皇太子の実像を世間に訴えられていない状況を論じている。とはいえ、明仁皇太子とほぼ同年代である田原は、人々からは評判の悪い皇太子の発言や行動からはむしろ「皇太子の強い意志が感じられた」という。皇太子の人々への接し方や沖縄に対する態度は、これまでの天皇制を理想としている人々からすれば、「威厳」がない、「権威」がない、毅然としていないと見えるかもしれない。しかし田原は、あえて皇太子がそうしているのではないかと見て、皇太子に進講した学者の次のような発言を取りあげる。

評判をよくする、なんてことは簡単でしてね。周囲のいうままに動く、操り人形になればよいのですよ。しかし、皇太子は、それを頑固に拒否している。現在のような、右傾化の時代に、周囲のいうままになることは危険だ、絶対に利用されないぞ、と、そのことを皇太子は強く自覚して、がんばっているのですよ

田原はむしろ、明仁皇太子が自身の考えを強く有しているからこそ、時流におもねらず、自身の理想とする「象徴」としての姿を追求していると見た。そして、「皇太子の人気のなさは、民主主義教育で育った、彼の主体的な選択だということになるのだろうか」と述べて、この文章を結んでいる。日本国憲法下で育った世代として、「人間」としての皇太子を見出し、自己意識を強く有するからこその皇太子の行動であると高く評価したのである。その点で、高橋の意見とも軌を一にしているだろう。田原のようなその時期に活躍中であったジャーナリストが、こうした文章を『週刊文春』に書いたことの意味は大きい。一九五〇年代や六〇年代前半には「消費」的に象徴天皇制の問題を扱ってきた週刊誌が、一九七〇年代終盤になると、象徴天皇制の構造や皇太子の人柄について正面から向き合うように変わったとも言える。巨大な発行部数を誇る週刊誌にそうした文章が掲

載されることで、人々が意識を変化させていく要因ともなったのではないだろうか。

皇太子夫妻訪韓問題

一九八〇年代に入っても、皇太子への期待感を記した記事が相次ぐ。それは、明仁皇太子が四〇代後半から五〇代になり、日本社会をまさに牽引する世代（「民間会社なら、さだめし部課長としての業務の第一線に立ち」との文言[56]も見える）だったからだろう。老齢に達した昭和天皇からの交代が遠くはない先と見られていたことも大きい。次の「象徴」として、その人物像に人々の注目が集まっていたのである。記事の多くは、これまで繰り返してきたように、皇太子はまじめな性格であることを説明し、一生懸命に公務に取り組む姿を描き、人々と積極的に接する様子を取りあげた[57]。皇太子夫妻が生バンドを背にしてワルツを公式の場で踊る写真が公開され、やはりこれまでの天皇制とは異なる姿として話題ともなった[58]。

　こうしたとき、大きな問題に直面する。皇太子夫妻の韓国訪問問題である。一九八二年一一月に成立した中曽根康弘内閣は、「戦後政治の総決算」を掲げ、様々な政策を実行していく。アメリカとの軍事的関係の強化など、いわゆるタカ派的な姿勢を持っていたととらえられる一方で、一九八三年には中曽根首相が総理大臣として戦後初となる韓国訪問を実現し、全《チョン》斗《ドゥ》煥《ファン》大統領と会談して、教科書問題などで軋轢が生じていた日韓関係の改善と強化を図った。翌年には全大統領が来日、昭和天皇がそのときの宮中晩餐会で「両国の間に不幸な過去が存在したことはまことに遺憾」と発言し、注目された[59]。一方、皇太子が「平和への希求が強いあまり、タカ派の中曽根内閣の誕生に不快の念を抱いている」との噂もあった[60]。明仁皇太子の戦争の記憶に触れる活動は知られつつあり、そうした姿勢と中曽根の思想とが相容れないと見られたのである。

そして一九八五年一一月、韓国の李奎浩《イギュホ》新駐日大使が着任前のインタビューで、皇太子夫妻の韓国訪問を実現したいと発言し、大きな問題となった。朝鮮半島は南北で分断しており、政治的問題を抱えているために皇族が訪問することが妥当かどうか。また、訪問すればその際に「おことば」で過去の植民地支配に触れざるを得ないこと。そうした問題を含む案件に、皇族を巻き込んでよいのかという意見が噴出したのである。[61] そして、この皇太子夫妻訪韓が実は中曽根首相の強い意向で展開されようとしていると見られた。[62] 中曽根首相と全斗煥大統領の間で、日韓関係を回復させ、「戦後政治の総決算」として植民地支配などの戦前日本の問題を精算するカードとして皇太子夫妻訪韓を使おうと考えたことを前提に大使が発言したと見られたのである。翌一九八六年一月一日の『朝日新聞』は一面トップで、「皇太子ご夫妻韓国へ」という見出しを掲げ、日本政府が秋の訪問を目標に検討していることが伝えられた。[63] とはいえ、宮内庁もそのことを知らされておらず、全大統領の来日の見返りとしての訪韓ではないか（本来は天皇であるが、高齢のために皇太子）とも伝えられた。[64] そうして、日韓両政権の思惑のなかで、皇室が利用されるのではないかとの懸念が広まっていく。しかし、外務省も韓国側との折衝を進める動きを見せ、政権主導の皇太子夫妻訪韓は実現するかに思われた。

ところが、三月になると美智子妃が子宮筋腫で手術をすることになり、静養が必要となった。そのため、韓国訪問は無期延期になったのである。このタイミングでの訪韓延期によって、皇太子と中曽根首相の関係性が週刊誌を中心に様々な形で噂されるようになる。[65]「皇太子と臣・康弘の気がかりな『関係』」との見出しが掲げられた『サンデー毎日』の記事では、明仁皇太子が「政治的に利用されたくない」という意思を持っており、訪韓を避けるために「美智子妃の入院、手術は〃絶好〃の理由となり得た」と提起される。歴史を学び戦争の記憶に向き合っていた皇太子は、本当は韓国を訪問したいという意思を持っていたが、中曽根首相に利用されるのは避けたかったと述べられ、美智子妃の仮病説まで紹介されるなど、皇太子側が意図して訪韓延期を狙ったかのように書かれた。さすがにこうした見方は週刊誌などに限定されているものの、新聞は訪韓への期待からそれに関する事実はかなり積極的に報じている。しかし、はっきりとしない無期延期の理由についてはさすがに書かなかった。

　週刊誌が書いた訪韓延期の理由に関する話が本当であるかは本書にとってはさほど重要ではない。この皇太子夫妻訪韓問題から見えるのは、第一に、皇太子が自らの意思を強く持っている存在だということが定着したことである。言われるままに行動するのではなく、自身で考え、その行動の意味を常に意識していると見られていたからこそ、政権主導の訪韓に懸念を示し、無期延期に至る結末へと展開したとの記事が週刊誌に掲載されたのであろう。第二に、それに関連して、皇太子が戦争の記憶に向き合っているイメージも定着したことである。一九六〇年代はむしろ外国訪問の方が注目を集め、皇太子夫妻が戦争の記憶の問題に取り組んでも、メディアは大きく取りあげなかったことは前述したとおりである。しかし一九八〇年代になると、そうした皇太子像が定着し、だからこそ日韓両政権の思惑による訪韓に懸念を示したことが記事として書かれる。こうしたイメージが、平成に入ってからの「慰霊の旅」の原型になったのではないか。そして第三に、政権による強引とも言えるような訪韓の動きに対して、皇太子が抵抗する姿が描かれた点は重要だろう。中曽根首相はタカ派と見られていたが、そのカウンターとして皇太子という存在が対置され、政権の「強行」[66]

を阻止する存在ととらえられた。この点もまた、平成において日本国憲法の理念を守る天皇像へとつながっていくのではないか。皇太子としての最後期、平成に向けての胎動がすでに見えていたのである。

以上のように、ミッチー・ブームが去った後、皇太子は次の「象徴」とは何かということを模索しながら公務を行っていったが、そのことを報じる記事は多くはなく、むしろメディアには家庭的イメージがあふれていた。このイメージに対して好意的な反応はあったものの、ブームのときほどの訴求力はなく、むしろ、皇太子に対して威厳を求める意見が出るなど、批判も寄せられた。皇太子自身もそうした批判を意識し、様々な場面で「象徴」としての模索を続けていくことになる。ところが、次第に変化が訪れる。昭和天皇が高齢化していくなかで、次の「象徴」としての皇太子の存在、その思考と行動が注目され、期待をもたれていくのである。

こうした過程は、ミッチー・ブームで最高潮に達した人気がその後に低下するということを皇太子が体験した結果であったと言える。メディアなどから批判まで受けた皇太子は、「象徴」を模索することで、自身の存在意義を考えていく。また、皇太子であった時間が長く、「象徴」になるまでの期間が長かったこと、そしてときには批判にさらされたことで、「象徴」のあり方を模索する機会も増えたと思われる。そして、それらの模索が天皇となった平成期に広く展開されることになる。

第6章　「自粛」の構造

昭和天皇「崩御」を伝える1989年１月７日・８日の新聞各紙。

天皇の病状報道の開始

昭和天皇の病状報道は一九八七（昭和六二）年九月に始まった。この年の一〇月、天皇は国民体育大会に出席するため、初めて沖縄を訪問する予定であった。アジア・太平洋戦争の問題で天皇への微妙な感情が残る沖縄への訪問は、メディアでも注目されていた。しかし九月一九日、『朝日新聞』一面に「天皇陛下、腸のご病気　手術の可能性も　沖縄ご訪問微妙」との記事が掲載されたのである。[1]このスクープを受け、他社も一斉に昭和天皇の入院・手術を報じ始めた。宮内庁もこの日から当分の間、朝と夕方の二度、天皇の様子を発表するようになった。[2]

そして、二一日には「通過障害」のために天皇が宮内庁病院に入院して翌日に手術を受けること、沖縄訪問は延期すること、国事行為を皇太子が代行することを富田朝彦《ともひこ》宮内庁長官と高木顕《あきら》侍医長が発表した。これは宮内記者会に向けて行われた会見で発表されたものであった。会見には各社のカメラが並び、その様子はテレビ中継された。[3]天皇が病気であること、そして体にメスを入れる手術を行うことは大きな衝撃をもって伝えられ、メディアはその後も天皇の入院中の様子や病状、退院後の静養の状況などを連日詳細に報じるようになる。[4]後述するように、翌年に昭和天皇は倒れ、天皇の病状報道が続くことで、いわゆる「自粛」状況が展開されていくが、その予行演習とも言える状況がすでにこの前年の手術時にはあった。そして、入院・手術後に天皇はガンであることが判明したものの、宮内庁は天皇にもそれを告知せず公表もしなかった。しかし、メディアはこの入院・手術から、いわゆるXデーへのカウントダウンが始まったと考えた。[5]

ところでこのとき、『朝日新聞』で長らく宮内庁を担当し、天皇の手術についてスクープした岸田英夫は、前述のような宮内庁の対応に批判的な文章を執筆している。[6] そのなかで岸田は、天皇の入院・手術はすでに決定していたにもかかわらず、宮内庁が「前日までは公表しない」との方針から発表しなかったことを批判した。「しかし、新聞、放送の各社が宮内庁の公式発表を待たずに独自の取材を始めたため、宮内庁の『情報管理』は破たん」し、執刀医の森岡恭彦《やすひこ》東京大学教授ら宮内庁外の関係者によるそうした「情報管理」には「とらわれない発言」が行われたことで、自由な報道がなされ、「皇室報道としては画期的なこと」になったと岸田は述べる。つまり、宮内庁による「秘密主義」的な姿勢を批判しつつ、そのままでいけば今後も「宮内庁で情報が管理された〝大本営発表〟になるのではないかと危ぶまれる」と主張した。[7] また、「常に国民と共に歩んでこられた陛下のご病気を、国民の多くは心配し、見守っている」とも記し、自分たちの報道が単なる商業主義的な「消費」に基づくものではないことも強調する。岸田の文章は宮内庁の「権威」的な姿勢を批判するものであった。

宮内庁を担当していた坂下健夫（所属社不明、この名前の記者は確認できなかったためおそらくはペンネーム）は、『朝日新聞』のスクープは宮内庁に各社が見事に騙された結果だとする。[8] やはり宮内庁の「秘密主義」について坂下は言及し、それが徹底された結果、他の新聞は書けなかったとして、宮内庁の対応を批判する。朝日のスクープ後も宮内庁は秘密主義的な姿勢を崩さなかったが、しかし森岡東大教授ら執刀医グループや庁内の一部の良識派の存在によって、一時は天皇の様子を伝える報道がなされるようになった。しかしその後に宮内庁が「報道管制」をかけたことで、「世間でデマが飛び交」うようになり、「みな疑心暗鬼にとらわれ」るようになったと坂下は見た。ただし、こうした宮内庁の態度を許してきたのは、「馴れ合」ってきた自分たち記者でもあると反省している。とはいえ、坂下はこの文章で岸田以上に宮内庁の対応を強く批判していた。そして、天皇の病状報道が過剰になってしまった要因を宮内庁の「秘密主義」に帰したのである。

この岸田や坂下の文章には、翌年の天皇の病状報道における宮内庁やメディアの態度が凝縮されているように思われる。宮内庁は天皇の病状に関して、なかなか情報を出したがらなかった。それゆえ、メディアは各所から様々に情報を引き出そうとし、多くの取材をかけた。結果として、天皇の病状に関する情報はあふれ、記事が量産されるようになる。メディアはそうした自分たちの姿勢を天皇制の「権威」ゆえに報道したとは考えておらず、むしろ、これまで「象徴」としてともに人々と歩んできた天皇の病状だからこそ人々は知りたいのだとして、知る権利を強調した。それは天皇を「人間」としてとらえていたからであり、自らの姿勢は興味本位の「消費」ではないと述べ、情報を出したがらない宮内庁を「権威」的であると批判した。一方で、天皇に関する大量の情報が流されることで、人々はそれに圧倒される。そしてそこには別種の「権威」が生じていったのではないか。こうして翌年、「自粛」が起こる。

昭和天皇、倒れる

天皇はその年の一二月に公務に復帰し、新年の一般参賀では人々の前に姿を見せ、「おことば」も述べ、新聞では「元気なお姿」と紹介された[9]。その後も、宮内庁は須崎御用邸での静養の様子の写真を公開、これも「お元気な姿」として新聞に掲載された[10]。順調に回復しているかのような論調の記事も何度か出たが[11]、掲載された写真は次第にその痩せていく状態を示していた。八月一三日に那須御用邸からヘリコプターに乗って帰京する天皇はかなり痩せており、テレビでは相当にぎこちなく動く姿が映し出された。それは、一五日の全国戦没者追悼式でも同じだった。

九月一八日、再び発熱したために予定していた大相撲観戦を中止、そして一九日午後一〇時ごろに天皇は大量吐血する。テレビはしばらく経った翌日零時四〇分ごろから報道を開始、午前三時に宮尾盤《いわお》宮内庁次長が病状について会見を行ったが、新聞は翌日の朝刊でそれを伝えることは間に合わなかった。それゆえ新聞では、天皇の容体が急変したこと、皇太子夫妻が未明に皇居へ出かけたこと、侍従長以下側近などの様子が一面で報じられ、異例の事態であることが強調された[12]。ここから、各社が総力をあげて報道を展開していく。前年の病状報道がその助走となっていたこともあり、新聞では各紙が皇室や宮内庁の動き、政府の動向を詳細に報じ、ドキュメントとして、何時何分に誰が何をし、何が行われたのかも伝えた[13]。緊迫感のある記事で紙面が構成されたのである。二〇日夕刊以降は、天皇の病状報道を受けての人々の反応なども報道された。そのなかでは、皇居に向かって天皇の容体回復を祈念して土下座をする人々の写真なども掲載されている[14]。

二一日になると、天皇の病状が急変したときの様子が一面で詳細に紹介される。それとともに、天皇の体温や脈拍、血圧の数字が時間ごとに新聞紙面に掲載されるようになった[15]。これは、前年の手術時には宮内庁が発表せず、「秘密主義」として記者らから批判されていたものである。それがこのときには発表されたのは、それだけ、今回は事が重大であることを内外に示したと言えるだろう。この体温や脈拍、血圧はその後も掲載され続け、当初は日々の変化をグラフ化して掲載する新聞もあった。またこの日の紙面には、政府が新元号の事務作業を開始したこと、新元号はいつから開始になるかなどの記事も掲載されている[16]。つまり、昭和天皇の死はもう前提として記事が構成されていた。以上のように、天皇が吐血し、病状が急変した直後は、新聞メディアでは回復を祈る各地の声は拾いつつも、死を前提としたかなり重苦しい雰囲気がただよう紙面構成となっていたのである。これはテレビでも同様であった[17]。

このように、病状急変によって昭和天皇の死が意識されたからか、病状報道だけではなく、昭和という時代を回顧する記事も掲載されていくようになる。たとえば、天皇と同じ一九〇一年生まれの人々へのインタビューで構成された記事は、自分史と重ねて「激動の時代」である昭和を印象づけるものとなっている[18]。昭和天皇の死によって一つの時代に区切りがつくとの感慨が、天皇が倒れた直後で闘病中にもかかわらず、すでに記事となっていたのである。ここには、天皇個人の死によって時代が変わるという意味での人々やメディアへの影響力を感じ取れる一方で、天皇の死は隠すことができない事実として迫っていることを示すという点で、「権威」とは異なるロジック、つまり「人間」としての天皇のあり方の下で記事が量産されていたとも思われる。

「自粛」を伝える新聞報道

ただし、圧倒的な量の天皇の病状報道を受け、世間では様々な「自粛」が展開されていくことになる。デパートや銀行などではいわゆるお祝い事と見られる行為に対する「自粛」が始まっていく。それは、コンサートや祭り・イベントなどにも波及していった。すでに九月二一日の時点で松竹が映画についてのイベントを無期延期する記事が、九月二三日にはそうした「自粛」が各地で広がっていることを紹介する記事[19]が掲載されており、病状報道が展開されたかなり初期から、世間では「自粛」の動きが広がっていたことがわかる。このときの季節が秋だったこともあり、祭りや運動会、学園祭などのイベントが数多く企画されていたということもあるだろう。テレビでもバラエティー番組などが差し替えられる事態が起きていた。[20] このような「自粛」の動きを伝える記事やメディアの動向は、世間にさらなる「自粛」を煽ったのではないだろうか。

各地では、天皇の回復を願う記帳も宮内庁や各県庁、市町村役場などで行われた。多くの人々が記帳に訪れる様子は各紙で記事となっている。[21] 大阪府羽曳野《はびきの》市では、日本共産党系の津田一朗市長が記帳したことが大きな話題となった。市長は「私の行動は誤りだった」と後に反省したが、「何の気なしに」記帳したことへの批判が集まった。これをメディアは「ムードにのまれ記帳?」との見出しを掲げて報じたが、[22] この問題はまさにこのとき、共産党という思想性を乗り越えてしまう、もしくは放棄させてしまうような、「自粛」や「記帳」の空気が世間に広がりつつあったことを示しているだろう。

ではなぜ「自粛」は広がっていったのだろうか。先の記事にあるように、ある種の「空気」がメディアの報道によって形成されてしまった側面は大きい。また、激しい企業間競争ゆえに企業イメージを大事にする第三次産業からこうした横並びの「自粛」が広がったとする見解もある。[23] メディアで「自粛」が取りあげられるほどに、そうした企業は世間の目を気にして「自粛」せざるを得なくなる。

一方で、こうした「自粛」の様子は、単にその様子を伝えるだけではなく様々な形で記事となっている。「当然」「上意」「右へ倣え」として「自粛」するのは当然とする意識を紹介しつつ、「自粛したり中止したりするのは、むしろ陛下に対して失礼に当たる」とする作家の藤本義一のコメントを掲載する記事もあった。[24] 地域紙ではよりその地域に密着した話題に関連させて「自粛」が報じられる。たとえば『京都新聞』では、落語や漫才などのお笑いタレントの間で出演キャンセルという事態が相次ぎ収入減となっている様子、パーティーが「自粛」となり高級魚が売れない状況などが紹介された。[25]また同紙には、民間レベルではなく郵政局が小中学生のアイディア貯金箱コンクールの展覧会を中止するなど、公の機関までが子どもたちのイベントを「自粛」している状況に疑問を呈するコラムも掲載されている。[26]

よりローカルな新聞では、もっと率直な意見が展開されることもあった。愛知県三河地方で発行されている『新三河タイムス』ではコラムのなかで、大手メディアが「戦前の天皇制のころと二重写しさせるように報道する」と厳しく批判し、「自粛」における「市民の反応は、どちらかといえば模様ながめの諦め顔、関連する上部機関の指示待ちといったところ」とし、「自粛」騒動を冷めた目で見ていた。[27]また、西加茂郡小原村における年賀状「自粛」の動きも、天皇の病状を受けた「自粛」だけではなく実は虚礼廃止も目的であることを報じている。[28]同じく愛知県三河地方で発行されている『矢作《やはぎ》新報』でも、「自粛」によって秋祭りが中止になることで花火屋が「マイッタ！」とする記事を掲載、中止の決定は「はなはだ疑問である」とも書いた。[29]同紙には「自粛」によって消費が落ち込んだことなどを問題視するコラムも掲載されている。[30]もちろん愛知県岡崎市で発行されている『東海愛知新聞』のように、三河地域の「自粛」や記帳の様子が詳細に紹介され、[31]それが奨励されているかのように読み取れるものもある。しかしローカルな新聞では、生活により密着した話題を提示しながら「自粛」の問題を浮かびあがらせるとともに、全国紙では展開できないような「自粛」に対する自由な意見や本音が掲載されることが多かった。

このように、「自粛」の結果としてどのような社会的な影響があったのかについては、各紙で様々に記事として掲載された。これは、メディアとして社会で起きている問題を読者に伝えようとする意図と考えられる。[32]

記帳についても記事となった。『東京新聞』では、記帳者が一〇月一三日の時点で一〇〇万人を突破したことを報じる記事を掲載したが、そのなかでは天皇の病状を心配したり親しみを込めて記帳に来たりしている「戦中派のお年寄り」の様子を描くとともに、「〝記帳ブーム〟と呼ばれる特異な現象」が若い世代にあることにも言及している。[33] そこには、主に上の世代が「権威」としての天皇像や「人間」としての天皇像を感じているのに対して、若い世代が「消費」的な意識から記帳に来ている様子を対比的に示そうとしていると読み取れる。このように、新聞メディアのなかでも、客観的にその様子を描こうとする姿勢はあったのではないか。

さらに、「自粛」への批判も次第にメディアでは紹介されるようになる。「自粛」に対する抗議活動を紹介する記事[34]も出始め、『朝日新聞』は社説のなかで「過度に自粛する傾向が急速に現れている」とし、それを問題視している。しかも、「マスコミの報道ぶりに批判が少なくないことも、痛感している。そうした声に対する自戒も含めて」「自然で心のこもった」回復祈念のあり方を求めたいと主張した。[35] 一〇月八日には明仁皇太子も宮内庁長官を通じて「自粛」ムードが広がっていることに憂慮しているとの発表をするものの、一度着火してしまった「自粛」の動きが消えることはなかった。もちろん、そうした「自粛」への批判を受けて、イベントが実施されるようになったケースもあったが、それでも「華美な方法慎み実施[36]」というように、従来どおりの形では行われず、やはりどこか「自粛」してイベントは開催されたのである。そしてその後も、世間では様々な「自粛」の動きが存在していたため、新聞や雑誌ではその動きやそれに対する反対・批判の動きを紹介していくことになる。

週刊誌の病状報道

女性週刊誌でも昭和天皇が吐血して倒れた後、多くの特集が組まれた。たとえば、『微笑』では一〇月一五日号で、「天皇陛下と私たち」という大型の特集記事が掲載されている。[37]その内容は、主に三つのパートから成り立っている。第一に、天皇の病状や皇族・政府関係者などの動きがドキュメントで記録され、専門医などによる病状の解説も載せられた。天皇の現状を報道するという内容である。雑誌にはテレビや新聞のような速報性はないものの、より詳細に天皇の病状や周囲の動きを記述する方向性が採られている。第二に、昭和天皇その人に関する紹介記事である。これまでに会ったことがある人々のインタビューなどで構成され、その人柄が描かれる。それによって、病気からの回復を祈るかのような印象を与える。第三に、天皇の病気が人々におよぼす影響に関する内容である。具体的に言えば、「私たちに必要なマナーは」というタイトルが付けられ、「自粛」の状況が描かれた記事がある。病状の初期からこうした様子が紹介されると、まさに「自粛」こそが望ましい「マナー」だと感じる読者がいたのではないだろうか。その意味では、「自粛」を再生産する作用がこの記事にはあった。一方でここでは、新天皇の即位や新元号に関することなども紹介されている。つまり、第一や第二の内容とはやや異なり、Xデーを前提とした記事であり、『微笑』はもう昭和天皇の死去はやむを得ないと考えていたと思われる。だからこそ、はっきりとは書かないものの、「代替わり」をどう迎えるのかといった記事が掲載されたのである。

『微笑』では、翌週以降も天皇の病状報道に関する記事が掲載された。[38]その内容は、先ほど述べた三つの他に、皇室に関する知識などが紹介された。そこには「自粛」の意味や天皇制の構造を問うといった姿勢はあまり見られない。この傾向は『微笑』のみならず、他の女性週刊誌でも同様であり、読者に現在起きていることや今後どうなるのかを説明した記事が多かった。こうした記事が毎週のように特集として組まれて掲載された。おそらく、前もって準備していたからこそ大量に記事を出すことができたのではないか。天皇の死も「消費」する構造は、本書でもこれまで紹介してきたミッチー・ブーム時以降の女性週刊誌のあり方でもあったのではないか。このように天皇制に対して批判的なトーンが見られなかったがゆえに、後述するように『赤旗』などからその姿勢に批判が寄せられるようになる。

ただし、女性週刊誌も「自粛」の問題についてまったく関心を寄せていないわけではなかった。『女性セブン』では、三笠宮寛仁《ともひと》親王による「陛下の御心を思うに国民の行事自粛は行き過ぎです」とのインタビューを掲載している。[39] 寛仁親王は『女性セブン』に連載を持っていたため、これはその特別編としてインタビューに応じたものである。寛仁親王は、昭和天皇は国民生活を考える人であり、だからこそ人々に影響を与える「自粛」は望ましくないという論理展開をしており、その意味では昭和天皇の人柄を称賛するかのような構成にはなっているが、皇族が「自粛」について疑義を呈していることは、先に述べた明仁皇太子の提起とともに、人々にインパクトを与えたと考えられる。

ところで、週刊誌のなかで、昭和天皇の病状報道についてややスタンスを異にしていたのが、『週刊新潮』である。『週刊新潮』は天皇の病状報道が続いているなかで、「自粛」を問題視する記事を何度も掲載していく。そしてそうした記事は、昭和天皇が倒れてからすぐ、つまり「自粛」が

133 週刊新潮
週刊新潮 132

特集 天皇陛下ご病状で行事「自粛」の混乱

陛下のご回復を願う善男善女で、連日、皇居前には行列ができている。お見舞いの記帳をした人は、すでに四十五万人を超えた（九月二十七日現在）。強い雨に濡れながら、傘もささずに土下座して拝んでいる姿は、さぞや外国人の目には異様に映り、戸惑いを感じさせたに違いない。が、陛下の「ご病状」に戸惑いを感じているのは外国人ばかりではない。折しも秋の祭りのシーズンとあって、全国で予定されていた行事は「自粛」が相次ぎ、歌手・五木ひろしの披露宴も延期に——という混乱ぶりなのである。

億単位の損失でも

「天皇陛下ご病状で行事『自粛』の混乱」（『週刊新潮』1988年10月6日号）

起こった初期から始まっている。「天皇陛下ご病状で行事『自粛』の混乱」というタイトルが付けられた記事では、政治評論家の三宅久之の「陛下の病状に関しては、政治家は過剰反応していますよ」「これでは天皇はまるで専制君主で、戦前のような感じです」という言葉を紹介しつつ、様々な場面での「自粛」の様相を伝えている。[40]この記事を読むと、「自粛」によって社会が混乱している様子を示し、どこかその滑稽さをも感じさせるような構成となっている。そしてそのスタンスは次号でも続いた。「今からこれで『万一の場合』の『自粛』のスケール」という記事では、やはり各所で続く「自粛」における混乱の様子が描かれる。[41]

さらに「自粛」を問題視する記事は続く。「過剰『自粛』の張本人は誰だ」と題する記事では、「自粛」を起こした原因は何かを突きとめようとしている。[42]そこでは政治家らが批判されただけではなく、様々な人々が俎上にあげられているが、新聞学が専門の生田正輝《まさき》慶應義塾大学名誉教授の「陛下のご病状が悪化された最初のころの新聞やテレビの報道からすると、今になって自粛はいかんというのは、マッチポンプといえなくもないですね」というコメントを紹介し、新聞やテレビも批判の対象とされた。週刊誌による、新聞やテレビ批判のための批判という側面ももちろんあるだろうが、ここには「自粛」を生み出した構造を分析し、読者に提示する姿勢も見えてくる。天皇の病状報道が「自粛」を招いたのだとし、メディアを批判したのである。

その後も、『週刊新潮』は昭和天皇が亡くなるまで、「自粛」を問題視する記事を掲載し続けた。[43]その意味では、「権威」としての天皇像ではないスタンスを最後まで取り続けたことになる。一方で、天皇の病状報道そのものではなく、一歩下がって「自粛」について論じたことは、「自粛」という現象を「消費」的に報じたとも言えるかもしれない。[44]ただし、こうした姿勢は他の週刊誌には見られない特異なもので、多くが新聞と同じように、天皇の病状を伝え、その人柄などを伝える報道姿勢で記事を量産していった。

『赤旗』からの批判

メディアによる天皇の病状報道をより徹底的に批判した一つが、日本共産党の機関紙である『赤旗』であった。メディアが昭和天皇の病状を報道することに対して、「旧憲法天皇制への回帰を国民に要求する、そういうキャンペーンです」と述べたり、メディアは「天皇の回復を願うのが国民の義務であるかのような雰囲気づくりをしています」と強調したりして、その姿勢を批判した。[45]『赤旗』は、「自粛」騒動のかなり初期の段階からこうした批判を展開しており、「自粛」状況を生み出したのはメディアであるとの批判を繰り返していた。

こうした批判の矛先は一般紙やテレビだけに留まらなかった。女性週刊誌に対しても、「女性週刊誌の異常な天皇報道」との見出しを掲げ、識者の意見を紹介する形を取りながら、その姿勢を批判的に紹介している。[46]そこでは、女性週刊誌の報道が、昭和天皇の「人間天皇」らしさを強調する記事にあふれていること、戦争責任に対する問題には触れていないことなどを強調し、「女性週刊誌はとくに記帳にいった芸能人やスポーツ選手の写真を熱心に報道しています」と評している。この評価は前述したようにたしかに正しい。一方でこの記事では、本書でもこれまで紹介してきた女性週刊誌の皇室報道に関する特性をやや捨象している面は拭えない。女性週刊誌が「自粛」騒動にあたって、特別に「異常な天皇報道」を展開していたというよりも、その報道姿勢がそもそものようなものだったのではないか。「権威」的に天皇をとらえ、「自粛」を生産するというよりも（そして天皇制という構造を分析的にとらえるよりも）、「人間」的なエピソードを紹介し、まさに「芸能人やスポーツ選手の写真」と一緒に掲載するような、「消費」的な側面を強く持った記事を量産していた媒体が女性週刊誌であった。

さて、『赤旗』の批判に対して、一般紙からも次第に反論が試みられていく。まず『東京新聞』が、一〇月二日の社説のなかでこの問題について触れている。[47]そこでは、「いま起きているいろいろなことのなかで、最大の関心事は、いうまでもなく、天皇陛下のご病状のことです」と冒頭から強調し、この問題に対する世間の反応を論じている。そして、天皇の容体を気づかって行事を「自粛するのはわかります」とまで言い切る。逆に、「一部政党」が記帳所を「事実上強制するのは憲法違反」と主張していることは「見当外れ」だとして、「天皇を政治に利用するな、と言いながら、実は政治的に〝逆利用〟している」と論じた。そして、「日本国民大多数の気持ちは、陛下にはとにかく療養第一を願い、なるべく静かにしておいて差し上げたい、ということです」と強調する。この『東京新聞』の社説は全体的に内容が曖昧で、「静かにしておいて差し上げたい」と言いながらメディアがたくさんの報道をしていることの意味が論じられていないなど、『赤旗』の批判に応えていない側面はあるが、名前は伏せられているものの「一部政党」＝共産党への批判を展開したいことはよくわかる内容となっている。

このような共産党への逆批判は、『産経新聞』も展開している。「共産党の〝天皇攻撃〟」とのタイトルが付けられた特報記事では、『赤旗』は天皇が倒れて以降、「紙面をフル活用して」天皇批判を展開してきたと論じた[48]。そして「攻撃のホコ先はマスコミにも向けられている」とし、その内容を紹介する。では、なぜ『赤旗』がこうした批判を展開しているのか。『産経新聞』のこの記事は、それを「『赤旗』の部数拡張と党員増加活動のエネルギーにする絶好の機会と位置づけられている」と主張する。しかし、明確な根拠が示されているわけではない。天皇制を批判する側が批判を契機に部数を拡大しようとしている、という皮肉を展開するのである。

ただ、『産経新聞』も単に『赤旗』と批判をし合っていたわけでもない。毎年一〇月に日本新聞協会が主催する新聞週間の際に掲載された社説（主張）では、「偏った報道とはなにか」と題して、「自粛」騒動におけるメディアの報道について論じている[49]。そのなかでは、昭和天皇の病状報道における「一部に混乱がみられた理由の一つは、取材に対する宮内庁の壁の厚さ」だと述べた。これは、宮内庁が情報をオープンにしないがゆえに、メディアが報道合戦を展開したとの論理である。たしかにその側面もあるだろうが、この言い分ではやや「自粛」騒動の要因を自分たちではなく他

（宮内庁）に押し付けた感もある。しかし、この社説では同時に、「マスコミのご病状報道の先走りに一半の責任がなかったとはいえない」として、自分たちメディアの問題も提起していた。具体的には、公人といえども「象徴」である天皇にもプライバシーがあるのではないかという点を指摘し、「市民感覚を備えた節度ある報道を心がけていきたい」と述べる。体温・脈拍などを含めてその病状を事細かに報道する姿勢について、その是非を自問する意識と言えるだろうか。それは、先の『赤旗』の記事に代表されるようなメディア批判も一定程度は踏まえた思考とも言える。

『赤旗』との応酬

その他のメディアも自身に対する批判を無視したわけではなかった。『毎日新聞』は編集局次長であった岩見隆夫が「天皇ご病状報道の批判に答える」という文章を書き、反論を試みた。[50] まず岩見は「報道の姿勢に対するご批判には納得しがたいものがある」と、強い調子で言い切った。そう主張する理由は、「歴史の証言者として、時代の重要な時点を克明、客観的に記録する、それが新聞の当然の役割」だと考えていたからである。昭和天皇の病状報道はまさに「客観的に記録」しているという自負が岩見のなかにはあった。しかし、その報道は過剰で一面的との批判もあり得よう。それに対して、「さまざまな天皇観を持った記者集団が『事実を追う』という一点で共同作業をし、紙面を作っている」として、偏った記事を掲載している意識はないと反論し、そう読む側の天皇観こそが一面的であるとまで述べた。しかし、「さまざまな天皇観を持った記者集団」が紙面を作っていることなど、読者は知るすべもない。この岩見の意見はやや内向きの論理からの弁明であったのではないか。

さらに岩見は、報道が「自粛」をあおったとの批判に対しては、「結果的に行き過ぎ自粛などにつながったことは否定しないが、扇動ではない」と強調する。「自粛」は複合的な要因によって形成されたのであり、メディア報道のみに責任を帰するのは誤りだと主張したのである。たしかに単純にメディアのみが要因ではなかったという点は正しい。しかし一方で、当事者である彼がこう言い切ってしまうと、メディアが責任を棚上げしたとも受け止められるのではないか。さらに、病状報道や「自粛」が天皇制強化を推進するのではないかとの批判に対しても、象徴天皇制は戦後日本社会のなかで定着しており、報道もそれに基づいて展開していると述べた。つまり「戦前想起」は「短絡的」だとしたのである。岩見の反論はメディアに対して寄せられた批判に対して「できるかぎり冷静」に答えるとは述べているものの、これまでの報道の正当化という結論が先にあり、やや論理的に答えられていないのではないか。

『東京新聞』の編集局長であった佐藤毅も、「天皇報道の姿勢」という短いコラムで、自社の天皇病状報道に対する姿勢を説明している。[51] 佐藤は「心しなければならないことが、二つある」として、第一に国民感情に便乗して「再び神格化をはかったり、その名を悪用しないこと」、第二に「天皇ないしは天皇制批判を強めようという動きに、冷静に対応すること」だと述べる。特に第二の点については、佐藤はこのコラムのなかで戦前の昭和天皇について紹介し、戦争という状況に「戸惑いを感じて」いたと強調した。そこには、戦争責任問題を追及する『赤旗』などの姿勢に対する批判的な思考も見える。そして、「左右いずれにも偏することなく、クールに、的確に、しかし心を込めて、整然と報道していくこと」が『東京新聞』の天皇病状報道に対する姿勢だと佐藤は主張した。岩見同様に、冷静に客観的に報道しているという自負がここには込められているだろう。ただし、第二の点については具体的な事例を述べるなど、このコラムは天皇制批判への対応に力点があるように思われる。

そして、この『毎日新聞』と『東京新聞』の記事に『赤旗』が噛みついた。豊田龍介記者による「天皇美化報道批判への弁明とマスコミの責任」という記事[52]のなかで、それぞれの主張について批判を展開したのである。たとえば、『毎日新聞』の記事に対しては、連続的に天皇の病状を掲載しているると述べ、この作用が「特別のトーン」を作り出すこと、つまりは天皇制の強化に繋がっているると主張した。また、『東京新聞』のコラムについても、天皇の戦争責任を追及しないことこそ、事実に反していると批判した。『赤旗』ゆえに共産党の姿勢を全面に出し、天皇制強化に加担しているると見たメディアを批判したのである。

それに対し、『東京新聞』の佐藤は「天皇制論議に思う」という短いコラムを掲載し、『赤旗』への反論を試みた[53]。そのなかではまず、「読者の関心度、国民感情からいって、天皇陛下の病状をある程度大きく報道するのは、やむをえないことと思います」と述べた。つまり、こうした報道は人々の求めに応じて展開しているものだと主張するのである。こうした側面はたしかにこれまで本書も説明してきたメディアの重要な役割であり、人々の求めに応える形で天皇制に関する報道が展開されてきたことも事実である。佐藤は天皇に関する報道姿勢をメディアの特性から説明しようとした。また、こうした報道をしたからと言って、「自粛」しろと主張したこともなく、むしろ避けるべきとまで述べた。そして、病状報道こそ天皇が「人間であることの証明」でもあるとし、「権威」化を求めているわけではないと強調した。つまりここまでは『赤旗』の主張にも一定の理解を示しつつ、弁明したとも言える。ただし、佐藤は「憲法論議をいまやるのは、どういうものでしょうか」と『赤旗』や共産党の姿勢を批判する。象徴天皇制が定着し、昭和天皇の病状が進行しているなかで、あえて今、そうした論争をする必要はないと主張した。ニュースを伝える現場として、人々の興味関心に基づく情報を記事にしているとの意識（それは一面では「消費」的に天皇の病状を報道したものかもしれない）があり、佐藤は『赤旗』に批判されるような「権威」としての天皇像を意識していたわけではなかったと思われる。佐藤の反論には、『赤旗』から名指しで批判されたことでの、瞬発的な反感と戸惑いのような感情が同居していた。

この佐藤のコラムに対し、『赤旗』は豊田がさらに再批判を展開した[54]。そこでは、「意図的かどうかは別として」メディアの報道が「自粛」を生む構造を作っているのだと批判される。そうは意図していないという佐藤に対し、結果を指摘する豊田という構図である。また興味深いのが、このなかで「象徴天皇制もこの憲法の基本原理によって地位を制約されており」と豊田が書いている部分である。つまり、『赤旗』も象徴天皇制を一定程度認めているように読めるのである。彼らが問題としたのは、メディアの報道が戦前の天皇制に戻るかのような姿勢であることだった。しかし、岩見にも佐藤にもそのような意図はなかった。『赤旗』は意図せざるとしても、結果が問題であると批判するが、どちらも日本国憲法における象徴天皇制の枠組みが一定程度にわたって定着しており、そのなかで論じるべきというベースができていたことは注目すべきだろう。

さてこの『赤旗』に対して、『東京新聞』の佐藤は「トップとベタ記事」というコラムのなかで、さらに応えた[55]。佐藤はこのなかで、『赤旗』の主張については反論しつつも、報道については「私どもには私どもなりの方針があり、また苦悩があります」と述べた。最初のコラムのときの勢いに比べると、「苦悩」にまで言及してややトーンダウンしていることがわかる。その意味では、どこまで問題を突き詰めて考えて報道していたのだろうか。

以上の『毎日新聞』『東京新聞』と『赤旗』との論争は、天皇の病状報道をめぐる記者たちの意識や意図、結果として起こる問題とのズレを顕在化させたと思われる。[56] 日々のニュースとして、人々の興味関心に基づくものとして、一般紙は天皇の病状を報道し続けた。彼らは「権威」化などを意図したわけではなく、どちらかと言えば、ジャーナリズムとして、そして天皇制を「消費」的にとらえていた側面が強かったのではないか。しかし『赤旗』は、意図していなかったとしても、結果的に「権威」化になっている側面を突いた。それこそが天皇制の構造的な問題点であると批判したのである。そこを突かれた記者たちは、様々な弁明を展開していくが、自身の報道を内在的に見つめる契機にもなったのではないだろうか。[57]

メディア報道の変化

天皇が倒れた当初の報道は、次第に変化を見せるようになる。一〇月に入ると、それまで天皇の病状に関する記事は一面トップであったが、それが次第に二面以降での掲載になっていく。ドキュメントやグラフ化された体温や脈拍・血圧も掲載されなくなった。それは前述したように、メディア報道が過剰ゆえに「自粛」を生み出したとする批判に対応したという側面はあるだろう。一方で、すぐにでも亡くなると思っていた天皇が持ちこたえているゆえ、次第にニュースとしてその病状を伝え続けても、基本的には同じことを報道し続けなければならないという状況になったからだと思われる。はっきり言ってしまえば、「倦怠期」がきたのである。過熱した病状報道がいったん収まった後、メディアの報道は「混迷状態」でもあった。[58]

それゆえ、天皇関係では様々なバリエーションの記事が掲載されるようになる。一〇月以降では、「自粛」についてさらにその現象を紹介したり、問題点を指摘したりするような報道も相次いだ。それだけではなく、「自粛」を契機として天皇制について考える集会が各地で開催されるようになり、報道でもその動きが紹介されるようになった。たとえば『朝日新聞』では「天皇問題　広がる発言の輪」というタイトルが付けられた記事が掲載された。これは、市民団体や労働組合・研究者など様々なグループが「自粛」の拡大に危機感を持って天皇制に関する集会や研究会を開催していること、昭和天皇の戦争責任問題についてもテーマとなっていることなどを紹介する記事である[59]。このように、天皇の病状報道を契機とした「自粛」が、各地で昭和天皇の戦争責任問題や天皇制そのものを考える集会や研究会が開催されることにつながり、新聞メディアは病状報道そのものを減らしていくなかで、そうした病状報道がもたらした効果の方を積極的に伝えるようになっていく。そのなかでは、昭和天皇の戦争責任を追及したり、天皇制の問題点を指摘したりする言説もあった。これは平成から令和への「代替わり」とはかなり異なる点であると思われる。詳細は後述したい。

メディア報道の変化という点では、メディアによる天皇の病状報道の問題性を指摘する読者からの投書が掲載されていくようになったことも重要な変化の一つである。たとえば『京都新聞』では、新聞の天皇報道が「最近の自粛ムードをあおった」とする投書が掲載された[60]。また同日には、「自粛」の横並びを危険視し、それを作ったのもメディアであればまたそれを消しにかかっているのもメディアではないかという批判を展開する投書も掲載された。このように、マッチポンプだとする批判をメディアが受け止めるようになったとも言える。天皇の病状報道と「自粛」の状況が長期化するなかで、こうした意識は各紙で見られるようになった。

『朝日新聞』では新聞週間に合わせて、投書欄「声」に寄せられた四二三通（東京本社のみ）の内容を紹介する特集記事を掲載している。[61] そこには、投書を項目別に分類した表が掲載されているが、最も多かった投書は「マスコミの報道」、次が「自粛ムードについて」であった。前者がメディア批判を展開し、後者は「自粛」の行きすぎを批判する声や「自粛ムードが走ったかと思うと、今度は自粛批判。自粛する人を悪者扱いの感じさえする。どちらもいい加減にしてほしい」という声を紹介している。特に「自粛」の問題は、スタンスを変化させている報道への批判を、読者の声を通じて自ら示したとも言えるのではないか。少なくとも、こうした読者の意見を掲載するようになってきたのは、天皇が倒れた直後ではなかった。状況が少し落ち着いたところで、メディアが自らの姿勢を見つめる眼が出てきたからではないだろうか。

『毎日新聞』でも、先の岩見の「天皇ご病状報道の批判に答える」という文章に対する読者の反応を一〇月二二日に掲載している。二〇〇通近い投書が寄せられ、「圧倒的多数が本欄の論旨に対する批判だった」として、その報道姿勢を批判する投書が多数紹介された。当初はメディアが「自粛」を生んだという批判に対し、岩見のようにそうではないと反論していたが、そうした姿勢を採り続けることができなくなったのである。

『朝日新聞』は先の「声」の特集記事と同日、報道の騒ぎについても「全身をアンテナに一ヶ月」とのタイトルを付した記事を掲載している。[62] このなかでは、皇居の外で張り込んで取材する記者の様子を示し、「原稿を一行も書かずにただ目を凝ら」した「態勢があったからこそ、明らかになったこともある。わずかな情報の積み重ねが大きな変化を知る手がかりになると信じて」取材を続けていると述べている。その点では、自らの報道姿勢が正しいという思いを持っていることがわかる。

一方で皇居の内側では、天皇の容体発表や雰囲気から「明治・大正にタイムスリップしたような錯覚を覚える」と述べ、その問題性を指摘もしている。ここには、報道のあり方を問い続ける姿勢も見えるのではないか。メディアは必ずしも、ある方向性を持ち続けて報道しているわけでもなかったのである。

こうした報道の過熱とも言える様子は、雑誌などで数多く紹介されている。新聞やテレビなどの記者が数多く宮内庁や皇居近辺に日夜集まっている様子、そこでの「緊張と忍耐」の状況を記した週刊誌記事[63]では、なぜそのような取材が展開されるのかと言えば、「特ダネをというよりは、特オチだけは絶対に許されない」という感覚にメディアが陥っていることを指摘している。メディア報道について報じた記事でも、各紙が数多くの記者を天皇の病状報道に投入し、「他紙もやるからにはウチも走らざるを得ない」という心境があると論じられている。[64]つまり、横並びという「自粛」の構造と同じような感覚で、メディア報道が展開されていた。天皇を「権威」とだけ見て報道しているわけでもなく、ジャーナリズムとして、また「消費」社会のなかで競争に負けたくないという意識もあったのではないか。

以上のように、天皇の病状が安定し大きな変化を見せないなかで、メディア報道も次第に小康を保っていく。一一月から一二月に入ると、新聞ではいわゆるベタ記事ともなっていき、その数は段々と少なくなったほか、内容も減っていく。テレビも当初の報道姿勢を変え、キャスターの服装も少し明るいものへと再び変わってきたという。[65]しかし、いつかは来るXデーに向けて取材合戦が止むことはなかった。「おかしい、おかしいと思いながら、ブレーキがきかない」状況になっていったのである。[66]そして翌年、昭和天皇の死去を迎えることとなった。

昭和天皇、死去

一九八九年一月七日午前六時三三分、昭和天皇は死去した。天皇の容体は年末年始になると深刻化しており、すでに昏睡状態に陥っていた。そうした状況もあり、メディアもXデーに向けて臨戦態勢を整えていた。七日早朝五時すぎ、高木侍医長が自宅を出て皇居に入ったことでメディアは大きく動いた。各局で臨時ニュースが流され、天皇の容体が急変していることを報道し始めた。六時三五分には小渕《おぶち》恵三官房長官と宮尾宮内庁次長が政府・宮内庁ともに天皇の危篤を記者会見で発表する。しかし、すでにそのときに昭和天皇は亡くなっていた。彼らは天皇の死をまだ知らなかったのである。その後、七時四六分、「共同通信」が天皇の死去を伝える速報を流した。そして七時五五分、藤森昭一宮内庁長官が会見を行って天皇の死去を発表した[67]。

この状況からもわかるように、当日の新聞朝刊はこのニュースを伝えることができなかった。『朝日新聞』は一面に小さく「天皇陛下　危険な状態続く　臓器に障害、酸素を補給」という記事と社会面に関係記事、『毎日新聞』も一面に「天皇陛下　ご容体深刻　血圧は下降気味『意識消失状態』続く」という記事と社会面に関係記事、『読売新聞』は一面で二紙よりはやや大きく「天皇陛下　心臓機能も弱まる　最高血圧が再び60台に」という記事と社会面に関係記事という状況[68]で、いずれもその容体は深刻であり死が近づいていることは伝えているものの、その日の早朝に亡くなることまではもちろん読み取れる記事構成にはなっていなかった。つまり、天皇死去のニュースを速報的に人々へ伝えることができたメディアは、やはりテレビであったと言える。新聞は街中で号外を配って天皇の死を伝え、本格的にはその日の夕刊から報道を開始していく[69]。

新聞各紙はその日の夕刊で、いずれも「天皇陛下、崩御」との見出しを掲げ、昭和が終わったことを報じた。各紙ともに、天皇の死去を「崩御」という言葉で示しており、横並びで最高敬語も使う配慮をしている。これは事前に各社が取り決めを行い、横並びで表現を整えたものであった。その意味では「自粛」の構造と通底する部分があった。『朝日新聞』はその他に、「激動の昭和終わる 87歳 歴代最長の存在」「明仁親王ご即位 『平成』あすから」、『読売新聞』は「87歳、十二指腸周囲のガン」であったことを見出しに掲げ、「明仁殿下ご即位 新元号は『平成』あす施行」、『毎日新聞』はやはり「十二指腸乳頭周囲がん」であったことを見出しに掲げ、「激動の昭和終わる 新元号は『平成』(へいせい)」との見出しで、一面に記事を掲載していた。[70] 各紙の見出しは「ワン・パターン化」[71]しており、昭和天皇の死去によって昭和という時代が終わったこと、宮内庁が死去時に発表したガンが死因であること、明仁皇太子が即位して元号が平成になることを報じている。そして、各紙はその日の夕刊や次の日の朝刊の多くに天皇の死去、「激動の昭和」を振り返る特集、新しい天皇・皇后一家の人となり、当日の街の様子などを紙面いっぱいに(昭和天皇の子どものころから晩年に至るまでの写真も数多く)掲載している。また、有識者が昭和天皇や昭和という時代を回顧する評論を寄稿している場合もある。たとえば『毎日新聞』には、哲学者の久野収が戦前・戦中・戦後という「この三つの時代を超えて」と題する文章を寄せ、天皇の「象徴」性の今後の展望を論じている。[72]『朝日新聞』は歴史学者の伊藤隆の「昭和期と天皇の政治的役割」、政治学者の高畠通敏《みちとし》の「『一身二生』と昭和天皇」、政治学者の武田清子の「昭和の激動期と裕仁天皇」といういずれも長文の原稿を掲載している。[73]

以上のような記事が、死後数時間後に締切となる夕刊、そして翌日の朝刊に各紙とも大きく掲載されていることからもわかるように、すでに昭和天皇の死を意識して、メディアは昭和天皇の人生や昭和という時代を回顧する記事を用意していた。久野の評論や伊藤らの文章も前もって依頼を受けてすでに書かれていたものだろう。もちろん、当日の様子などはその日ではないと書くことができない。しかし、当日の記事は準備が可能であったものの方が多い。

こうした傾向は地方紙でも同様であった。『中日新聞』や『京都新聞』を例に見てみよう。当日の夕刊では、『中日新聞』は「天皇陛下　崩御」「87歳　ご在位歴代最長　激動の昭和歩まれる」「皇太子殿下が皇位継承」との見出しが一面に大きく掲げられた。[74]二面三面では竹下登首相などの謹話、新しい元号である平成の制定作業などの政治的な動向、新天皇が即位した状況などが記事となっている。四面以降は、昭和天皇の闘病の記録、生涯を振り返った写真、新天皇一家の紹介、識者や関係者による談話、そして社会面では当日の社会の様子が紹介された。『京都新聞』も基本的に同様である。[75]談話や社会面の記事が、東海地方や京都滋賀の関係者やその地方の様子を描く点で異なるものの、基本的には全国紙と同じ構成となっている。翌日の朝刊でも全国紙と同じような構成を採りつつ、『中日新聞』には独自の特徴もあった。新天皇と中部との関わり、具体的にはこれまでの訪問の様子がまとめられたほか、「平成の朝　未知への門出」という記事で新しい元号である平成に関する緊急アンケートを掲載したり、「『平成』が始まった」とする特集を組んだりと、時代が変わったことを示す記事も数多く掲載された。[76]昭和天皇の死去翌日からは必ずしも天皇の死＝悲しみという図式だけではなく、新しい時代への希望を示そうとする内容の記事も掲載されていった。また、『京都新聞』では京都で反天皇制集会が活発化した様子や京都大学において弔旗掲揚をめぐってもみ合いがあったことなども紹介し、必ずしも天皇の死を悼む声ばかりではない街の様子も克明に記している。[77]ジャーナリストの小田桐誠は「冷静に対応した地方紙」と評価したが、[78]実際に地方紙は全国紙よりも多角的な紙面で構成されていたのではないか。

ローカル紙も基本的にその構成は似ていたが、さらに具体的に昭和天皇と地域との関係性を書いたことが特徴である。岡崎市で発行されている『東海愛知新聞』は、各市役所での弔意の様子や各市長の謹話のほか、岡崎市や豊田市を昭和天皇が訪問したときのことを回顧する記事が掲載された。[79]愛知県三河地方で発行されている『新三河タイムス』も、全国植樹祭などで昭和天皇が豊田市などこの地域を訪問したときの模様、そして新天皇の皇太子時代の訪問の様子などを記事にしている。[80]このように天皇の死去はその地域と天皇制との関係性の記憶を掘り起こす契機ともなった。一方で、同日のコラムではそれまでの「自粛」の様子を振り返りつつ、今後の大喪の礼や即位の礼などの儀式に関して様々な問題があることを冷静に提示している。名古屋で発行されている『中部経済新聞』は地元経済界の哀悼の言葉を多数掲載し、そのなかにはやはり天皇と東海地方の結びつきを強調する言説があふれた。一方で、死去後にも東海地方の経済界に「ただよう自粛ムード」を取りあげるなど、地元の経済紙ならではの観点から天皇の死去を報じている。

さらにスポーツ紙でも昭和天皇の死去のニュースは大きく掲載された。『サンケイスポーツ』は「さよなら天皇陛下」というタイトルを掲げ、長嶋茂雄が昭和天皇との「秘話」を語る記事が一面となっている。[81]昭和という時代を回顧する存在としての長嶋と昭和天皇なのだろう。その他は一般紙とかなり似た構成を採っているが、天皇の生涯を紹介するなかでも特にスポーツとの関わりに焦点が当てられたり、スポーツ界や芸能界との関わり、そして当日のスポーツ界の様子が記事になったりするなど、やはりスポーツ紙ならではの特徴がある。『デイリースポーツ』も同じように天皇とスポーツとの関わりを強調する構成を採っているが、特に全国高校ラグビー大会決勝戦が中止となったことなど、当日のスポーツ界の様子が紙面の多くに掲載されている[82]。その意味では、前もって準備された記事は一般紙に比べれば少なかったのではないか。

テレビの報道

前述したように、天皇死去のニュースを速報的に人々へ伝えることができたメディアはテレビであった。テレビ各局は通常の番組を休止し、特別編成を組んだ。死去当日の一月七日は土曜日で、現在のように週休二日制ではないが、午前のみで仕事を終える人々も多かった。そのため、自宅などでテレビを見た人々も多かったのではないかと考えられる。平日以上に、人々はテレビ報道に触れる機会が多かったのである。

前に述べたように、早朝五時台から各局は天皇の病状関係のニュースを流し始めた。そしてその間、CMもカットされた（なお、テレビ東京は時々ニュースがカットインされたものの六時台まで通常番組を放送、CMも放送された）[83]。天皇が亡くなると、その後は宮内庁や首相官邸、街の様子などを中継するニュース、新天皇の即位行事や新元号発表の中継、昭和天皇や昭和史を回顧する番組、ゲストを招いての回顧談など、通常の番組を休止して二日間にわたって特別編成番組を放送する。民放各局は七日八日の二日間で、おおよそ四三時間から四五時間弱（テレビ東京のみ三六時間四五分）の特別編成の番組を放送したという[84]。そこには多くの要員が投入された。こうした放送は圧倒的な情報量を提供するだけに、天皇制の「権威」と見えなくもない。

ここで放送されたニュースなどは当日の動きを追ったものであり、生放送であった。しかし、昭和天皇や昭和史を回顧する番組など、いわゆるパッケージ番組と呼ばれるものは事前に用意されていたVTRである。これも天皇が亡くなることを想定して、準備が進められていたのである。その意味では、単なる「権威」として天皇制がとらえられていたわけでもないことがわかる。天皇が死ぬことを想定して番組が制作されることは、「消費」的な意味も有していたのではないだろうか。こうした番組の放送時間は各局によってバラツキがあるが、民放で最も長かったTBSは四四時間五〇分で、基本的にどの局も同じような内容で構成されていた。こうした放送について、「情緒的な天皇報道に陥ることなく、多角的で客観化した放送を行うという編成の基本方針」を貫いたというのがテレビ局の立場であった。[85]

ところが、テレビのこうした対応について、七日の放送を見た視聴者から「見たい番組が見られなくなった」とする苦情が殺到したという。[86] NHKには七日だけで全国で一万五七一一件、TBSには七日に一二八四件の電話がかかり、「いつ通常の放送に戻るのか」といった問い合わせや「もううんざり」といった苦情の電話が多かった。[87] 人々も、必ずしも番組を見て悲嘆に暮れていただけではなかった。天皇制の「権威」よりも、日常の楽しいテレビ番組を求める心性が存在していたのである。

こうした声はあったものの、翌日の八日にも特別放送は継続した。しかもこの日は日曜日であり、人々がテレビに接する機会は多かったと思われる。テレビ放送に飽きた人々が、レンタルビデオ店に殺到したこともニュースとなった。それもまた、このときの天皇制が「権威」だけでは構成されていなかったことを示している。ただしテレビ局も、ただ手をこまねいていたわけではなかった。TBSでは夜になると、「それぞれの昭和・検証・昭和という時代」という番組のなかで、政治学者の飯坂良明や経済評論家の内橋克人、作家の上坂冬子やエコノミストの宮崎勇をパネラーとして、昭和天皇の戦争責任問題が論じられた。[88] またテレビ朝日でも「新天皇陛下と拓かれた皇室・新時代への期待」という番組のなかで、ジャーナリストの田原総一朗を司会として評論家の西部邁《すすむ》らのパネラーが天皇制や昭和天皇の戦争責任問題について議論した。[89] 単に昭和天皇の足跡を回顧するだけではなく、視聴者を刺激する番組を放送していったのである。それが先に引用した「多角的で客観化」という自己評価につながるのかもしれない。ただし、こうした番組は全体のなかから言えば必ずしも多くはなかった。

Xデーのテレビ放送に対する分析

Xデーから二日間のテレビについて、ジャーナリストの高野孟《はじめ》と、『ミカドの肖像』を執筆したノンフィクション作家の猪瀬直樹が振り返った対談があるが、[90] 二日間の状況をよくとらえたものであるので、ここで紹介しておきたい。高野は「Xデーというと、一種の情報戒厳令態勢といったものが事前にはイメージ」されていたが、実際はそうはなりきれなかったと分析する。それは、天皇の病状が長引いたことで人々も状況を理解したからであり、「マスコミを通じての統制に対して意外と国民はしたたかな一面を見せた」。メディアの天皇病状報道にこの間長く接してきた人々は、Xデー後のテレビの長時間の番組を見せられても、「権威」的な天皇制には染まらなかったと高野は見たのである。それは、「自粛」への批判を含め、天皇制やメディア報道への批判的な言説も次第に報道のなかで展開され、それに接してきた人々がリテラシーを有したからだとも言える。

猪瀬は高野の意見に対して、それはテレビの報道に人々が「あきちゃった」からだと述べる。それは「情報の送り手の側の問題」であり、「テレビがこれまで視聴率を上げるために競争するなかで、蓄積してきたいろんなノウハウをほとんど使わなかった」ことに原因があるという。「本当は、天皇番組を面白くする方法はもっとあったはずなのに、ほとんど型どおりの番組ばかり流していた」と猪瀬は考えた。ここからは、テレビが正面から「消費」として昭和天皇の死を取りあげられなかったという状況がわかる。テレビの手法を駆使して番組としての面白さを追求し、「消費」的に天皇制を扱えば、人々はもっと関心を抱いたのではないか、猪瀬はそう見たのである。しかし、「型どおりの番組」ばかり制作してしまった。バラエティーの手法を売りにしているフジテレビがそうした番組作りができなかったことなどを例にあげている。つまり、テレビも天皇制の「権威」に搦め捕られてしまったのである。[91] 高野はこれを受けて、「自粛の論理と同じで、このあたりまでなら無難なんじゃないか、という意識で番組をつくっていた」と述べる。ここでも「自粛」の論理は貫徹していたのである。

一方で、高野はテレビ朝日が八日夜に企画して、自身も出演した討論番組について言及し、天皇が亡くなった「一日めの視聴者の反応を見てテレビ局の側は当初の思惑とのズレを修正しようとしたんだと思う」と推測する。つまり、同じような番組に人々が飽きてしまっており、それに対して何らかの刺激を与えるべく、討論番組を放送したというのである。高野は「テレビというのはもともといい加減なんだから、あれは良かったと思う」と述べ、猪瀬も「この間蓄積されたテレビ的手法、つまり、生放送の対談番組のおもしろさで沈滞した空気をやや脱し得た」と評価した。もちろんジャーナリズムとして、昭和天皇の戦争責任なども踏まえて、天皇制について多角的に報じようとする意図もあっただろう。天皇制に関する討論番組であるゆえ、それは「権威」である天皇制について真摯に検討しようとする姿勢にも見えるが、実は「消費」として番組を制作するテレビ局の態度を示しているとも言える。その両面が同居していたからこそ、この時期には異色とも言える番組が放送されたのである。高野と猪瀬はむしろそれを評価していた。

さらにこの対談では、Xデー報道のなかで、天皇を平和主義者とするキャンペーンが展開されたことにも言及している。猪瀬はそれを、経済状況も安定した現状の日本社会を肯定する人々に、戦争責任問題をほじくり返す必要がないことを示す意図があったことを指摘する。戦後復興や高度経済成長を成し遂げた「お父さんご苦労さん」というキャンペーンだったという。天皇は昭和という時代を生きてきた人々の世代的共通体験のシンボルとなるために、平和主義者というイメージが付された。時代を回顧する存在としての天皇であるためには、戦後民主主義を形成した平和主義者でなければならない。つまりそれは、天皇制を強化する目的だけではなく、人々のそうあってほしいという感覚が存在しており、それをメディアが掬い取ったとも言えるのである。[92] 猪瀬と高野は、昭和天皇を平和主義者とするキャンペーンにも単なる「権威」だけではない、別の要素が存在することを読み取っていた。

この対談では最後に、天皇の死に際してテレビが存在した初めての機会ともなった今回を振り返っている。高野は「テレビというメディアが持っている情動的な影響力は大きい」から、それまでの天皇の死とは違いがあったはずと提起する。たしかに、生中継などはそれまでの天皇の死の際には存在しなかった技術で、そこには「情動的」な感覚が生まれやすい。しかしそれに対して猪瀬は、映像の力は大きいけれども天皇に関する番組は同じものを映していて、それは「静止画」だったと述べる。先ほども述べたように、テレビの持つ方法論を追求せず、まるで「御真影」のようだったというのである。ここにも、テレビという新しい技術ツールが、天皇制という「権威」に対峙した際にその特徴を自ら封印することもあったことが指摘されている。

以上のように、高野と猪瀬の対談は、昭和天皇の死をめぐる報道のあり方が、単に「権威」でもなく、また「消費」でもない形で、複雑に絡み合って展開されたことを同時代にあって評価したものであった。両者の見方は鋭いと思う。たしかに、昭和天皇の死去前後の報道は、再び世間の「自粛」を生むほどに大量になされ、天皇制の「権威」を如実に感じさせる出来事であったし、そのように研究でも評価されてきた。ただし、報道に携わった人々が、「権威」だけを感じていたかというと、それもまた異なる。「人間」としての天皇を浮き彫りにするために、ジャーナリストとしてその死を描こうとする意図もあったと思われるし、逆に「消費」的に天皇制が扱われる構造もあった。本章で描き出したように、こうした要素が様々に絡み合いながら、展開されたのである。

第7章 「開かれた皇室」と反発

即位後、宮中の石橋の間で内外の記者団と会見する明仁天皇と美智子皇后。1989年8月4日撮影。毎日新聞社提供。

平成の天皇の即位

一九八九（昭和六四）年一月七日、昭和天皇の死去を受けて明仁皇太子は天皇に即位した。翌日には元号が平成と改められた。

明仁天皇は、即位後朝見の儀において、「国民とともに」「世界の平和を」という文言の入った「おことば」を、口語体の「です・ます調」で発表したこともあり、当日の新聞では「新天皇、呼びかけるよう」「テレビ時代も意識」という見出しが掲載されたように[1]、人々に語りかけるような態度で、時代が変わったという印象を与えることとなった。見出しにもあるように、テレビで中継されたことは大きな意味を持った。NHKからの打診に対し、宮内庁は「テレビ時代の即位になることは意識していた」として、承諾したという。この明仁天皇の「おことば」は、新しい天皇制を予感させたとも言える[2]。メディアはこれを大きく扱った。

ジャーナリストの田原総一朗は即位の一年後に執筆し週刊誌に発表した天皇制に関する文章のなかで、「戦争責任の枠外という矛盾地獄に閉じ込められ〝神〟にさせられた」昭和天皇と「人間であるために戦いつづけ」た明仁天皇を対比的にとらえた[3]。田原は即位後朝見の儀における天皇の「おことば」を、「懸命なる人間天皇宣言」だと言い切った。この文章のなかで田原は皇太子・皇太子妃時代の天皇・皇后の取り組みや姿勢を紹介し、それらが結実したものと評価したのである。田原は、「人間」としての新しい天皇の即位を、象徴天皇制が新たな形へと変化する契機として歓迎していた。

またその年（平成元）の八月四日に行われた即位後初めての記者会見で天皇は、「憲法に定められた天皇の在り方を念頭に置き、天皇の務めを果たしていきたいと思っております。国民の幸福を念じられた昭和天皇を始めとする古くからの天皇のことに思いを致すとともに、現代にふさわしい皇室の在り方を求めていきたいと思っております」と述べた。[4] 日本国憲法とともに天皇としての自分自身があること、歴代の天皇のあり方から学ぶこと、そして現代に応じた新しい皇室像を模索すること、そうした抱負を述べたのである。その後、象徴天皇制は人々との関係性をより重視した「開かれた皇室」と言われる路線を進んでいく。[5]

こうした路線はメディアでも歓迎された。それまでの記者と天皇との会見を宮内庁は「会見」として認めず、「ご会釈」などと表現していたが、ここで初めて「会見」と認めた。それは、「事実上、記者会見としか他に言いようがないため」であるという。[6] しかもそれには天皇の意向もあったとされる。この宮内庁の変化を『日本経済新聞』は、「平成初の天皇会見は、皇室と国民との距離を考える契機になりそうだ」「今回の会見は以前に比べると一歩進んだといえよう」と評価しつつ、新しい時代に即して、定期的に会見を行うことを検討してはどうかと提言している。皇太子・皇太子妃時代に行っていた記者との会見を、天皇・皇后になっても継続し、新しくなった象徴天皇制を示すべきだと考えられたのである。そしてそれを「開かれた皇室へ着実な足取り」と表現した。ある種の「人間」としての親近感だろうか。

昭和天皇時代の「会見」は、会話を記事にしていいオンレコなのか記事にしてはいけないオフレコなのか、区別が判然としなかったものの、平成になって天皇の会見はメモや録音はＯＫとなり、話したことも原則としてオンレコになり、場所も皇居宮殿・石橋の間で行われるようになったため、公式的な行事となった。メディアとの関係性も「開かれた皇室」になったと見られたのである。[7]

また、「開かれた皇室をぜひ　タブーなくし伝統継承を」という見出しを掲げた『読売新聞』の記者たちが行った座談会をまとめた記事などは、新しい天皇の即位によって、これまで以上に象徴天皇制が人々とともに歩むことを求めたものであった。[8] そのなかでは、宮内庁の対応は今なお「『開かれた皇室』を求める国民の親しみに水をさすような気がしないか」と、手本としての「開かれた皇室」として引き合いに出されるイギリスをはじめとするヨーロッパの王室との違いが強調される。たとえば、イギリスでは王族が積極的にインタビューに応じているためその肉声に接する機会が多く、スケジュールも公開されているため彼らの素顔に接しやすいというものである。それに対して、日本では「宮内庁が皇室と国民との距離を広げ、なるべく直接の接触をさせまいと」しているのではないか。記者たちはそうした宮内庁による「権威」的な扱いを批判したのである。天皇の姿勢を評価する一方で、宮内庁は皇室を人々に近づけることを阻むような対応しか見せていないととらえていた。

天皇の「おことば」や態度を受け、人々も共感を寄せていく。『読売新聞』が実施した世論調査によれば、明仁天皇に対しての気持ちを尋ねたところ、「親しみを感じる」が七〇・〇％、「尊敬している」が一七・一％、「おそれ多い」が二・九％、一方で「関心がない」が六・九％、「反感をおぼえる」が〇・三％で、多くの人々は好感を持って見ていたことがわかる。[9] 新しい天皇の言動は人々の支持を得たと見てよいだろう。

ただし、そうではない人々もいた。「開かれた皇室」への強い反発である。『文藝春秋』に掲載された座談会[10]のなかで、評論家の西部邁は即位後の天皇の「おことば」は、「民主、平和、繁栄、福祉、憲法擁護という、私にいわせればほとんど嫌いな五点セットの言葉がならんでいる」として、そういった戦後民主主義的な気風を批判した。西部は、こうした天皇の姿勢によって、「これまで天皇を守るということを中心に置きながら、戦後進歩派と闘ってきた人々が、ひょっとしたら、天皇を批判することも覚悟することによってしか、戦後進歩主義、民主主義に対しての批判を継続出来なくなるかもしれない」と予測する。保守派としての彼のこのような思考は、天皇が「人間」として人々に近づけば近づくほど戦後民主主義的なリベラルとの親和性を有することになるという危惧から生まれたものであった。その西部にとって、天皇は「権威」であらねばならなかった。それゆえ、「『開かれた皇室』の意味というのは、はっきり言って俗世に皇室を引き下ろせという要求です」と述べてそれを拒否し、その時代の社会状況に天皇制を合わせる必要はないと主張する。この座談会では、フランス文学者の村松剛筑波大学教授も「新憲法が玉座に坐ったという感じがしました」「『開かれた』といっても、たとえば天皇が街中を歩いて、いろんな人に挨拶する」「そんなことをする必要もないです」と、「開かれた皇室」批判を展開しており、天皇の姿勢への反発が一定程度あったことをうかがわせる。そしてこの西部の発言は、本章の後半で述べる美智子皇后バッシングを予感させるとともに、第8章で言及するリベラル派による平成の天皇・皇后への支持を予測するものでもあった。

「皇室外交」の展開と被災地訪問

即位後、明仁天皇は皇太子時代に引き続き、積極的な「皇室外交」を展開していった。中国の李鵬首相が一九八九年四月に来日する。そして天皇は李首相と会った際、日中間に「不幸な一時期」

があったと発言したという。これは、一九七八年に鄧小平副首相が来日した際に昭和天皇が述べた言葉を踏襲したものであった。[11] 会見に同席した安倍勲《いさお》宮内庁式部官長は、天皇の「おことば」の具体的内容には言及せず、「いつも感じておられる日中間の過去の歴史についての真情、ないし気持ちを述べられた」という「要約」を記者団に発表したため[12]、当日のメディアは先の「不幸な一時期」という発言内容で報道した。

その後、一九九〇年五月に盧泰愚《ノテウ》韓国大統領が来日することが決定する。そこで再び、天皇の「おことば」が注目されることとなった。韓国側からは昭和天皇のときよりもさらに踏み込んだ天皇の発言が求められた。[13] 具体的には、「遺憾の意」だけではなく、遺憾であった理由、その原因が日本側にあること、そしてはっきりと「謝罪の意」を表明することなどが求められた。[14] 外務省内にはこれを飲み、日韓における戦争責任問題に最終決着を図ろうとする動きもあったようである。最終的には、日本側の責任を明確にした「おことば」を述べることが決定する。そして五月二四日の盧大統領との会見で天皇は、「我が国によってもたらされた」と日本側に責任があること、また「痛惜の念」（心から残念に思っているという意味）という強い言葉を述べた。メディアはこれを「曲折経て明確な表現に／日本の責任を明示」と好意的に報道しつつ、「痛惜」という言葉には反省の意が含まれるか否かといった曖昧さがあり、今後も問題を残すのではないかと見ていた。[15] 一方で政治学者の渡辺治が指摘するように、この盧大統領訪日時の「おことば」をめぐって、明仁天皇自身が直截な「謝罪」の言葉を望んでいるという説が政府自民党内で信じられた点は重要である。[16] それは、先ほど述べたような「おことば」などで、それまで戦争の記憶に積極的に触れている明仁天皇の姿があったがゆえに、そう思われたのである。そしてそれが、後に天皇の進める方針を批判する傾向へと繋がっていく。

その後、天皇は一九九一年九月から一〇月にかけてタイ・マレーシア・インドネシアの東南アジア諸国を、翌年一〇月には中国、一九九三年九月にはイタリア・ベルギー・ドイツのヨーロッパ諸国、九四年六月にアメリカ、一〇月にフランス・スペインと再びヨーロッパを訪問している。昭和天皇の外遊が、ヨーロッパとアメリカへの二回だったのに比べれば、その訪問ペースはかなり早く、積極的に行動していることがわかる。積極的に「皇室外交」を展開し、そのたびごとにメディアは「おことば」に言及することで、天皇と戦争の問題が結びつけられた。

「皇室外交」については、天皇・皇后の初めての中国訪問が重要である。先の李鵬首相訪日時、会見で天皇の中国訪問が要請された。明仁天皇も政府間の協議に任せるとの返答をし、訪問に前向きな姿勢を示した[17]。平成の新しい時代に入り、日中の新たな友好関係を示す象徴として、明仁天皇の訪中が現実化し始めたのである。

ところが六月に北京で天安門事件が起こる。民主化を求めていた学生を武力で弾圧した中国政府に対する国際世論の評価は厳しく、日本も対中借款停止などの外交制裁を実施した。中国は国際的に孤立したのである。こうした環境下では天皇の訪中は困難なように思われた。しかし中国側は天皇の訪中を契機に事態の打開を図ろうとし、また日本との関係改善によってODA援助や日本企業の投資を促そうとする。日本側も、中国との戦後処理を行って経済的な進出を図り、政治大国としての独自外交の展開を狙っていた。ハト派の宮沢喜一内閣は先進諸国のなかで最も早く関係改善に乗り出したのである。そしてそのための決め手が、天皇・皇后の訪中であった[18]。こうして両者の思惑が一致し、訪中が実現に向かうことになる。

一方で、一九九〇年代初頭のこの時期、日中関係はかなり冷え込んでいた。戦時中の中国人強制連行への補償問題や慰安婦問題が取りあげられ、尖閣諸島などの領土問題も起きていた。日本国内においても、中国に対する反発は大きかった。こうした状況もあり、保守層のなかでは天皇が中国を訪問し戦争責任について「謝罪」することを懸念する動きが高まっていく。それによって、強制連行や慰安婦の問題で中国側にイニシアティブをとられることを恐れるグループが存在した。それまでの天皇の「おことば」を見れば、中国を訪問した際、天皇が「おことば」のなかで戦争の記憶について触れることは容易に予想されたからである。そして自民党内でも天皇訪中に対する慎重論が噴出する。国内では反対論も数多く見られた。政府はそれを抑え、一九九二年一〇月の訪中を決定していく。出発に際して天皇は記者に対して、日中間の古くからの交流の歴史に言及し、自身も中国の古典などから学んできたものが多いことに触れ、その交流親善が重要であることを強調した。また、近代において「不幸な歴史」があったことにも触れている。[19] 訪中をめぐる動きのなかでは、天皇自身が訪中を望んでいるという声もあがっていた。[20] そのため、天皇がここで戦争の問題に触れたことは、天皇が中国に対して「謝罪」を自らしたがっていると反対派に思わせることにも繋がったのではないだろうか。

天皇は中国を訪問した際、「両国の関係の永きにわたる歴史において、我が国が中国国民に対し多大の苦難を与えた不幸な一時期がありました。これは私の深く悲しみとするところであります」との「おことば」を発した。これは外務省内で原案を作成し、最終的には天皇が筆を入れたものであった。[21] このように、「おことば」においてアジア・太平洋戦争に関する記憶を表明する天皇の姿が、この時期に定着していくことになる。

国内では、一九九〇年一一月に長崎県の雲仙・普賢岳が噴火し、翌年には土石流や火砕流の被害もあり、住民は避難を余儀なくされた。火砕流では多数の死傷者・行方不明者が出る惨事となった。その後も噴火は継続していたが、天皇・皇后の希望で、被災者を見舞うため、七月一〇日に日帰りで長崎県を訪問することが決定する。天皇による被災地訪問は、一九八七年に噴火がおさまった後の伊豆大島を昭和天皇が視察した例はあったが、災害が継続している最中に直接見舞うのは戦後初めてで[22]、明仁天皇自身が被災地を訪れるのも一九五九年の伊勢湾台風のとき以来であった。

この訪問に際しては、「防災服などの簡素な姿で、陛下専用車も使わず、県の車を使って移動される。現地でも奉迎行事は準備せず、警備も最小限の交通規制にとどまる予定。被災者の気持ちを大事にしようと考えた異例ずくめ[23]」と、被災者・被災地の状況を配慮した天皇・皇后の姿が報道された。ただし、第8章で述べるような平成の後半と比較すると、その様子を伝える報道はそれほど大きくない。その意味では、まだ平成の象徴天皇制のあり方は完成されていなかったとも言えるだろうか。

この訪問にあたっては天皇の意向を受け、長崎県や島原市側も「ありのままの雲仙見ていただきたい」という姿勢だったという。このような訪問のスタイルは、天皇・皇后自身が望んでいたことも伝えられていく。そして当日、天皇・皇后は仮設住宅や避難所を訪れ、膝を突き被災者一人一人に目線を合わせて声をかけていった[24]。まさに「人間」としての近さと言えるだろう。その様子は次のように伝えられた。

温かいまなざしと優しいお言葉で、雲仙・普賢岳の火山災害被災者の傷心をいやされた天皇、皇后両陛下。十日の島原半島へのお見舞いは戦後初めて災害のさなかの被災地ご訪問だったが、国民とともにあるお姿を象徴するように、両陛下は住民の中にお入りになった。中でも皇后さまの子供たちへのご愛情あふれる心遣いは、島原半島に久しぶりの笑顔をよみがえらせた。[25]

こうした被災地への見舞いは、平成に特有の「開かれた皇室」路線の一環と認識されたのである。そして、天皇制が昭和から大きく変化したことを象徴する取り組みとなった。その後も、一九九三年七月には北海道南西沖地震の被災地である奥尻島を天皇・皇后は訪問し、被災者への見舞いをしている。とはいえ、このときは後述するバッシングが展開されている時期でもあった。

秋篠宮の結婚と「開かれた皇室」

一九八九年八月二六日、天皇の次男である礼宮文仁《ふみひと》親王と川嶋紀子《きこ》との婚約が固まったことを『朝日新聞』がスクープとして報道する。[26] 昭和天皇の死去後の喪の最中ではあったが、皇室にとっての慶事として、しかも文仁親王は「子供のころからのびのびと育ち、皇室の枠にとどまらない自由な気風の持ち主」として「結婚の意思を固めるに当たっても、紀子さんの人柄にひかれて選んだ」ことが強調され、「天皇ご夫妻も、二人が結婚の意思を固めた後は、これを尊重され、皇族としては異例の、自由な交際からの結婚が実現する見通しとなった」と報じた。まさに、「開かれた皇室」として、「権威」にとらわれない「人間」らしい結婚の形の体現と見られたのである。これ以後、各紙が報道していく。

一般では結納にあたる納采《のうさい》の儀では、「3DKに使者を迎え」という見出し[27]が付けられたように、学習院大学の職員共同住宅に住む一般家庭の女性が皇族と結婚することを歓迎するムードが流れていた。美智子皇后に続く二人目の「平民」の女性を皇族に迎えること、さらに庶民的な家庭の出身であることなどが報道では強調された。ただ、こうした報道をするため、記者たちの「紀子さん宅張りはひどかった」という。メディアは各社ともに学習院大学の共同住宅前に朝から晩まで張りつき、川嶋紀子が出かければ取材車が何台も付いていった。「右筋から、皇室の私事を商売に利用していると攻撃されても仕方ない」と評されるほどであったのである[28]。

そして、一九九〇年六月二九日、結婚の儀が行われ、秋篠宮家が創設される。結婚当日は、テレビ各局がその様子を中継しており、たとえばNHKは朝のモーニングワイドから二人の様子を伝え、その後も賢所《かしこどころ》での結婚の儀の様子や天皇・皇后に会う朝見の儀、パレードの様子を生中継し、夜のニュースでも取りあげた。民放も各局ともにそれぞれ儀式の様子を生中継したほか、ワイドショーなどでも結婚の話題が中心となった[29]。東京ではさらに、日本テレビ・TBS・フジテレビが夜の七時から二時間の特別番組を編成した。TBSは郷ひろみと二谷《にたに》友里恵夫妻を司会に起用し、秋篠宮夫妻のエピソードを紹介しつつ、全国各地でのお祝いムードを中継する番組構成であった。後述するように、ワイドショーを中心としたメディアがこの時期の「開かれた皇室」を積極的に取りあげており、二人の結婚は、その格好の対象となった。「テレビの前も人だかり」という見出しの記事[30]が掲載されたように、人々もパレードなど様々な儀式をリアルタイムで注目した[31]。新聞も大きく報道、週刊誌も特集を組んで、様々なエピソードを紹介して二人の結婚を祝した[32]。

ところがこの結婚をめぐって、宮内庁とメディアの間で対立が生じた。朝見の儀の後の記念撮影の合間に秋篠宮の乱れた髪を紀子妃が直した写真が撮影されたが、宮内庁はその公表取り消しを要請、しかし新聞各社は拒否し、翌日六月三〇日の各紙紙面に掲載する。形式的な写真ではなく「このニューカップルの睦まじさを自然な形でとらえた好感の持てるもの」とメディアは考え、掲載をしようとしたのに対して宮内庁が待ったをかけたのである。[33] 写真は大手新聞社などが加盟する東京写真記者協会から推薦を受けた宮内庁嘱託のカメラマンが撮影、「共同通信」を通じて加盟社に送られた。宮内庁はこれに対して、記念写真しか撮らないという約束が守られていないとして公表取り消しを要請したのである。ただし、撮影した「共同通信」の中山俊明カメラマンは、この写真は「むしろ結果としては皇室のアピールになっているし、読者も喜んでいる」として宮内庁の対応を批判、メディア各社も宮内庁からの要請を拒絶する。つまり、この写真は「開かれた皇室」に合致し、その姿を具体的に示したものであり、平成の天皇制のあり方からすれば当然掲載すべきと新聞メディアは考えたのである。ここで、宮内庁は旧態依然な考え方を有する「権威」であった。

とはいえ『週刊新潮』は、宮内庁担当の記者にもその責任の一端があるのではないかと手厳しく批判する。秋篠宮の結婚をめぐる対応で、「宮内庁の内容空疎な事大主義、形式主義に記者たちまでが染まってしまった」という。[34] もっと「開かれた皇室」を人々にアピールする機会だったのではないか、との提起である。「権威」にとらわれない「人間」らしい結婚が、むしろ「権威」にがんじがらめになっているとの批判だった。ジャーナリストの小田桐誠は、記者それぞれは「問題意識や疑問を持っているにもかかわらず、それが紙面や映像にあらわれないのはなぜかいつも不思議に思う」と述べ、そこには「横並び意識」があるという意見を展開する。[35] 個々には様々な問題意識を持ちながら、総体としては批判的な見解を持たずに大勢に追随していく傾向がメディアにはあるのではないかという指摘である。

さらに『週刊ポスト』は、新聞やテレビなどの一連の報道を、「『奉祝押しつけ』現象」と断じた。[36]「消費」的にこの結婚を報じるメディアの姿勢を問い、様々な有識者にこの問題や天皇制の今後のあり方について意見を求める特集を組んだ。たとえば、ノンフィクション作家の猪瀬直樹は、「天皇と自分との距離をどうとるかという問題」を考えなければならないと述べている。「開かれた皇室」とはどうあるべきなのか、「権威」なのか「人間」なのか「消費」なのか、それを問うべきときにあるとの主張であった。翌週号でも『週刊ポスト』は同様の特集を続けており[37]、秋篠宮の成婚は、週刊誌というメディアにおいても平成の天皇制をどう考えるべきかが提起される契機となった。

ワイドショーのなかでの皇室

「開かれた皇室」は、テレビとの親和性が強かった。第4章で論じたように、TBS系で放送されていた「皇室アルバム」は、この時期には土曜日午前九時三〇分より放送され、皇室の様々なトピックを扱っていた。コラムニストの泉麻人はこの番組について次のように語っている。

午前中で9％もの視聴率は驚異的です。地味めの番組だから、せいぜい2％程度と思っていたのですが〔中略〕80年代後半の高値安定は昭和天皇崩御や秋篠宮の結婚、といった〝大事件〟が相次いだからでしょう。しかし、90年代に入っての更なる伸びは、バブル経済の崩壊が大きく影響していると思う[38]

泉は、この番組が多くの人々に見られていることを率直に驚いている。一九九〇年代には「皇室アルバム」の視聴率は伸びていた。「代替わり」や秋篠宮の結婚のように、皇室をめぐる様々な出来事があったこと、さらにバブル崩壊という社会の悪い方向への変化に対してむしろ皇室は安定ないし良い方向での変化があったために人々から支持を得たと泉は分析している。これまでの固定客の強さに加え、平成に入ってからの関心の高まりが、この番組の視聴率をあげたのだろう。日本テレビも一九九二年一〇月より「皇室グラフィティ」の放送を開始し、日曜日の午前一一時から三〇分間、一週間の皇室の活動の模様などを放送した。基本的には、「皇室アルバム」と似た構成の番組であったが、こうした番組が始められること自体、テレビにおいて平成の天皇一家の需要があったことを示すだろう。

しかし、この時期の皇室をテレビで特に数多く取りあげたのは、ワイドショーであった。その状況について、テレビ局の関係者の証言を紹介した記事がある。少し長めになるが引用したい。

もともとワイドショーは、芸能、事件、トピックスの三本柱で、皇室ものは、トピックスのひとつだった。それが「紀子さまの登場から身近な関心の対象になり、ワイドショーのネタの範囲に入ってきた」と、テレビ朝日スーパーモーニングの栗原直汎プロデューサーは言う。

以前は皇室行事すべてをカバーしていたわけではなかった。平成に入って皇室一家のご結婚が続き「映像に花ができた」(ワイドショー関係者)ため、今は一家の外出行事は必ず撮影するという。映像がある。絵になる。放送しないわけにはいかない。

皇室ものだと視聴率が二、三%上がるという。五―一〇%の視聴率で各局がしのぎを削っているワイドショーにとって、死活的なテーマにもなってきた。〔中略〕

「ワイドショーのストライクゾーンに入ってきた」ため、大量の報道になったともいう。そこにはワイドショーの主な視聴者は、三十代後半から四十代の女性で、心情的皇室支持派が多数を占める、といわれる背景がある、とフジテレビの広瀬英明調査部長。

ワイドショーの皇室報道について、ある関係者は「天皇制うんぬんの重苦しい問題に影響するとは思えない。視聴者は天皇家を、日本の家族の象徴と見ているのでしょうから」と話している。[39]

民放は各局ともに、昭和のある時期より平日の午前と午後にワイドショーを放送していた。そして、芸能や事件を主な対象にしていたワイドショーで、秋篠宮の結婚を契機に象徴天皇制が話題として取りあげられるようになったのである。「開かれた皇室」路線に注目が集まり、天皇や皇后とその家族が集まる映像は「絵になる」という。しかも、ワイドショーの主なターゲット層に、そうした家族像を好む女性たちがいる。天皇制とは何か、「自粛」の構造とは何かなどを問うような硬派な姿勢ではなく、やわらかい皇室像を求める視聴者に向けるのが、ワイドショーにおける天皇制の伝え方であった。

こうしたあり方について猪瀬直樹は、「ジャーナリズムの報道にはなんらかの切り口がなければ意味がないのに、ワイドショーは迎合的なんですね。ジャーナリズムの自覚はないんでしょう」と厳しく批判する。[40]その報道姿勢には批判的視点がなく、宮内庁の求める方向に「迎合的」だという。ジャーナリストの大谷新生も、秋篠宮の結婚をめぐる報道を「畏れもなければ慎みもない」として、「煽るマスコミにはしゃぐ女ども」と手厳しく批判する。[41]一方で、放送する側に立つ日本テレビの保坂武孝社会情報局長は、「国民の皇室への関心にはかなり高いものがあるし、日常的な皇室の活動を広く知ってもらうためにも皇室報道には意味があると思う。天皇制の問題などのような硬派の報道はワイドショーとは別に報道番組やドキュメントでやればいい」と述べている。[42]天皇や皇后、その家族の「日常」を知りたいという人々からの求めがある以上、自分たちはそれを伝える役目があるという姿勢である。つまり、単に「消費」的にワイドショーで報道しているのではなく、その地位が国民の総意に基づく象徴天皇の姿を、「日常」という角度から報じるのがワイドショーの役割であり、それもジャーナリズムの重要な役割だと主張した。これに対しテレビ朝日の山本肇情報局長は、皇室ニュースはワイドショーのなかでの「3割打者」だと述べる。これは「安定した高打率でヒットをとばす」ことを指す。つまり、視聴者が皇室ネタを求めるからワイドショーで放送するという、やはり「消費」的な意味もあると告白しているのである。[43]

こうしたテレビのあり方はワイドショーだけではなかった。秋篠宮の結婚のときにも編成された特別番組の存在である。夜のゴールデンタイムという時間帯に、二時間ほどの皇室特番が数多く制作された。美智子皇后と同じ年に生まれ、一九五九年の「ご成婚パレード」の中継では日本テレビのディレクターとしてたずさわり、その後に同局のプロデューサーになった渡辺みどりは、「知性と教養、あふれんばかりの健康美。美智子さまを見て、皇室番組はテレビにとって魅力的な取材対象になると予感した」という。[44]そして、一九六九年のドキュメンタリー番組「美智子妃の十年」を皮切りに、結婚二〇年や二五年の節目で特別番組を放送し、いずれも二〇％以上の高視聴率を記録した。「幸せな家庭作りに同世代の女性は親近感を感じたし、七〇年代に流行したパンタロンスーツを着こなすファッションリーダーぶりにあこがれた」だけではなく、「日本一の旧家に嫁いだ女性の苦悩」にも迫ったという。それによって、「同世代の女性の共感を呼」ぶ番組を渡辺は制作していた。このように、日本テレビには「皇室グラフィティ」のような、ある種の格調を持つ皇室番組とは異なる番組があった。そうした番組のあり方は、美智子皇后に「共感」を寄せる同年代の女性がターゲットとなっている点では、ワイドショーとはやや異なる側面もある。「消費」するというよりは、むしろ自分たちと同じ「人間」として見る姿である。一方で、象徴天皇制という制度を問うような側面はなく、美智子皇后という人に焦点を当てるという意味で、ニュースのような報道番組とは異なるワイドショー的な側面も持っていた。

同じく日本テレビで皇室に関する特別番組をプロデューサーとして制作していた渡辺満子は、筆者の聞き取りに対して、そうした番組では「皇室グラフィティ」とは異なる切り口を目指したと述べている。「あれは動きが少ない。天皇や皇族の動向を淡々と伝えるような感じ。一方で、特別番組を作るときはストーリーを大切にしています。それに合わせるような画を持ってくる。美智子さまなどはとても物語が作りやすい人物だったと思います」と。つまり、一週間の皇室の出来事を視聴者に伝える「皇室アルバム」や「皇室グラフィティ」のような番組づくりではなく、ある「ストーリー」を伝えようとする意図を持って制作していたという。「日本一の旧家に嫁いだ女性の苦悩」という渡辺みどりの言葉も、まさにそうしたストーリーの一つだったのである。それは視聴者の「共感」を呼ぶわかりやすいものであった。こうしたテレビでの「人間」的な天皇制の伝え方が、平成初期に確立されたのである[45]。

もちろん、こうした姿勢が軋轢を生むこともあった。その一つが、奥尻島で起こった問題である。一九九三年七月二七日、北海道南西沖地震の被災者を見舞うために奥尻島を訪問した天皇・皇后に対して、TBSのワイドショーのリポーターがマイクを差し出してインタビューを試み、天皇が足を止めて答えるという「ハプニング」があった[46]。しかし、天皇・皇后の同行取材にあたっては、音声の録音は自然に入るノイズ程度とし、マイクを差し出して録音するのは控えるよう宮内庁と宮内記者会の間で暗黙の了解があった。つまり、これを破ったのである。そして、随行していた宮内庁職員が宮内記者会に対して放送しないように求め、記者会とTBSが話し合った結果、放送しないこととなった。TBSは「了解事項を逸脱したインタビューだったので、放送は見送った」と答えている。ワイドショーといえども、宮内記者会に加入する放送局の番組であり、その「権威」を破ることができなかった。先に猪瀬が「迎合的」とワイドショーを評価したのは、こうした姿勢を指すのだろう。それに対して、「視聴者不在の〝談合〟ではあるまいか」との批判は出た[47]ものの、メディアの姿勢はあくまで了解事項の枠内で展開されていたのである。

皇太子の結婚をめぐって・前段階

秋篠宮より前に結婚が話題となっていたのは、長男の徳仁皇太子であった。彼の結婚問題は昭和の時期より報道が始まっていた。その最初期の記事が、徳仁親王が一七歳のときの一九七七年に発表された、ジャーナリストの青山太郎による「浩宮の花嫁競争がもう始まった」である[48]。青山はこのなかで、青年になった徳仁親王の人気が高まっており、「将来の妃殿下選びの最初の段階」を迎えていると指摘する。とはいえ、具体的に何か宮内庁内の動きを記しているというよりは、徳仁親王がそうした年齢に達したことから、準備が開始されるであろうとする文章であった。その意味では、第3章で述べた父親の明仁皇太子のときの結婚報道の端緒とほとんど変わらないものであったと言える。この青山の文章の特徴はそこから話を発展させ、学習院の卒業生会である常磐会《ときわ》と聖心のそれにあたる聖心会との対立（彼はそれを「旧貴族と新貴族の戦い」と表現する）、さらに常磐会員の巻き返しを描いていることである。明仁皇太子と美智子妃の結婚によって、それまでの「権威」としての天皇制は変化を遂げ、新しい象徴天皇制へと生まれ変わったはずであった。しかし、旧来の勢力である学習院からは揺り戻しのような動きがあり、それが徳仁親王の結婚相手を再び「旧貴族」に戻そうとする動きだと青山は論じる。一方で彼は、「時代は本当に大きく変った」とも述べ、こうした狙いはうまくいかないであろうことを匂わせた。

このように昭和の時期、徳仁親王の結婚報道は、「権威」に戻るか否かという点が一つの焦点となった。たとえば翌年に『週刊新潮』は常磐会が了解できる候補者として、三井家の女性が最有力にあがっていると報じる。[49]「権威」が揺り戻しているとする見方である。さらに一九八〇年には、『週刊文春』が「元華族対民間の戦い」との見出しを掲げ、徳仁親王の結婚が「権威」をめぐる争いになっていることを読者に示す。[50]さらに『週刊新潮』は翌年にも、そうした問題がある一方で、皇太子夫妻が積極的に選考に取り組んでいることを紹介している。[51]『週刊ポスト』は、元華族出身の評論家酒井美意子の「要するにもう、学習院か聖心かというような、そんな時代じゃないんですネ」という声を紹介しつつ、しかしそうした新しさにふさわしい結婚相手が見つかるのかといった論調の記事を掲載している。[52]こうした記事は、基本的には象徴天皇制には新しい風が必要であり、そのためにも徳仁親王の結婚相手はそうした「人間」としてのあり方、言い換えれば後の「開かれた皇室」を先取りする結婚が必要だという考え方があった。しかし同時に、「権威」からの揺り戻しがあるだろうという見方も提示する。そこには、「権威」と「人間」との対立を「消費」する態度が存在していたと言えるだろうか。「ソッとしておいてやりたいが、マスコミとしては……。ゴメンナサイ」と結ばれた週刊誌の記事[53]があったように、将来の天皇になる徳仁親王の結婚相手が誰になるのかは、メディア、特に週刊誌などの雑誌にとっては格好の「消費」の対象となった。

その後も、候補として具体的な女性の名前があげられつつ、選考が進んでいると報じる雑誌記事は相次いだ。[54]しかし、徳仁親王が一九八三年よりイギリスへ留学すると、その報道はやや落ち着くことになる。とはいえ、まったく無くなったわけではなかった。この間に宮内庁が選考を進めているとして、「〝浩宮お妃班〟を作り、お妃探しに専念し始めた」新聞社があることを『週刊新潮』は報じている[55]。メディアは、ミッチー・ブームのときと同じように徳仁親王の結婚相手を見つけるべく、動いていたのである。

一九八五年に徳仁親王が留学を終え、日本に帰国すると、メディアの動きは活発になる。帰国前から、この問題について、再び記事が複数出始める[56]。そのうち、ジャーナリストの大谷新生は、徳仁親王のイギリス留学が結婚相手の条件を変化させたと論じている[57]。具体的には、大谷は「ご両親殿下の交友関係か旧皇族、旧華族の周辺の可能性が強い。家柄や身上調査がすみやかに進むからである」としつつ、「イギリス留学以来、浩宮様が自分の意見を披瀝できるような女性を好まれるようになっている」と書いた。つまり、家柄のような「権威」とは異なる新しい女性のあり方が徳仁親王の結婚相手には求められるとしたのである。とはいえ、必ずしもまったくの普通の女性とも考えられてはおらず、「皇族や旧華族と血縁関係を作った財界の一部」である「新貴族と呼ばれる階層」が相手になると大谷は見た[58]。これまでのような「権威」ではないものの、ある程度の家格を有する存在であることが徳仁親王の結婚相手の選考をめぐる報道の根底にあり、求められていた象徴天皇制の姿ではないだろうか。この後も、結婚相手をめぐる報道は継続していく[59]。

そして一九八八年、外務省勤務の小和田《おわだ》雅子の名前が、有力候補として女性週刊誌に登場する[60]。「旧華族の出身でも財界人の令嬢でもない」彼女の名前[61]の浮上は、前述した意識があったなかで、驚くべきものだったと思われる。これまで報道されてきた候補とは「いささか趣が異なる。とにかく日本でも指折りの才女といっても差し支えない」という評価[62]は、一九八六年に施行された男女雇用機会均等法に象徴されるような新しい女性の代表としての姿を示した。「権威」ではない、「人

173 週刊新潮

週刊新潮 172

特集 小和田雅子さんが「浩宮妃候補」に急浮上した根拠

「皇太子ご夫妻も少々焦っておられるようです」と、たいがいの皇室通はいうほどである。浩宮殿下の「お妃探し」が本格的になってからすでに四年。数十人の良家の令嬢が候補に上っては消えたそうだが、いつまでたっても最後の一人が決らない。そのうち行き詰ってしまうのではないかと気を揉む皇室関係者も多いのだ。そこへ突然、「有力候補」として浮上したのが、噂にものぼったことのない小和田《おわだ》雅子さん(二三)。旧華族の出身でも財界人の令嬢でもないけれど、彼女自身が才色兼備のスーパーレディーなのである。

日英協会が二人の「接点」

「小和田雅子さんが『浩宮妃候補』に急浮上した根拠」(『週刊新潮』1988年1月7日号)

間」としての徳仁親王の結婚を人々に予感させたのである。[63] ただしこのときは、二人は結婚までには至らなかった。

皇太子の結婚をめぐって

その後も徳仁親王の結婚相手をめぐる報道は展開された。昭和天皇の死去と「代替わり」そして秋篠宮の結婚を経ても、徳仁皇太子の結婚は決まらなかった。昭和天皇の死去をめぐる報道時、各社は宮内庁担当の記者を増やしていた。さらに、「代替わり」を経てすぐに秋篠宮の結婚と、皇室関係の出来事が続いたため、記者の増強体制はそのまま継続することになる。たとえば『読売新聞』は即位の礼や大嘗祭などの「代替わり」行事が続いた一九九〇年当時、宮内庁に四人の常駐の記者がいたが、そのうち二人は皇太子妃選考に関する取材の専従だったという。秋篠宮の結婚が『朝日新聞』にスクープされたため、次こそはと必死だった。それは『読売新聞』だけではなく他紙も変わらない。徳仁皇太子の結婚相手に関する選考報道は、そうした状況のなかで展開されたのである[64]。各紙とも、社会部でそれまで警察を担当していたような若い記者が宮内庁担当となり、体力ある彼らが宮内庁幹部や皇太子妃候補などを、いわゆる「夜討ち朝駆け」で取材した。

こうした報道合戦に対して、宮内庁が動き始めたのは一九九一年である。国内の新聞・放送・通信の計一七五社が加盟する日本新聞協会に対して、藤森宮内庁長官が七月、「皇位継承者の婚姻は報道界としても大きな関心事であることは十分に理解しており、取材・報道の自由に干渉する考えはないが、現在の激しい取材競争の結果、無関係の人への人権、プライバシーの侵害もみられるようであり、その報道に際しては特段の配慮をお願いしたい」と要請した[65]。これは、明仁皇太子のときの報道協定が念頭にあった。長官からの要請を受けて新聞協会でも各社で検討を重ねながら協議を始める。そのなかでは、「開かれた皇室」という以上は皇太子妃選考についてもオープンにすべきではないかという意見や、一方でプライバシーを守るためにも自粛すべきではないかという意見が戦わされた。いずれも、昭和とは異なり時代の変化にともなって出てきた議論ではある。最終的には、一九九二年二月に皇太子妃報道に関する協定が新聞協会加盟各社で締結され、報道自粛が申し合わされた。一方、その協定には二つの条件が細目として付け加わった。第一に、申し合わせ解除の時期は皇室会議開催前とし、その段階で皇太子妃「内定」を報道すること。第二に、宮内庁が月に一度は候補者選考状況について新聞協会に説明すること。とはいえ、各社ともにまったく取材しないわけではなかった。候補者のプライバシーに配慮しつつ、取材を重ねていくことになる。

協定は何度か延長されたものの、第二の点が宮内庁から守られなかったこともあり、最終的には一九九三年一月六日午後八時四五分に解除となった。そして、テレビは一斉に小和田雅子が皇太子妃に決まったと報じる。新聞も号外を配布した。メディアはすでに小和田雅子が皇太子妃候補になっていること、また結婚に承諾したことを取材によって察知し、協定解除後に一斉に報じたのである。翌日の朝刊には、一九日の皇室会議で婚約決定がなされることなどが報じられた。「皇太子さま『初恋』実る」という見出しが付けられた[66]ように、皇太子の意思が貫徹されたことが強調されたのである。その後、メディアはこれまでの取材で蓄積してきた情報を一挙に報じていく。これはミッチー・ブームのときと同じ状況であった。ただし、徳仁皇太子と小和田雅子の場合は、前述したワイドショーを含めたテレビでの報道もさらに付け加わったと言える。週刊誌にはたとえば『週刊現代』のように「皇太子妃小和田雅子さん全角度大研究」というタイトルが付けられた特集をはじめ、その人となりや学歴、家柄も含めた様々な情報が記載された記事が各誌に数多く掲載された。[67]皇室担当の記者が取材の内幕を語る記事もあった。[68]婚約の記者会見での皇太子による「私が全力でお守りしますから」といったプロポーズの言葉、小和田雅子のキャリアなどはメディアで大きく取りあげられ、人々にも歓迎された。こうしたあり方は、「開かれた皇室」の姿を示し、新しい象徴天皇制をイメージさせた。

しかし、そればかりでもなかった。宮家などから、事前に聞いていないという不満が出ていることなどを報じる記事も出た。[69]記事では、この不満は「美智子皇后の『皇室革命』が原因ではないか」と記されている。この結婚も、民間出身の美智子皇后が、同じく民間の小和田雅子を皇太子妃にと主導したのではないか、それによって「開かれた皇室」をさらに進めようとしているのではないか、それに「権威」側が反発しているのではないかという見方が提示されている。これが、後述する美智子皇后バッシングへと繋がっていく。

さらに、「皇太子御成婚なぜこんなに盛り上がらないのか」というタイトルが付けられた記事も掲載された[70]。これは宮内庁の怠慢ぶりを指摘したものである。メディアが求めているような対応を宮内庁がとれていないがゆえに、ミッチー・ブームのときのような盛りあがりに欠けているのではないか、「開かれた皇室」に対応できていないのではないかという問題提起であった。こうした論調は新聞でも見られた。『朝日新聞』で宮内庁を担当していた石井勤は、「遠くなっていく雅子さん」とのタイトルを付したコラムのなかで、「宮内庁の対応に、砂をかむような思いをしばしば味わわされている」と主張する[71]。宮内庁が出す小和田雅子の動静が極めて簡素で、制約も多く、こうした対応をとっているがゆえに人々は「皇室との距離を感じ取って」おり、「どこか覚めている」とまで石井は指摘した。宮内庁の対応に「権威」的なあり方を見、その問題性を突いたのである。

一方で、メディアは単に「権威」を批判し、「人間」としての象徴天皇制だけを求めているわけではなかった。そこには「消費」の要素があった。バブル経済が崩壊して景気が低迷するなかで、ミッチー・ブームのような「ご成婚ブーム」を再びという思い[72]はメディアのなかで強かったと思われる。祝賀企画としての広告・CMを新聞・雑誌・テレビの各社は打ち出し、「起爆剤」としての広告景気が期待された[73]。

このように、徳仁皇太子と小和田雅子の結婚報道をめぐって、平成の初期、象徴天皇制における「権威」「人間」「消費」のバランスが少しずつ変化するなかで、「権威」に対する批判や軋轢が目立ったのではないだろうか。

皇太子結婚

一九九三年六月九日、徳仁皇太子と小和田雅子の結婚の儀が行われた。美智子皇后に続く、二代続けての民間出身の皇太子妃の誕生である。ＮＨＫでは早朝の小和田家からの出発の様子、皇居内での様々な儀式、そしてパレードまで、新しい技術であるハイビジョンカメラを大規模かつ広域に配置し、ニュースや特番で一〇時間あまり生中継をまじえて放送した。[74] 民放では日本テレビが朝六時から一九時まで一三時間ほど生中継の特番を組んだ。独自に稼働した中継車は一五台、カメラは四五台（その他に民放プールで構成した六五台のカメラあり）、ヘリコプター一機という大規模な体制を組んでいた。[75] 日本テレビは、「この〝特別な日〟のスペシャル感を醸し、視聴者に目を向けさせるにはどうするのか」を考えていたという。[76] 高い視聴率を得ようとする「消費」的姿勢であろう。民放はその他に、ＴＢＳが約一二時間、フジテレビが約一一時間、テレビ朝日が約八時間四〇分、テレビ東京が五時間半の特別番組を放送した。いずれも大規模な中継体制を組んでの放送であった。ＴＢＳは雅子妃と同年代の複数の女性アナウンサーが中継のリポートを担当するような企画を立てた。[77]「心情をより理解できうる」という意図は、雅子妃を同じ「人間」としての身近な存在に感じさせようとしたのではないだろうか。

特にパレードの生中継では、関東地区でＮＨＫと民放を合計した総世帯視聴率は七九・七％に達したという。この数値は、「皇室の存在に対するテレビの現状肯定機能の大きさを、如実に示してもいる」と評価される。[78]「結婚式は、女性の生涯でいちばん人生が変わる日。ですから雅子さまの変わりゆく内面にスポットを当てます。視聴者のターゲットは女性に絞っています」という日本テレビ広報局のコメント[79]が示すように、こうした番組は自分たちに身近な存在である女性が結婚する場面を描き出そうとしていた。徳仁皇太子と雅子妃の結婚は、新しい時代の若い人たちの結婚のモデルになっていくとの言説[80]もこの時期にあった。こうした風潮を背景にして、番組は制作されたのではないだろうか。ただし、ここでも「消費」の側面があった。こうした特別番組のＣＭ料金は他の番組よりも高く、まさに「慶祝ＣＭ」としての売上があった。[81]「ご成婚」後、メディアのなかからは「ワイドショーを中心として、今回のご成婚をやたら盛り上げてしまった」「やるからには批判的なことをどこかに入れようかと思いましたが結局、おめでたに終始してしまった」という声も出ている。[82]

こうしたメディアの傾向を『Ｎｅｗｓｗｅｅｋ』（日本版）は、「二人の結婚の真実は、いつの間にかもっと口当たりのよい何かに、一種の『仮想現実』に置き換えられ」たとし、「おとぎ話」を報じていると論じる。[83]帰国子女の外務省職員という雅子妃の経歴は、男女雇用機会均等法後の女性の社会進出が目指される日本社会にあって、より新しい象徴天皇制の姿として歓迎された。バブル経済が崩壊し、経済状態が依然厳しいなかで、この「ご成婚」は明るいニュースとして、まさに「おとぎ話」として取りあげられたのだろう。一方でそれは次に述べるように、保守的なグループからはより反感を買うことに繋がっていくことになる。[84]

美智子皇后バッシング

これまで述べてきたような天皇・皇后による「開かれた皇室」路線は、順調に進んだのだろうか。実はそうではなかった。それは明仁天皇への直接的な批判ではなく、美智子皇后への批判となってあらわれる。

皇太子・雅子妃の結婚の儀が終了した後、『宝島30』という雑誌に、大内糺《おおうちただす》という仮名の「宮内庁職員」による「皇室の危機」という論文が掲載された。[85] 大内（皇居）を糺すという仮名が、この論文の内容を端的に示している。「とにかく今、ご皇室は嘆かわしい状況に置かれている」と述べる筆者は、天皇一家の「快楽主義的傾向」によってその「権威」が乏しくなったと批判する。その例として、天皇・皇后がテニスなどに明け暮れ、食べ物の好き嫌いが激しいこと、そして豪華な御所を新築していることなどをあげている。また、まるでプライベートのような公務を増加させたために側近が迷惑し、しかも過剰な警備や規制を天皇・皇后が嫌うため、かえって関係者の負担が増大していると指摘する。そして重要なのは、この論文が美智子皇后の気性の激しさを詳細に示し、皇后の意向によって皇室内の諸事が決定されている状況をかなり強調して描いている点である。問題は天皇ではなく、すべて美智子皇后が原因であると読者に印象づける書き方であった。

大内は論文のなかで昭和天皇の姿勢を高く評価し、明仁天皇と美智子皇后が進める方針に対しては終始批判的な態度を示した。彼らの「開かれた皇室」という皇室内の改革・近代化路線に批判的であることは明らかである。筆者は複数の宮内庁関係者・担当記者ではないかと噂された。

この『宝島30』の記事よりも前から皇后批判を展開していた雑誌もあった。『週刊文春』である。四月一五日号に「吹上新御所建設ではらした美智子皇后『積年の思い』」と題する記事[86]が、『週刊文春』の美智子皇后バッシング報道の始まりであった。美智子皇后は結婚後、皇室のなかで模索を繰り返し、守旧的な勢力からいじめとも言えるほどの仕打ちを受けたことは当時、周知の事実であった（例えばこの『週刊文春』の記事など）。一方でこの記事は、平成になると美智子皇后の「意向は絶対」となり、新御所建設もその象徴であると述べている。ゆえに「積年の思い」を「はらした」との見出しを掲げたのである。

『週刊文春』は、この後も美智子皇后バッシング報道のキャンペーンを展開した。例えば、『宝島30』の記事を紹介する形をとって美智子皇后の性格を暗に批判した「宮内庁職員が初めて明かした皇室の『嘆かわしい状況』」（七月二二日号）、記者に対して厳しい態度をとったとする「美智子皇后が『ムッ』としたある質問」（九月一六日号）、公私混同を繰り返しているとする「美智子皇后のご希望で／昭和天皇が愛した皇居自然林が丸坊主」（九月二三日号）、自衛隊員を拒否するような「いじめ」を行ったとする「天皇・皇后両陛下は『自衛官の制服』がお嫌い」（九月三〇日号）というものである[87]。いずれの記事も、美智子皇后の皇室内における権力の強さを強調するもので、その振舞いに苦言を呈する内容であった。そして昭和天皇時代の皇室を理想化し、「開かれた皇室」路線を批判する。しかし明仁天皇への批判はほとんどない。天皇という立場上、批判できなかったのであろう。それゆえに「開かれた皇室」路線の象徴である美智子皇后を批判し、それに歯止めをかけようとしていた。週刊誌として「消費」的に天皇制を扱いつつ、「人間」的な天皇・皇后のあり方から「権威」としてのそれに戻そうとする動きだったとも言える。

そして美智子皇后バッシングは他の雑誌でも展開された。『サンデー毎日』一九九三年六月二七日号もその一つで、『宝島30』の論文よりも前に発売されたにもかかわらず、その内容は酷似していた[88]。つまり、『宝島30』と同じグループによって書かれたものであろう。天皇制に「権威」を求める保守派が、天皇・皇后にこれ以上「開かれた皇室」路線を展開させないように、美智子皇后バッシングに走ったのである。平成になってから特に、様々な場面で天皇が皇后の意向を尊重しともに行動している姿が目立っており、それに対する反発があったものと思われる[89]。

『週刊文春』はさらに「美智子皇后　私はこう考える」と題する識者へのインタビュー[90]、「投稿大論戦／美智子皇后　読者はこう考える」とのタイトルを付けた読者からの投稿記事特集[91]を掲載する。いずれもややマッチポンプのような記事と言えるが、一方で今までのような美智子皇后バッシングだけではない意見も掲載されていることも事実である。ただし、全体的には批判が多くを占めており、これまでの自分たちの記事を後押しする形となっていた。

こうした報道が繰り返されることに対し、宮内庁は『週刊文春』に抗議して反論を試みた[92]。そして、美智子皇后も一〇月二〇日の自身の誕生日を前に、宮内記者会からの質問に対して次のような回答を寄せた。

どのような批判も、自分を省みるよすがとして耳を傾けねばと思います。今までに私の配慮が充分でなかったり、どのようなことでも、私の言葉が人を傷つけておりましたら、許して頂きたいと思います。

しかし事実でない報道には、大きな悲しみと戸惑いを覚えます。批判の許されない社会であってはなりませんが、事実に基づかない批判が、繰り返し許される社会であって欲しくはありません。幾つかの事例についてだけでも、関係者の説明がなされ、人々の納得を得られれば幸せに思います[93]。

美智子皇后はこのように反省の弁を述べつつ、バッシング報道が事実ではないことを主張し、その問題性を強く訴えた。自らの意見を積極的に表明した異例の回答とも言える。

そしてその日、皇后は倒れ、以後数ヶ月にわたって言葉が出なくなった。原因は心因性のもので、バッシング報道によるストレスとされた。この事態を受けてバッシング報道に関する雰囲気は一挙に転換する。『週刊文春』には抗議が殺到し、一一月一一日号に謝罪文とともに弁解の記事を掲載してバッシング報道を終結させることとなった。[94] そのなかでは、これまでの報道は決して「美智子皇后バッシング」ではなく、「ムードだけが先行する『開かれた皇室』になっていていいのか」、その問題提起だったとする。それに対し、宮内庁内や皇族からも賛同の声があがっていたとまで記す。その意味では、自分たちの報道は単に象徴天皇制を「消費」するものではなく、「権威」を志向するがゆえのものだったと主張する。さらに、現在の象徴天皇制のあり方を問うがゆえの記事だったとし、第4章で言及した「美智子さま」執筆中止のようなタブーにつながることを懸念もする。たしかに、メディアとして問題提起をする一方で、『週刊文春』の一連の記事は美智子皇后への個人攻撃になっていたことは否めない。その意味では苦しい弁解であった。

さらに『宝島30』を発行する宝島社にも銃弾が撃ち込まれるなどの事件が発生[95]し、一九九四年一月号で大内の署名による「皇后陛下にお詫び申し上げる」とのタイトルを掲げた文章を掲載するに至った。そして、「開かれた皇室」路線に対する反発はこれ以後、大きくはなされなくなっていく。この事件の背景には、明仁天皇・美智子皇后が進めていた「開かれた皇室」路線に対する反発があり、天皇制を「権威」と見る側から、天皇・皇后個人を批判する動きだったと言える。しかし皇后が倒れたことを契機に一挙に形勢は逆転し、「権威」化の動向を批判する動きが高まっていき、「開かれた皇室」路線を後押ししていくことになった。

バッシングその後

とはいえ、バッシング騒動の余波はその後も続いた。メディアとの関係で言えば、手塚英臣《ひでおみ》侍従の言動がまず大きな問題となった。手塚は、作家の森村桂《かつら》からバッシング騒動中にインタビューを受け、『週刊文春』などで報道されている美智子皇后の言動は事実ではないと丁寧に説明しながら、「でもこれを書いたのは誰だろうかというようなことはお口になさらないし、中の者を疑ってはいらっしゃいません」と述べていた。[96] これはバッシング騒動渦中では公表されず、皇后が倒れた後の『週刊現代』に掲載されたのである。

さらに手塚は、『文藝春秋』にも美智子皇后バッシング報道に対する反論のインタビューで登場する。[97] 皇后の言動や普段の生活を詳細に紹介し、報道にはあまりに事実と違う点が多いと主張した。天皇や皇后の側に居る侍従だからこそ、報道とは異なる本来の姿を語ることができるという側面はある。一方で、侍従が週刊誌報道などに具体的に反論を試みるというのもめずらしかった。

この手塚の二つのインタビュー記事が問題となった。[98] まず後者について。手塚は『文藝春秋』のインタビューのなかで、先の美智子皇后の誕生日前の回答は、時間的な制約から藤森昭一宮内庁長官にも事前に諮らず、「陛下にごらん頂き御許しを得て即、発表しました」と説明している。本来は長官の事前のチェックを経るもので、これは異例の事態であったが、宮内庁内では「こうした内々の話まで暴露する必要があったのか」という声が出たという。もちろん、庁内では手塚のインタビューが掲載されることも事前に承知していなかった。

前者についても、その内容の大半が新聞・通信・テレビなど加盟一五社からなる宮内記者会に、記事化しないという条件付きのオフレコで発言した内容であり、『週刊現代』掲載時にも記者会側へオフレコ要請解除がなされなかったことから、記者会が説明を求める事態となった。それまで、宮内庁では長官や次長をはじめとする定例会見はすべてオフレコが条件となっており、あらゆる情報をオフレコ化してきた慣行があった。それを飛び越えて、手塚が特定のメディアに登場して、具体的に反論を試みたのである。それに対して、宮内庁との約束を守っていたメディアがその対応を批判したという構図である。

　こうした状況に対し、まず宮内庁批判を展開したのが、『朝日新聞』の元宮内庁担当記者であった岸田英夫である。岸田は、美智子皇后バッシングへの宮内庁の批判に対して、「遅い」という現役記者の声を紹介し、その対応のまずさを問題視した[99]。バッシング報道に対して後手の行動になっていること、「小粒な能吏ばかり」になっていて皇室の先まで見据えて行動する人物がいないこと、その結果として天皇や皇后が矢面に立たされてしまい、今回のバッシングへと繋がっていったことなどである。さらに別の文章[100]でも岸田は宮内庁批判を展開し、今回ある宮内庁幹部から「あなたたちは報道協定があるからラクだろう」と発言されて抗議したこと、メディアにとって報道できない「屈辱」を宮内庁はわかっていないと強調した。ここには、先のオフレコ慣行に対する批判が垣間見える。メディア側からすれば、オフレコは望んでしているわけではなかった。今後の皇室に関係する記事を書くうえでの参考とするための情報蓄積として、さらに宮内庁との関係性構築として、オフレコを容認していたのではないか。一方で、手塚のインタビューはそうした制限によって自分たちが報道できないにもかかわらず、特定の社にのみ伝えることを許されるような状況となっており、宮内庁が情報をコントロールすることで、メディアを操作しようとしている。それは極めて短絡的な思考であり、今回のバッシング報道の要因にもなったと岸田は見た。このように、バッシング騒動後、皇室とメディアの関係性に関する批判がメディア側から出たのである。旧態依然の宮内庁という状況は、その後も展開されていく言説ではないか。

宮内庁はこうした声に応え、翌一九九四年から報道対応を変化させる。次長の定例会見はオフレコが条件だったのをオンレコ（記事にすることを前提とした説明）とする方向を模索し[101]、月二回の会見のうち一回を実際にオンレコへと切り替えた。こうした状況に対し『産経新聞』は、「『宮内庁の役割は皇室と国民の接点になることだ』と職員は決まって口にするが、皇室の正しい姿を国民に知ってもらうには、正しい情報を迅速に伝えることが必要だ」と述べる[102]。「開かれた皇室」を実現することの必要性が説かれたとも言える。

一方で、形勢は逆転したものの、天皇を「権威」と見る人々からの批判はその後も続いた。たとえば、中国哲学研究者の加地《かじ》伸行大阪大学教授は、「天皇の役目は、外遊したり国内で特定の会社のホテルを好んで使いテニスをすることなどではない」と天皇・皇后のあり方を批判し、宮中で「祈る」ことこそ重要だと主張する[103]。「皇室は国民の人気などという浮わついたものを求める必要はな」く、「国民の前に姿を現わす必要など毛頭ない」とまで加地は言い切った。このように、「開かれた皇室」に対する批判は小さくなったとはいえその後も展開されており、こうした意見はその後も伏在し続けることになる。

さらに評論家の松本健一は、昭和天皇は「無私」であろうとしたのに対し、明仁天皇と美智子皇后は「私」を強く主張しようとすると述べ、皇后バッシングを進めた『週刊文春』の報道には「一種の独特のえげつなさがありはするものの」、そうした皇室の志向性を人々に示したのだと主張する[104]。つまり、今回のバッシング騒動は「開かれた皇室」批判ではなく、皇室の「私」性に対する批判だとし、「国民が皇室に期待しているのは、要するに、皇室の『私』ではない。国民のための皇室なのである」と強調した。そこには、そう考えるならば美智子皇后を個人攻撃していいのかという問題は論じられていないものの、こうした批判の仕方はその後の平成末期から令和にかけての小室騒動における眞子内親王批判に繋がっていくものだろう。

以上のように、美智子皇后バッシングの余波には、その後の平成の皇室をめぐる言説の源流が潜んでいたのである。

阪神・淡路大震災と戦後五〇年

一九九五年一月一七日、兵庫県を中心とした阪神・淡路大震災が発生した。天皇は雲仙・普賢岳のときと同様に、侍従長を通じて兵庫県知事におくやみと見舞いの電話をかけた。また、一月二〇日の国会開院式の「おことば」では、「今次の地震による被害は、きわめて甚大であり、その速やかな救済と復興は現下の急務であります」と述べ、震災対応に取り組むことが政策課題であると国会で強調したのである。これはかなり異例の言葉であった。

天皇・皇后は一月三一日に兵庫県を訪問し、被災者を見舞ったほか、ボランティアなどを激励した。[105] 平成に入って、日本国内では災害が頻発しており、天皇・皇后はその後も各被災地を訪問し、被災者を見舞っていくようになる。そしてこれは、「開かれた皇室」の一環と見られていった。また、三月に起きた地下鉄サリン事件など多くの世情不安な出来事が頻発する時期にあって、こうした天皇・皇后の様子はメディアを通じて人々に広まっていく。

さらに一九九五年は、アジア・太平洋戦争の終結から五〇年目の年にあたった。天皇・皇后は、その前年の二月一二日から三日間、小笠原諸島を訪問していた。日米合わせて約二万七〇〇〇人が戦死（硫黄島の戦い）した硫黄島にまず向かい、日本軍戦没者を祀る天山慰霊碑と、日米軍人や島民らすべての戦没者を祀る鎮魂の丘の慰霊碑を訪れた。その間に、島民の戦没者を祀る慰霊碑の建つ島民墓地でも車を止めて車内から拝礼したという。[106]そしてその夜、「祖国のために精魂こめて戦った人々のことを思い、また遺族のことを考え、深い悲しみを覚えます。今日の日本が、このような多くの犠牲の上に築かれたものであることに深く思いを致したく思います」との感想を侍従を通じて明らかにした。激戦地である硫黄島を天皇が訪問するのは初めてであった。さらに訪問最終日には、「先の大戦では島民の強制疎開、硫黄島での島民を含む二万人近くの日本軍の玉砕、返還までの二十年以上にわたる多くの島民の島を離れての厳しい生活があり、島の人々に接し、その歴史に深く思いをいたしました」との感想も公表している。[107]ここでは、アジア・太平洋戦争においては兵士として亡くなった人々だけではなく、一般の島民などにも被害や苦難があり、しかもそれは一九四五年の敗戦で終わったわけではないと言及し、それを記憶することの意味を強調していた。そして天皇は一九九四年一二月の誕生日の記者会見でも戦後五〇年を迎える心境を聞かれ、「とりわけ戦争の禍の激しかった土地に思いを寄せていくつもりでいます」と答えた。[108]積極的に戦争の記憶の問題に取り組む意思を示したのである。これもメディアで報道され、人々に広まっていった。

翌年の戦後五〇年にあたる一九九五年には七月二六日から二日間にわたり被爆地である長崎・広島を相次いで訪問し、長崎では平和祈念像前での献花後に原爆資料センターと恵の丘長崎原爆ホームを訪問、広島では平和記念公園の原爆死没者慰霊碑に献花して原爆養護ホームで被爆者を見舞った。[109]このように人々から被害状況やその後の生活・現況について説明を聞き、そして犠牲者を追悼する。

そして八月二日には沖縄を訪問、国立沖縄戦没者墓苑に献花して平和の礎《いしじ》を訪れた。翌三日には東京大空襲で亡くなった人々の遺骨が納められた東京都慰霊堂を訪問する。こうした一連の訪問はメディアでは「慰霊の旅」として報道され、遺族との新しい関係性を築くものとして好意的に伝えられた。[110] 天皇が平和を求めて慰霊の旅を続けることは、人々とともに歩もうとする「開かれた皇室」路線の一環と見る意見もあった。戦争の記憶に取り組む天皇の姿は、その後もメディアに継続して登場していくようになる。

明仁天皇はこの年の八月一五日の全国戦没者追悼式で、「ここに歴史を顧み、戦争の惨禍が再び繰り返されぬことを切に願い」との表現を用いた「おことば」を発していた。[111] これはそれまでの年にはない文言で、翌年以降の追悼式でも継続していくことになる。また、同じ頃から宮内庁より公表される天皇の「御製」や皇后の歌にも戦争関係のものが登場する。こうした問題に積極的な天皇・皇后像が次第に明確になってきたと言えるだろう。

被災地への訪問、そして戦争の記憶、その後にいわゆる「平成流」と呼ばれる二つの柱を積極的に展開していく天皇と皇后。[112] その動向をメディアは報道していく。ただし、当初はそれほど大々的な報道ではなかった。それゆえ、人々への浸透具合もそれほど大きくはなかった。それが変化していくのが、二〇〇〇年代に入ってからだと思われる。次章でその状況を述べていきたい。

第8章　「平成流」の定着

2016年8月8日、明仁天皇がテレビを通じ「生前退位」の意向を表明する様子を見つめる人々。写真：アフロ

雅子妃の活動と妊娠報道

結婚後も、雅子妃に関する報道は相次いだ。一九九四（平成六）年二月、皇太子と雅子妃は初めての記者会見を行い、雅子妃が皇室に入って皇族としてどうあるべきなのかについて考えを述べ、皇太子は「良き妻であると同時に良きパートナー」と答えた[1]。この会見は当初、一月に予定されていたが、雅子妃の風邪で延期したため、ワイドショーや女性週刊誌などでは「ご懐妊か」という声があがった。そのため、会見では皇太子が「あまり波風が立ちますと、コウノトリのご機嫌を損ねるのではないかと思います」とユーモアも交えて否定、雅子妃は「プレッシャーを感じませんか」という質問に対し、「物事はなるようになるんではないかという感じがいたします」と笑顔を見せたという。この時期はまだその後のようなメディアとの緊張関係はなく、穏やかなものであった。

結婚後、皇太子と雅子妃は積極的に海外を訪問していた。まず一九九四年一一月に、湾岸戦争などで延期になっていたサウジアラビア・オマーン・カタール・バーレーンなどの中東諸国を歴訪する。そして翌年一月には阪神・淡路大震災後であったがやはり湾岸戦争などで過去に訪問を延期したことなどを踏まえてクウェート・アラブ首長国連邦・ヨルダンなど、再び中東諸国を訪問した。この二度の海外訪問は、結婚後初めてのもので、一九九〇年の湾岸戦争後における中東諸国訪問だけに、人々の関心も高かった。訪問先での二人の様子はメディアで大きく取りあげられ、雅子妃のファッションにも注目が集まった。以上のようないわゆる「皇室外交」の展開は、外務省出身である雅子妃のキャリアを活かすものとして、たとえば「元外交官のキャリアを発揮、通訳を付けないで話される場面が目立った。外務省は『公式の場に姿を見せない女性との交流が出来た』と、高く評価している」とメディアでは報道され、人々もそれを受容していった。そうした状況は、女性が結婚しても外で仕事をするという状況を示したことでもあり、皇室が変化するのではないかという期待感にもつながった。雅子妃の存在そのものが「開かれた皇室」の象徴とも見られたと思われる。[2]

しかし、世間は必ずしも雅子妃が外で働くことばかりを歓迎していたわけではなかった。先のメディアの関心が雅子妃の妊娠にあったように、皇太子妃が子どもを産むことは将来の天皇が誕生する可能性ともなる。そのため、皇太子夫妻の公務以上に、雅子妃の体調に注目が集まった。こうした動向に対し、『朝日新聞』で元宮内庁担当であった岸田英夫は、「ご夫妻もさぞ大変だろうと同情したい」としつつ、この話題に関する問題性を指摘する。[3]第一に、テレビ局では人事異動が激しく、皇室問題について専門的にコメントできる記者などはごく少数しかいない。それゆえに、外野の「皇室ジャーナリスト」が登場し、それが「関係者」と呼ばれる人物の根拠がはっきりしない発言を基に「ご懐妊」というようなエスカレートしたコメントをするという。ワイドショーなどで皇室に関する話題を長時間にわたって取りあげるゆえに、こうした問題が起こるという指摘だろう。ただし、岸田はメディアだけの問題ではないという。それは第二に、宮内庁がとってきた広報体制や報道姿勢への「抜き難い不信感が背景にある」と主張する。宮内庁の言っていることが本当ではないと思われるのは、普段の彼らの姿勢のためではないか。岸田はメディアの問題性を指摘しつつ、宮内庁のメディア対応のまずさも批判したのである。こうした背景も、前章で述べた会見のオンレコ化につながった。とはいえ、『週刊文春』が「国民が待ち望む'96最大の慶事」として、雅子妃の「ご懐妊」があるという記事をその後も掲載したように、[4]雅子妃の妊娠はメディアの関心事であり続けた。

雅子妃の苦悩と初めての単独記者会見

そして、次第に雅子妃をめぐる様々な問題も指摘されるようになる。たとえば、ノンフィクション作家の高山文彦は、結婚から一年五ヶ月を経た一九九四年一一月に、雅子妃の「疲れた姿」や「苦悩」を紹介している。[5] そのなかでは、皇太子と雅子妃の関係性がうまくいっていないこと、また次第に彼女の姿が表立って見えなくなっていること、しかも皇族関係者による雅子妃バッシングが展開されていることまでが述べられた。慣れない皇室に入り、孤独な状況に置かれている雅子妃の姿がここでは描かれる。ワイドショーで放送される皇太子・皇太子妃像とは異なる夫妻の様子であった。そして高山は、皇太子の学友の「天皇家のあり方についての国民的な議論を、皇太子殿下はのぞまれているはずです」という言葉でこの文章を締めており、皇太子夫妻が「権威」を持つ皇室のなかでもがき苦しみ、そうしたあり方を変えたいと思っていることを示唆するとともに、それには人々による象徴天皇制についての議論が必要であること、言い換えれば二人の姿勢を世間が支持する必要があることを主張したのではないか。

さらにジャーナリストの矢澤秀一郎は、結婚から三年経った一九九六年に、雅子妃をめぐる問題を論じた文章を発表した。[6] このなかで矢澤はまず、雅子妃が常に妊娠に関する問題を記者会見で宮内記者会から問われ、週刊誌には「産婦人科の権威が密かに明かす雅子妃の〈不妊症〉」というタイトルの記事のように、「デリカシーに欠けると言わざるを得ないものも、また少なくない」と断じる。[7] 将来の天皇を生まなければならないという重圧は、天皇制を守るということを意味する。それは天皇制という「権威」を維持する意識である一方で、そうした「ご懐妊」報道がまさに「消費」もされていた、その状況に矢澤は問題提起をしたのである。しかも、皇太子夫妻が公的行事などで地方を訪問しても、地方紙は取りあげるがそれ以外のメディアは「冷淡」で、彼らの動向を他の地域の人々は知ることもない。宮内庁も積極的に二人の肉声を伝えようとはしない。こうした状況は、昭和の時代の皇太子夫妻と通底する動向であろう。それが平成になっても継続しているというのである。そして矢澤は次のように言う。

皇太子と雅子妃の三年間は、国民やマスコミからの絶えざる期待と、そのすべてには応えることの適わないこの「不自由さ」の板挟みだった。アクティブなイメージの強かった雅子妃だけに、その落差が大きく見えても仕方がない。しかし、性急に結果を求めるのは酷だ。

さらに矢澤は、雅子妃の「キャリア」が皇室で本当に活かされるのはこれからだと主張する。この文章は高山のそれと同様に、雅子妃が「権威」を持つ皇室のなかで苦悩していること、メディアも次第に批判を展開し始めていることなどを明らかにしながらも、雅子妃の今後の活躍を期待するものであった。ただし、こうした論調は必ずしも多数派ではなかったと思われる。

同年一二月六日、三三歳の誕生日を控えた雅子妃は、初めて単独で記者会見に臨んだ。宮内庁はこの記者会見を実施した理由として、宮内記者会からの強い要望があったこと、皇太子に同席する形で雅子妃も会見の経験を重ねてきたこと、会見が設けられる外国訪問がこの年にはなく肉声を伝える機会がなかったことをあげ、「機が熟した」からだとする。[8] 一方、「実態と異なる皇室報道や『姿が見えない』などとする論調が、国内外の様々なメディアに増えてきたこと」「宮内庁の考え方も『皇族方の会見は、人柄を正しく伝える良い機会』とする方向に徐々に変わりつつある」といった理由もあった。高山や矢澤が書いたような懸念が、雅子妃の単独会見実現に向かわせたのである。

ここで雅子妃は、「率直に語」った。[9] 複数の欧米メディアから「姿が見えなくなった」と論じられたことについて、「ある一つの側面なり、一つのテーマというものを強調するあまり、少し事実にはないようなことを事例として挙げていたり、極端な結論を導いていたりしている」と反論している。さらに、国内の週刊誌報道などにも触れ、「皇室なり、宮内庁なり、私に対して一定の先入観を持って、事実に基づかない憶測を中心として議論を進めている。そして、その上にとてもセンセーショナルな見出しがつけられていることがございます」とも批判し、「そういったことで、国民の中に皇室ですとか、皇族に対して誤解が生じたり、間違ったイメージが広がっていかなければいいけれど」と懸念を示した。雅子妃はかなり強い調子で報道に対して自分の言葉で考えを述べ、批判を展開した。

一方で、自身を「うつ状態」とした報道にも触れ、「いま話題の脳内モルヒネとかいうものがそれなりに出ているのか、そういうことは全くありません。どうぞ、心配していただかないように」とユーモアを交えて否定している。会見は一五分の予定が三〇分になり、会見の感想を問われた雅子妃は「こんなに話したのは初めてなので、のどがカラカラになりました」と笑顔で答えるなど、[10] 反論だけではなく、時には冗談を交えながら自身のあり方を示した。

これに対して『朝日新聞』の宮内庁担当記者であった岩井克己は、「時に懸命に、時に堂々と、率直な見解を述べた」と評した。[11] そして、「自身についての報道ぶりが、社会的現象として冷静に客観的にとらえられている一方、現在の気持ちが心をこめて語られていた」と評価する。一方で、元東宮侍従の浜尾実は「国民が一番期待している御懐妊について一言も触れていない。これはやは

り不自然です」との感想を述べた。[12] これは事前に渡された宮内記者会側からの質問になかったから

だが、質問は宮内庁と記者会とのすりあわせのなかで決定されるため、浜尾は宮内庁が波風の立たないように質問をカットしたとし、『週刊新潮』はこれを「宮内庁と記者クラブの癒着」だと批判する。このように、会見をめぐっての宮内庁の対応には批判があったものの、雅子妃の態度に対しては表立った批判は展開されなかった。浜尾は「固いねえ。ずいぶんと緊張しているなあ、という印象でしたね。まだ妃殿下としてなりきってらっしゃらない。身についてらっしゃらない」とは言うものの、世間ではそれなりに評価されたと見てよいだろう。なお、皇太子は翌年二月の自身の記者会見で、メディアの報道に対し「とかく型にはまったイメージで見られがちで、とかくある特定の部分が強調されるきらいがあるということは、私もかねがねちょっと気にかかっているところであります」と、皇太子妃を擁護する発言をしている。[13]

この背景には、美智子皇后バッシングと失声症という事態の後、「開かれた皇室」批判や美智子皇后への中傷が「権威」の側からできにくくなったため、注目されて皇室に入った雅子妃に対して批判や中傷が集中することになったという状況がある。秋篠宮家の紀子妃にはそれらが見られなかったのは、皇太子家という存在の方がより注目されるということもあった。また雅子妃が公務を積極的に行ったり、メディア報道を批判したりするような振る舞いが「開かれた皇室」にはふさわしくない、「権威」的に見えると批判されたこともあった。しかしそれは、「消費」するメディアにおもねることをしなかったからではないか。雅子妃の東京大学在学時代の友人でジャーナリストであった工藤雪枝は、「一方で彼女に皇室に革命的な旋風を巻き起こすことを期待しながら、他方で、伝統的な日本女性としての内向的な態度や母親としての伝統的なあり方を期待する」風潮が報道に

は見られると批判する。[14] つまり、どうあっても雅子妃は批判にさらされる。さらに週刊誌を中心としたメディアは、次第に雅子妃への批判そのものを「消費」し始めたとも言える。[15] これが、後の雅子妃へのバッシングにもつながっていくことになる。

即位一〇年の総括

一九九九年一一月、即位一〇年に際して天皇・皇后の記者会見が行われた。このとき、宮内記者会から天皇・皇后への代表質問は三問あった（もう一問、在日外国報道協会代表から外国訪問についての質問もあった）。この記者会見からはメディアの思惑が見えてくる。

一問目に、即位一〇年を迎えるにあたっての気持ちを尋ねている。これに対し天皇は「戦後、互いに国民が協力し、たゆみなく努力を重ねて、今日の平和と繁栄を享受するに至」ったと言及した。戦後の復興において人々の力が果たした役割を評価し、それが「平和と繁栄」に繋がっていると強調したのである。また、「即位以来、天皇は日本国の象徴であり、日本国民統合の象徴であるという憲法の規定に心し、昭和天皇のことを念頭に置きつつ、国と社会の要請や人々の期待にこたえて天皇の務めを果たしてきました」とも述べ、象徴としての模索を続けていること、そして昭和天皇からの継承、人々を意識しながら行動していることなどについても触れた。

二問目は、障害者・高齢者などの福祉問題とともに、それに加えて被災地の見舞いなどに取り組んでいることについてどう考えていたのか、さらに今後の役割はどうするのかを尋ねたものである。これは、人々に寄り添う天皇・皇后の姿を念頭になされた質問であろう。天皇は「人々に心を寄せていく」ことが自身の「大切な務め」と回答している。

三問目に、沖縄サミットを翌年に控え、戦後五〇年のときや外国訪問などで戦争に関する場所を訪問し、記者会見などで戦争の記憶に天皇・皇后が触れていること、若い世代に伝えることについてその気持ちが尋ねられた。天皇は自身の幼い頃の記憶を述べながら、「今日の日本が享受している平和と繁栄は、このような多くの犠牲の上に築かれたものであることを心しないといけない」と訴えた。「平和と繁栄」というキーワードは一問目の回答のなかにもあり、天皇にとってそれが重要な意味を持っていることがわかる。

この会見の質問順からもわかるように、メディアのこのときの関心は、第一に人々と象徴天皇制の親近さを示す「開かれた皇室」にあり、その次に天皇と皇后の戦争の記憶への取り組みが続いていた。平成が始まってから一〇年間の総括はやはり「開かれた皇室」というキーワードであった。『毎日新聞』は即位一〇年にあたって、四ページにもわたる特集記事を掲載しているが、その内容は「『平和』『沖縄』『福祉』両陛下思い新たに」との見出しでこの会見内容を報じたものであり、「国民との触れ合いを求め」との見出しも掲げて、平成における象徴天皇制の状況を振り返った。[16]『毎日新聞』の伝えようとする重きは後者にあり、それを「新しい時代の皇室」と表現して歓迎していた。『朝日新聞』はより明確に、同様の特集記事で「ぬくもり、言葉に込めて／新たな皇室像へ歩む」との見出しを掲げた。[17]もちろん、外国訪問において戦争の記憶に天皇・皇后が触れていることには言及されつつもそれは一部で、被災地などへの見舞いなど、人々と触れ合う部分を強調していた。その意味でメディアは、「開かれた皇室」を平成の象徴天皇制の柱として重要視していたものと思われる。

一方で、天皇は先ほど述べたように、一問目と三問目で同じ「平和と繁栄」という言葉を用いていることからも、戦争の記憶への取り組みも「開かれた皇室」と同様に重視していたと思われる。第5章で見た皇太子時代からの言動を考えてみれば、当然と言えるかもしれない。平成の象徴天皇制のその後を振り返れば、人々との近さとともに戦争の記憶という問題が、象徴天皇制を語る二つの柱となっていると思われる。しかしこの時期には天皇の思考とはやや異なり、メディアのなかでは「開かれた皇室」路線を前面に象徴天皇制を語っていたのである。

雅子妃「ご懐妊」騒動

一九九九年一二月一〇日、『朝日新聞』が「雅子さま懐妊の兆候　近く詳細な検査」との見出しを掲げ、雅子妃の妊娠の兆候をスクープする。[18] 前述のように、各メディアはこの問題に注目していた。各社ともに記者を皇太子妃選考のときと同様に投入して関係者への夜討ち朝駆け取材を行っており、ＮＨＫや「共同通信」は情報をつかんでいたようであるが、『朝日新聞』がいち早く報じたのである。[19] これを受け、各紙の夕刊には慶祝記事があふれ、テレビもワイドショーで「ご懐妊」が事実であるかのように放送された。

一二月一三日、皇太子夫妻は元赤坂の東宮御所から皇居のなかにある宮内庁病院に向かった。長時間にわたった診察の後、報道室と東宮職から次のようなコメントが発表された。

皇太子妃殿下におかせられましては、本日の拝診及び検査の結果、現時点において、ご懐妊なさっていらっしゃると発表できる段階にはありません。なお、医学的見地からの発表も待たず、先週末来、妃殿下のプライバシーにも触れるような過熱した報道がなされたことは、極めて遺憾であります。今後は、プライバシーなど両殿下の人権を十分尊重し、節度ある報道がなされ

ることを強く求めます[20]

さらに、「両殿下は、このような記事が流れたことについて、大変なショックを受けているということです。大変なプレッシャーを受けておられる」と、スクープした『朝日新聞』を名指しした。プライバシーや人権という言葉を使って、その報道を強く批判したのである。「ショック」「プレッシャー」といった皇族の感情が示される異例な展開であった。一方で宮内庁内では、メディアに早く知らせるべきとする考えと安定期までは伏せておくべきという意見が対立していたとする見方もある。[21] また、『毎日新聞』で宮内庁を担当していた森暢平によれば、東宮侍医が雅子妃の体調を説明する際に「生理がありました」などと述べていたことが、記者時代の「最大のショック」だったという。[22]「ご懐妊の情報をつかむのが仕事とはいえ、人の奥さんの生理の周期を聞かされるということに違和感を覚えました。そこにはプライバシーはないわけですから」。このエピソードからは、むしろ「ご懐妊」を「消費」の方向に誘導していたのは宮内庁とも言える。だからこそ、情報を『朝日新聞』に漏らした宮内庁の体質を批判する記事も掲載された。[23]

作家の林真理子はこうした状況を受け、「おそらくこれからも、雅子妃は、ご成婚の時よりももっと強く、国民という者たちの図々しく無邪気な善意と悪意、そして巨大な好奇心にさらされることになるだろう」と述べる。[24] 雅子妃の「ご懐妊」が「消費」されている現状を表現したものだろう。『週刊新潮』はこの報道の余波を報じているが、[25] たとえば「雅子妃『景気』は到来するか」という項目のように、雅子妃の「ご懐妊」から景気回復に結びつけようとする発想自体、まさにそれを「消費」していたと思われる。

こうしたあり方に対し文芸評論家の福田和也は、報道は「常軌を逸しておりました」と強く批判、それは「人間的に許されないものだと思います」と述べた。[26] 福田は、皇族の一挙手一投足が「メディアに話題を提供してくれるものとして」「消費」される状況は、「国民的人気」を基盤とする「開かれた皇室」にも原因があるのではないかと説き、そこからの脱却を求めた。福田はこれを機に、「権威」としての象徴天皇制へと持っていくべきと提言する。具体的には「元首化・皇室財産返還等をすすめなければなりません」と、かなり復古的方向への展開を求めた。「ご懐妊」騒動にはこうした余波もあった。

その後の一二月三〇日、雅子妃は稽留流産と診断され、宮内庁病院で手術を受けた。この日の診察で「ご懐妊」が発表されると予想していたメディアは、号外の用意もしていた。しかし、古川清東宮大夫は「特別な原因はない。マスコミ報道によるストレスも原因ではない」としつつも、「医学的な検査結果が出る前に懐妊の兆候という記事が出て、妃殿下にどれだけ大きな負担を与えたか」と会見で述べ、悔しさをにじませつつ、『朝日新聞』を直接的に批判する。[27]『朝日新聞』は翌二〇〇〇年一月一日、電話や電子メールで約三九〇件の抗議や意見が社に寄せられたこと、それは「正式な発表まで報道を慎むべきだったという意見が大半を占めた」と伝えた。[28] さらに、三浦昭彦編集局長の名前で説明文を出し、掲載に踏み切ったのは「皇太子ご夫妻が公人中の公人であること、皇室、とりわけ皇位継承にかかわる事柄は国民の重大な関心事であること、さらに今回は慶事の兆しであること」を考え報道したと釈明した。『朝日新聞』の宮内庁担当記者であった岩井克己は、後に「お世継ぎ問題は深刻になりつつある。妊娠となれば、こんな明るいビッグ・ニュースは」ないと考え、しかしデリケートな問題ゆえ「具体的には書かない」という形で「公私の問題を仕分けして書いたつもりでした」と述べる。[29] さらに岩井は、「長年接してきた皇太子夫妻の赤ちゃん誕生が、政治の世界の思惑に絡められているのではないかとの密かな反発があり」、それが記事を書いた理由であったとも釈明する。「ご懐妊」ムードを政局に利用する風潮が見られたことが、記事執筆の理由にもなったというのである。本当に政治が利用しようとしていたのかは根拠が明確に記されておらずはっきりとはしない。しかし、そうであると言い切ったのは、決して「消費」していたのではないという『朝日新聞』の立場を示したものであった。あくまで、「国民の重大な関心事」だからこそ報じたというスタンスであろう。しかしそれならば、正式発表まで待ち、しかも一面スクープというあり方でない報じ方もあったのではないか。この釈明にはやや無理があるように思われる。

「孤独の人雅子妃」

この騒動を経た後も、雅子妃はメディアで大きく取りあげられ続けた。美智子妃が静養していたときとは、その意味で異なっていた。たとえば、「流産されたのは誠にお気の毒ですが、ご懐妊への道筋はできたと言えます」という日本産婦人科学会会長のコメントを掲載した記事[30]のように、雅子妃は妊娠が可能であることが今回でわかった、だからむしろ次を期待するという言説が登場する。さらに、メディアはその後の雅子妃の一挙手一投足に注目し、そこに「ご懐妊」の兆候を読み取ろうとする。たとえば、雅子妃の「お顔も血色がよく、少々ふっくらされたご様子」といった宮内庁担当記者のコメントが掲載される記事もあった[31]。しかしそれは、雅子妃に対してさらなるプレッシャーになったのではないか。

一方で、メディアが雅子妃の「ご懐妊」を「消費」することに対する批判もやはり出た。ジャーナリストの徳岡孝夫は、「いかに相手が公人であろうとも、女性の人権への当然の配慮――いやそんな堅苦しいことを言うまでもなく、人間が人間に接するときの思いやりというもの」が今回の『朝日新聞』のスクープには欠けていたと述べる。[32] 徳岡は保守系の論客である。この文章の副題が「雅子妃をダイアナ妃にするなかれ」とあったように、メディアによって「消費」されることで皇室の「権威」が傷つけられることを恐れての意見であったと思われる。一方で、「権威」からそれを批判するのではなく、あくまで「人間」としてのあり方から説くあたりは、象徴天皇制のあり方を「権威」から説明するのでは世間に説得的ではないと徳岡が考えたからだろう。あくまでメディアの行きすぎを人権論から非難する。それは、美智子皇后バッシング以後、保守派が採る一つの方策だったのではないか。

こうした声に対して、フランス文学者の篠沢秀夫学習院大学教授は、「騒ぎすぎるのはもちろんいけないけれども、かといって変に遠慮して何もいわないのもいかがなものか」と述べる。[33] 皇太子と結婚した以上、雅子妃が子どもを産むということは必然的に注目を浴びる。それは「国民の皇室に対する関心の深さというものを端的に表している」のではないか。篠沢はそれを「国民が向ける『見る愛』」と表現した。そして今回の問題をきっかけに、「皇室を考えるひとつのよい契機になればいい」と主張する。この篠沢の意見は、メディアの姿勢を批判しつつも理解していたとも言える。彼は、メディアと天皇制のあり方のなかで生きてきた美智子皇后はこうしたメディアとの関係性を克服した存在であるとし、彼女が雅子妃を守り支えることを求めた。さらに、篠沢は皇太子夫妻には女子が産まれてもよく、必要ならば皇室典範も改正すべきとしている点で、雅子妃への負担を和らげようと考えていたのだろう。

とはいえ、この時期の雅子妃は「側近への不信感」を抱き、「孤独」になっていた。[34] プライバシーでもある「ご懐妊」の兆候が『朝日新聞』へ流れたことが、「不信感」の要因であったという。そして、「ひきこもり」に似た症状が出てくる。二〇〇〇年七月、雅子妃は香淳皇后の本葬にあたる「斂葬の儀」を「夏バテのような状態が続いておられる」として欠席する。これに対して、メディアが再び「ご懐妊」ではないかと騒ぐ事態が起きた。この状況を報じた『週刊新潮』は、「雅子さまがここへきて、相当な重圧を感じておられることは間違いない。宮内庁も、その辺りをもう少し考慮して差し上げないと、本当にお気の毒ですよ」と述べる皇室関係者のコメントを掲載したが、[35] こうした環境に置かれる雅子妃の状況を心配する言説も増えていく。

そして、『週刊文春』が「孤独の人雅子妃」という記事を掲載する。[36] 事態は「ご懐妊」ではなく、さらに深刻なものであるとする内容である。そして、雅子妃が宮内庁の対応に「不信の念を抱」き結果として「孤独」になっていること、さらにメディアもシャットアウトして「報道陣からも不満の声が上がっている」ことなどを紹介している。[37]『週刊文春』はその原因を、宮内庁の対応のまずさに求めた。メディアとの協調をもっと図っていれば雅子妃の「孤独」は防げた問題ではないかという。さらに『週刊文春』は、天皇制の、そもそも子どもを産み継続させていく仕組みをも問うた。「皇室のあり方について議論が深まらない」現状、そうした「国のシステムの歪みが、雅子妃一身に降りかかっている」と述べた。それまで「ご懐妊」を「消費」していたメディアのなかから、構造を問題視する言説が登場したのである。

雅子妃の「孤独」を報じる記事はその後も掲載された。[38] そして、その後の宮内庁の対応について、『週刊新潮』は強く批判する記事を掲載する。[39] 雅子妃には息抜きになるような時間がなく、プライベートもない。そうした状況に置いている宮内庁には「血の通った役人がいないのではなかろうか。もとより、想像力もなければ、自由な発想もまるでない。何より、雅子妃殿下を一人の『人間』として見ていない」と強い調子で書く。「前例主義」にとらわれた宮内庁の「権威」を批判したのである。そして、雅子妃にはもっと自由な時間を与えるべきではないかと主張する。まさに、「人間」としてのあり方を提起したのである。「ご懐妊」騒動後の状況は、メディアからこうした意見が登場するほどの事態だった。

メディアがいわゆる「ご懐妊」を積極的に報道していったのは、女性の役割は子どもを産むこととするような古い価値観に起因していたように思われる。その点では「権威」的である。つまり、キャリアを活かして仕事を担うことと子どもを産んで家を継続させることとの両立が難しいことを予想させたとも言える。おそらくそれは、雅子妃だけが抱えていた問題ではない。社会の状況は変わり、それまでのように家を継続し守るという感覚は若い世代にはなくなりつつあった。「人間」らしさを求める動きだろう。しかし、親の世代は必ずしもそうではなかったため、同年代の女性も同じような困難に直面したのではないか。そして雅子妃も、自信を持って取り組んでいたキャリアとの整合性が問題となった。この齟齬が様々な問題を引き起こし、メディアもそれを報道しながら、場合によっては「消費」していったのである。

愛子内親王の誕生と「人格否定」発言

二〇〇一年四月一六日、宮内庁は雅子妃に「ご懐妊」の可能性が出てきたとして、公務の取りやめを発表、古川東宮大夫は「できる限り静かに見守っていただ」きたいと述べた[40]。翌日の『朝日新聞』社説では、前述した「ご懐妊」騒動に対して「プライバシーをより重んじる方々から強い批判を受けた。報じる必要性とプライバシーの調和点を探る。それは私たちにとって重い課題だ」と論じた。[41]宮内庁は、雅子妃の公務欠席が続き、メディアが騒ぎ始めるなかで「もう伏せきれないのなら、積極的に発表して報道の先走りを止めよう」と判断したと言われる。さらに、メディアのなかでもそうした『朝日新聞』への批判を踏まえて、「『静かに』をことさらに強調する様子」も見られた。[42]同じような批判を受けないように、報道はやや抑制気味であった。しかし、次のような投書があったことも事実である。

雅子妃ご懐妊の兆しの発表後、一部のテレビ報道に憤りを感じている女性は多いと思う。実家を取り巻いて取材し、皇太子ご夫妻と愛犬の散歩風景をくり返し映し出し、住まいの前を夜遅くまで照らし出した。

「今後、静かに見守ってほしいとのことです」とアナウンサーが静かな口調で中継する。「可能性」という段階で発表があった意味を、どうしてくんでやれないのだろうか。

車の外からカメラを向けられて緊張され、笑顔でこたえねばならず、精神的にお疲れになるはずだ。子を産んだことのある女性なら、そのことを心配する。

私たちは雅子妃の映像も情報も求めてはいない。それを報道に携わる人に知ってほしい。今後の発表の際も、カメラで追いかけ回すことだけはやめてほしい。[43]

この投書からは、メディアの姿勢は変わっていないと人々が受けとめた様子がわかる。「静かに」と言いつつ、特にワイドショーなどが執拗に報道することの矛盾を突いたとも言えるだろう。

五月一五日、宮内庁は雅子妃の「ご懐妊」を正式発表した。そして二〇〇一年一二月一日、雅子妃は愛子内親王を出産する。この出産をメディアは大きく扱った。新聞は号外も発行、「皇太子妃雅子さま、女児ご出産　母子ともお健やか　３１０２グラム」という見出しを掲げ、その体重まで報じられた。[44] 翌春には皇太子とともに記者会見に臨み、出産に至るまでの自身の気持ちを話すなかで、「生まれてきてありがとう」と述べつつ涙を流した。[45] こうした姿に、特に雅子妃の同年代の出産を経験した女性からの共感を伝える記事が掲載された。[46] 二人の記者会見の様子は翌朝のワイドショーでも取りあげられ、日本テレビの「ズームイン‼　ＳＵＰＥＲ」は一四・九％、テレビ朝日の「スーパーモーニング」は一〇・二％と、高い視聴率だったという。しかし、皇室典範では天皇は男系男子しかなることができないため、愛子内親王の誕生後、「次は男子を」という声が報道されたこともあった。[47] こうした状況もまた雅子妃にはプレッシャーになったように思われる。

そして二〇〇三年一二月、雅子妃は帯状疱疹を発症し、公務を休むことになった。翌二〇〇四年五月一〇日、皇太子が外国訪問を前にした記者会見で、「（皇室に入るまでの）雅子のキャリアや人格を否定するような動きがあった」と発言する。[48] いわゆる「人格否定」発言として、その後に大きな問題となる皇太子の発言であった。皇太子がこうした発言をした背景には、国際的なキャリアを有する雅子妃に対して、それを活かすのではなく、子どもを産むことを優先させる動きがあったからだろう。しかしこの発言の具体的内容が何を指すのかが不明であったことから、メディアでは様々な憶測を呼び、多くの記事が掲載された。羽毛田《はけた》信吾宮内庁次長は、天皇・皇后から「報道の多くが家族の中の問題に関する憶測ならば、一つ一つに釈明することが国のためになるとは思われない。宮内庁がその弁明のために労を費やすことは望まず、今は沈黙を守ってもらって構わない」との言葉があったことを明らかにしている。[49]「人格否定」発言を機に、週刊誌などのメディアが犯人捜しを始め、天皇夫妻と皇太子夫妻の関係などを取りあげ、その問題を「消費」し始めたことに対し、それに反応する必要はないと天皇・皇后が考え、宮内庁もそのように対処することとなった。

二〇〇四年七月三〇日、宮内庁は雅子妃が適応障害であると発表し、その後に療養生活を送ることとなった。二〇〇六年夏にはオランダのベアトリクス女王の好意で、皇太子一家でオランダを訪問し療養生活を送った[50]。その間にも、メディアは雅子妃に関する記事を数多く掲載していく。たとえば『週刊新潮』は、宮内庁と宮内記者会の記者の間で雅子妃への取材をめぐって「冷戦状態」になっていると書く[51]。雅子妃は療養生活のなかでも公務を少しずつ再開していたが、それまでとは異なりメディア対応はなされなかった。雅子妃は「マスコミ嫌い」になっており、それに対する記者たちの不満が「マスコミに対する無菌状態を続けたままで、はたして公務の完全復帰ができるのか」というコメントとともに語られている。記事全体として、雅子妃の意向に宮内庁もメディアも振り回されていて、不満が高まっているかのような論調になっている。さらに『週刊現代』は、皇太子夫妻が天皇一家のなかで孤立していることを紹介している[52]。ただし、天皇らがあえて二人を孤立させようとしているのではなく、病気の雅子妃に対する遠慮が結果的にそうなってしまっているという。そのため、皇太子夫妻の離婚まで取り沙汰されるようになったとこの記事では書かれている。このように、雅子妃の病気までもが「消費」される状況になっていた。これはあきらかに、美智子妃が病気療養をしたときにメディアが報道を控えたのとは異なる道ではないか。週刊誌などで皇室取材にたずさわっている記者たちの匿名座談会では、「雑誌によっては明らかに勉強不足による間違いを載せている」とし、単に「消費」されてしまっている状況が告白されている[53]。とはいえ、座談会では「公」を伝える新聞に対して「私」を伝えるのが自分たち週刊誌の使命であり、雅子妃は「見せ方で非常に損をしている」と指摘する。それゆえにより「消費」される悪循環に陥り、批判されるのだという。皇太子・皇太子妃がメディアとの関係性を構築できないがゆえの問題だとする言い分であった。

さらに、二〇〇六年にはオーストラリア人のジャーナリストであるベン・ヒルズによって“Princess Masako: Prisoner of the Chrysanthemum Throne”（邦題『プリンセス・マサコ――菊の玉座の囚われ人』）という本が書かれ話題となった。この本は雅子妃を素材として、宮内庁や日本社会を批判したものである。当初、翌年に講談社から日本語版が発売される予定であったが、宮内庁と外務省は事実誤認があるとして著者に抗議、宮内庁は渡邉允《まこと》侍従長の名前で質問状を送り、宮内庁のホームページに、「皇室関連報道について」というページを作ってその質問状を掲載した。宮内庁はそのページを作成した意図を「あまりにも事実と異なる報道がなされたり、更にはその誤った報道を前提として議論が展開されているような場合には、必要に応じ宮内庁として、正確な事実関係を指摘することといたしました」と記している。[54] ここで問題視されたのは、天皇に仕える侍従長の個人名で出された書簡ということもあって、天皇や皇后の公務に関する記述をめぐってであり、雅子妃に関するものではなかった。ヒルズは謝罪を拒否、講談社は事実誤認の多さに対する著者の態度から翻訳の出版を中止し、最終的には第三書館から翻訳本が出版された。宮内庁も一連の問題が「消費」されている現状に対して、ついには反論を展開するようになったと言えるだろう。

被災地訪問と慰霊の旅

一九九五年の阪神・淡路大震災後も、日本は平成に入ってから多くの自然災害に襲われた。一九九九年には福島・栃木県での豪雨、二〇〇一年には三宅島噴火、二〇〇三年には有珠《うす》山噴火の被災地を天皇・皇后は訪問し、その被害の状況などを視察した。なお三宅島については、その五年後の二〇〇六年にも全島避難から帰島後一年を迎えた島内の状況を視察している。また、阪神・淡路大震災や後述する新潟県中越地震などの被災地でも災害が起こった後に一度行くだけではなく、再び出向いてその後の復興状況を確認し、人々を励ました。こうした様子は、そのたびごとに新聞やテレビなどのメディアで取りあげられた[55]。二〇〇四年には新潟県中越地震が発生し、天皇・皇后は被災地を訪問して被災者を見舞い、「おことば」を県知事などに伝えて励ました。災害発生からまもない被災地を訪問するのは阪神・淡路大震災以来で、こうした行動もメディアで報道され[56]、被災地訪問のあり方が人々に広まっていく。平成は災害が頻発しており、天皇・皇后がそのたびに被災地を訪れ被災者を見舞ったことで、報道の数も増加した。それだけ人々に、皇室と言えば被災地訪問とのイメージが定着することにつながったと思われる。

また、戦争の記憶への取り組みについては、一九九五年の戦後五〇年が過ぎた後も、天皇・皇后は積極的にかかわっていった。一九七五年の沖縄国際海洋博覧会以来、皇太子時代には沖縄を五回訪れており、天皇になってからも一九九三年の全国植樹祭、九五年の戦後五〇年の「慰霊の旅」で訪れ、その後も二〇〇四年の国立劇場おきなわ開場記念公演、二〇一二年の全国豊かな海づくり大会に出席のため沖縄県を訪問し、平和祈念堂や戦没者墓苑などに立ち寄った。また、二〇一四年六月にはアジア・太平洋戦争中に米軍の魚雷攻撃によって撃沈された学童疎開船「対馬丸」犠牲者の慰霊のために沖縄県を訪問した。そして二〇一八年三月には天皇として最後の沖縄県訪問を行った。これらも新聞やテレビなどのメディアで取りあげられたが、繰り返しの訪問によって、より人々に印象づけられたと思われる。[57]

そして、戦後六〇年の二〇〇五年にはサイパン島を訪問した。天皇・皇后の外国訪問はその国からの招請という形で行われるのが通例だが、この訪問は天皇の意思によって行われたものであり、極めて異例であったと言える。そのため、「慰霊を主な目的とした両陛下の外国訪問は初めてで、戦後60年の節目に、両陛下の犠牲者に寄せてきた思いが反映された形だ」と報じられた。[58]天皇・皇后の意思が大きくクローズアップされていたことに注目したい。

六月二七・二八日とサイパン島を訪れた天皇・皇后は、遺族会や戦友会の人々から戦闘の様子などの話を聞き、また日本人のみならずアメリカ人やサイパン島民の戦没者慰霊碑で献花をし、いわゆる「バンザイクリフ」も訪問している。親善ではなく純粋に慰霊のために訪問するなど、戦争の記憶・慰霊といった活動にも熱心であったことがわかる。その様子をメディアは詳細に伝えた。サイパン訪問は、新聞各紙ともにそれまでの外国訪問よりも詳しく報じられた。それによって、平成の天皇・皇后が戦争の記憶に向き合い、慰霊の旅に熱心に取り組んでいるイメージが定着した。

そしてこの後、平成の天皇制のあり方は、被災地訪問・慰霊の旅という二つの柱を中心に語られていくことになる。

メディアの論調の変化

では、こうした天皇・皇后の取り組みをメディアはどう報道していたのだろうか。前述したように、即位一〇年目の一九九九年には、平成の天皇制のあり方は「開かれた皇室」という概念で説明するのが主であり、戦争の記憶への取り組みはそれに比すると扱いは小さく、しかも「開かれた皇室」路線の一環としてとらえられていた。

しかし、この傾向は即位二〇年目（「ご成婚」から五〇年目にもあたる）の二〇〇九年の報道では変化している。『読売新聞』は年頭に一ページの皇室特集を組み、象徴天皇制に「新風」を吹き込んだ天皇・皇后の姿を紹介した[59]。このなかでは、「開かれた皇室」という言葉が見られなくなり、「お人柄伝わる『ふれあい重視』」という見出しとともに被災地訪問を取りあげ、そこで天皇・皇后と人々との触れ合いの様子が描かれたほか、「平和願われ国内外で慰霊」という見出しを掲げて戦争の記憶への取り組みにも触れている。どちらかのテーマを重視しているわけではなく、二つの柱が並び立った構成である。

『毎日新聞』はより明確に、「国民に寄り添い　平和へ思い強く」という見出しを大きく目立たせ、「慰霊の旅」を重ねていることをクローズアップする紙面となっている[60]。天皇が即位にあたって日本国憲法を遵守すると述べたことと重ね合わせ、その憲法の柱である平和主義についても天皇は重要視しており、そのための「慰霊の旅」であることが強調された。先に見た一九九九年の『毎日新聞』の紙面と比較すれば、天皇・皇后が戦争の記憶に積極的に触れようとしていることを伝える意図は明確であった。

こうしたメディアの姿勢は、即位二〇年に際しての記者会見の質問にも見ることができる。このときは宮内記者会の代表質問が二問と関連質問が一問であった[61]。高齢となってきた天皇の健康状態に配慮して、質問数は減らされているものの、一問のなかに多くの質問内容が含まれているのが特徴である。

一問目は、「象徴」としてどうあるべきかを考え模索してきたかを尋ねたうえで、わざわざ「戦後六四年がたち、四人に三人が戦後生まれとなって戦争の記憶が遠ざかる一方で」と言及して回答を求めている（二問目は皇統継続に関する質問）。即位一〇年目では後の方で聞かれていた戦争の問題が一問目になっており、メディアが即位二〇年目の二〇〇九年に天皇にまず聞きたいことは、「象徴」とは何か、そして戦争の問題への取り組みだったのである。

在日外国報道協会からは、厳しい経済状況を踏まえて日本の将来についての天皇の考えが質問された。これに対して天皇は、「私がむしろ心配なのは、次第に過去の歴史が忘れられていくのではないかということです。昭和の時代は、非常に厳しい状況の下で始まりました」「昭和の六〇有余年は私どもに様々な教訓を与えてくれます。過去の歴史的事実を十分に知って未来に備えることが大切と思います」と、将来のことを聞かれながら、過去について忘れないことを強調したのである。一問目との関連からこのように答えたのだろう。戦争を経験した世代が次第に減少するなかで、天皇自身が戦争の記憶を伝えていく重要性を再度提起したのである。

この記者会見を踏まえ、『朝日新聞』は三ページにわたる特集記事を組んだ[62]。その一ページ目に、「天皇陛下、昭和の『負の遺産』を背に」という見出しを掲げている。ここでは、「昭和の時代の戦争がもたらした負の遺産を背に、国内そして海外で、慰霊の旅を続けてきた二〇年でもあった」と、平成における天皇・皇后のあゆみを「慰霊の旅」で総括した。一〇年前のように「開かれた皇室」ではなく（しかもその言葉は使用されていない）、戦争の記憶に取り組む天皇に焦点を当てるという、大きな変化であった。二・三ページ目には、「平和祈り慰霊の旅路」「弱者へ心寄せて」という二つの見出しが掲げられ、それぞれの内容についてほぼ同じ分量を割いている。その意味で、戦争の記憶への取り組みと人々との距離の近さは、平成の象徴天皇制を特徴付ける二つの柱として論じられるようになったのである。いわゆる「平成流」がメディアのなかで完成されたとも言える。

冷戦が終結しても世界各地では様々な紛争やテロがたびたび起きた。平和な世界とは言えない状況に加え、日本においても戦争経験世代の急激な減少とともに戦争の記憶が風化する問題が指摘されてきた。そのようななかで、戦争の記憶の問題に継続的に取り組む天皇・皇后にメディアはより焦点を当てるようになったのではないか。そのため、二〇一三年の天皇傘寿（八〇歳）のときの記者会見では、戦争の問題と戦後復興についてが一問目、今後の公務の引き継ぎが二問目と、メディアの関心は戦争の記憶に取り組む天皇・皇后により強く向かっていった。こうした報道によって、戦争の記憶を伝える平成の天皇像が定着していく。

二〇一一年三月一一日には東日本大震災が発生する。発生から五日後、天皇は人々に向けてビデオメッセージを発表した。天皇がメディアを通じて自らの言葉を伝えるのは極めて異例で、このなかで被災者を励ましつつ、救援活動を行っている人々に対して、「その労を深くねぎら」っている。そして、被災者の苦労を全体で「分かち合」うこと、そこに「心を寄せ」ることを天皇は提起した。[63] こうした姿勢は、「象徴」としての天皇が「国民と苦楽をともにする」ことを示したものであった。これまでメディアの展開とともに人々に寄り添う行動を繰り返してきた天皇は、自身の振る舞いを通じて、人々にメッセージを伝えたのである。

その後、三月三〇日の東京武道館での避難者への見舞いを始まりとし、四月には埼玉・千葉・宮城・茨城県を、五月には岩手・福島県を相次いで訪問し、被災者を見舞った。その様子はメディアを通じて人々に伝えられ、これらが次第にいわゆる「平成流」と呼ばれ定着していくのである。

結婚五〇年とメディア

二〇〇九年四月一〇日、天皇・皇后は「ご成婚」から五〇周年を迎えた。この日、NHKスペシャル「象徴天皇　素顔の記録」が午後七時三〇分から七三分間放送された。五〇年の二人のあゆみを振り返り、象徴天皇としての模索を繰り返してきたことを、史料や証言、映像などを基にして構成した番組である。この番組が大きな反響を呼んだ。NHKのカメラは天皇・皇后に密着し、その日常生活をも撮影していた。公務だけではなく、御所で人と会う場面、また皇居内で天皇が車を運転したりテニスを楽しんだりする様子が放送された。さらに、天皇・皇后が会話する場面も注目された。これまで述べてきたように、「皇室アルバム」のような皇室関係の番組は、天皇や皇族の肉声は流されず、ニュースやワイドショーなどでも基本的には公的な場面やメディアに開かれた場面での肉声のみが流された。しかし、このNHKスペシャルは、番組が独占的に二人の私的な会話を放送した。これは異例であった。実際、この番組を見た視聴者は次のような感想を寄せている。

これまであまり報道されることのなかった御所での日常生活のご様子を垣間見ることができ、皇室をより身近に感じることができました。特に御所の庭で、陛下が美智子様に「これは、どう?」「これも、いいね」とツクシを摘んで差し上げていらっしゃるところなど、固いきずなが感じられ、自然と胸が熱くなりました。[64]

このように、普段は見ることがない天皇・皇后の日常生活、そして自然な二人の会話が放送され、それを見た人々はより「人間」としての天皇を実感したのではないだろうか。平成の天皇制のあり方を強く印象づける番組だったのである。番組は反響を集めたため、日曜日の四月一二日に午後一時三五分から再放送され、さらに四月二五日土曜日の午前一〇時五分からは皇居で撮影された未使用の映像を加えた拡大版「天皇皇后両陛下　素顔の50年」（一〇八分）が放送された。

しかし、ＮＨＫがこれを独占的に放送したことが他のメディアを刺激してしまう。風岡典之宮内庁次長による定例記者会見で、放送後の四月一三日、ある記者が「私も拝見しまして、一視聴者としては非常に良くできた感動的な番組で良かったと思いますが、同業他者《ママ》の立場からすれば、いかがなものかと個人的には思いました」と述べた。そして御所での取材や天皇・皇后などに直接話をすることが自分たちはできないのにＮＨＫはなぜできたのか、宮内庁の見解を問うた[65]。

風岡次長はこの二〇〇九年は即位二〇年・結婚五〇年という記念すべき年であり、宮内庁としても天皇・皇后の活動などをまとめ、一般の人に見てもらいたいと考えていたところ、ＮＨＫから記念番組を作りたいという申し出があり、「我々が考えているようなことと、たまたま方向が一致していた」ので協力したという。必ずしも、ＮＨＫだけに便宜を図ったのではなく、企画を出してもらって「その内容に賛同でき」たからだと述べた。

とはいえ、記者たちはこの回答に納得しなかった。これまで「御負担が大きい、御日程が詰まっているということで」会見などを延期したり、質問数を減らしたりしてきたのに、なぜＮＨＫのカメラの密着は許されるのか。それは「御負担」ではないのか。記者たちの不満は、まず各社を平等に扱わないことにあった。天皇・皇后の肉声をＮＨＫだけが独占すれば視聴者はそちらに流れる。宮内庁が「消費」に加担しているのではないかという指摘だろう。さらに、普段は情報を閉じているにもかかわらず、自身が報じたいときだけ開く。そうした姿勢を「権威」的ととらえたのではないか。

この件は翌週にも問題となった。記者は、ＮＨＫが独占放送したことで、逆に新聞などにもその発言は掲載されず、テレビを見ない人々には届かないことを問題視した[66]。さらに、普段の取材では独自色が許されないにもかかわらず、こうしたところだけは認めてしまう宮内庁の態度をも問うている。やはりここでも、普段のメディアに対する姿勢との矛盾が指摘されているのである。この会見では記者たちと次長の間で相当長いやり取りが続き、しかも記者たちからの質問や意見は宮内庁に対してかなり厳しく批判的なものであった。信頼関係が損なわれたと各メディアは考えたのだろう。二三日の羽毛田信吾宮内庁長官の記者会見でもこの件は話題となった[67]。ここでも記者たちと長官の長いやり取りが続き、記者たちからの質問や意見はやはり相当厳しいものであった。今回の状況がこれまでにないものであること、しかも特定のメディアを優先させたことは皇室報道の平等性に反するのではないか、そうした矛盾を突いたと言える。

この問題はその後の報道に少なからぬ影響を与えたのではないかと思われる。皇室に対する取材は基本的には各社が足並みをそろえなければ批判を浴びるという経験をしたことで、逆に柔軟な対応が取れなくなったのではないか。そのため、少なくともその後の取材設定などはどの社にも行われ、公式的には平等性を追求し続けたと思われる。一方、NHKが独占的にという状況は、その後も解決せず、後述する「生前退位」にも継続する問題になったのではないだろうか。

火葬・合葬希望

二〇一二年になると、さらに平成の天皇像を印象づけるニュースが報道される。天皇・皇后が「葬儀簡素化」を求め、宮内庁が火葬を検討し、陵墓を小規模化して二人を合葬することも視野に入れて検討していることが報じられた[68]。江戸時代初期から天皇は土葬であったが、社会で火葬が一般化していることなどを理由に、天皇は自身の火葬を求めた。さらに、葬儀全体を簡素化することで国民生活への影響を少なくしたいという希望を持っていることも報じられた。天皇・皇后が長く続く経済の低迷や前年の東日本大震災で国民生活や国家財政も厳しいなかで「負担をかけたくない」との思いを強く持ち、こうした意向を宮内庁に表明していたという。

このニュースのポイントは、人々の生活を天皇・皇后が意識しているということが大きく報道された点であろう。「簡素化」というキーワードが強く打ち出され、平成の天皇制のあり方は人々とともにあることがより強く印象づけられた。『朝日新聞』は「国民目線での簡素化」という見出しを掲げている。さらに震災も含めた経済的打撃・低迷についても言及することで、被災地訪問を繰り返す天皇・皇后の姿とこの火葬・合葬希望は同じ志向としてとらえられた。天皇が人々と同じように火葬を望んでいるという思いは、象徴天皇が「権威」ではなく「人間」であることをより明確化させることになる。[69]『朝日新聞』の「天声人語」は、「陛下の『市民感覚』」というタイトルを付けてこの問題を論じる。「世間一般に近い感覚に、改めて親しみを覚える」という。こうした感想がこのニュースによってもたらされたのである。

さらに、「『火葬希望』は最後の『革命』　天皇陛下が貫く平成流」とのタイトルが付された記事が『ＡＥＲＡ』に掲載された。[70]いわゆる「平成流」とは、「『現人神』とされた明治から昭和初期の天皇像からの脱却の流れ」であり、火葬・合葬希望もその完成形の一つだととらえられたのである。まさにそれは、「権威」ではなく「人間」としての象徴天皇制であった。

翌二〇一三年一一月一四日、宮内庁は「今後の御陵及び御喪儀のあり方について」を発表し、天皇を土葬から火葬にすること、陵については皇后が「畏れ多い」と遠慮して合葬ではなくなったもものの小規模な陵とすることが決められた。「天皇の死」に関する事項が事前に検討されること自体、大きな変化であり、「権威」からの脱却であったとも言える。[71]

廃太子論をめぐって

二〇〇九年七月、『平成皇室論　次の御代へむけて』（朝日新聞出版）という本が出版された。[72] 著者は橋本明。橋本は、平成の天皇像を皇太子夫妻が受け継いでいけるのかと疑問を呈する。平成の天皇と皇后は常にペアで行動しており、それにならって雅子妃も皇太子とともに公務を担う必要がある。そのためにも、「まず健康を回復していただくこと」が大事だという。橋本は、病気療養中の雅子妃と彼女を支える皇太子の姿から、「お二人の結婚そのものを失敗ととらえる勢力が台頭する」こと、「さらにその理論が、『民間立妃』そのものが失敗だったというところに行き着くことになるのではないか」と憂慮する。この橋本の言い方からもわかるように、彼は「権威」の立場から雅子妃を批判しているのではない。むしろ、「権威」の方からの批判を心配しているのである。しかも、平成の天皇と皇后のあり方を支持し、民間出身の美智子皇后のあり方を傷つけられないためにも、雅子妃の問題を解決すべきと考えていた。

そして橋本は、三つの方策を提案する。第一に、雅子妃が治療に専念するために皇太子夫妻が別居すること。「今の状況での治療は中途半端」という認識からであった。第二に、離婚すること。ただし、二人の仲からそれは「想像し難い」。だが、論理の上で検討しておく必要はある」という。第三に、廃太子、つまり皇太子がその地位を秋篠宮に譲ること。橋本は「今の状況下では、これがいちばん現実味がある」と提案する。橋本の意見は、平成の天皇制のあり方を維持したいという思いから出たものだったと思われる。
こうした橋本の著書が出版される前年には、保守系の月刊誌『ＷｉＬＬ』に評論家の西尾幹二電気通信大学名誉教授が「船酔いして（天皇制度という船に）乗っていられない個人は下船していただく以外にない」と、皇太子夫妻の離婚を遠回しに要求する文章を寄稿したことがあった。[73]「権威」を志向する保守派の西尾は、病気療養で公務ができない皇太子妃は必要ないと見たのである。しかし、それには同じ「権威」側からも反発があった。さらに橋本が西尾の意見と同じ主張を展開したことに対して、法制史研究者の所功《ところいさお》京都産業大学教授は「結局、日本の象徴を傷つけていると思います」と批判を展開する。[74]また、「平成皇室の『弱い人、苦しむ人に心を寄せる』というあり方からもっともかけ離れた考え方」という批判もジャーナリストの友納《とものう》尚子から寄せられた。[75]たしかに、橋本の意図はわかりにくかった。一方で、そうした選択肢を考えるべきだとする意見も見られた。[76]
その後もこの問題はくすぶり続けた。[77]二〇〇六年九月六日に悠仁《ひさひと》親王が産まれ、皇室典範の規定上では皇位が秋篠宮家に最終的には移るため、「廃太子」の論が出やすくなったと思われる。週刊誌を中心に、皇太子一家に関する記事はその後もあふれた。そして二〇一一年の雅子妃の四八歳の誕生日の際には、医師団はその病状を「ゆっくりとだが着実に快復してきた」としつつ、週刊誌報道について特に言及し、「悪意ともとれる誤った情報に基づく報道に心を痛めていらっしゃる。快復を妨げ、病状の悪化につながる。批判的報道で自信をなくされ、安心して先に進むこともできない。心ない報道が繰り返されている現状に、医師団は専門家として憤りを覚える」と強く批判した。[78]
それでも、天皇夫妻と皇太子夫妻、もしくは宮内庁と皇太子夫妻の軋轢を匂わせるような記事がいくつも掲載され[79]、雅子妃の病気が「消費」される現状は容易には変化しなかったと見てよいだろう。こうした報道を受け、タレントのデヴィ夫人が自身のホームページで、「皇太子位を秋篠宮様に移譲することを求める請願書」への署名運動を実施したこともあった[80]。

「皇太子殿下、ご退位なさいませ」

そして、「廃太子」論が再び大きく取りあげられる。それは宗教学者の山折《やまおり》哲雄による二〇一二年末の提起がきっかけであった。『朝日新聞』の元宮内庁担当記者であった岩井克己との対談で山折は、「皇太子さんは第二の人生を模索されてもいいんじゃないか」と発言する[81]。それは彼によれば「退位宣言」をしてはどうかという提案であった。そして山折は翌二〇一三年、その内容について詳しく論じた「皇太子殿下、ご退位なさいませ」という文章を発表する[82]。山折は天皇制の歴史を考える際、血縁原理とカリスマ原理の二つが相互補完的に有効に働いてきたゆえに皇位継承がこれまで継続してきたと主張する。もちろんそこにはフィクション性は含まれるものの、それが「象徴」としての天皇の地位を支えてきたとする。山折は、「象徴」こそ理想的な天皇像と考える立場である。一方で、戦後民主主義と天皇制との関係性、さらには皇室における「象徴家族」の性格（伝統）と民主主義的な「近代家族」の性格（革新）の関係性が問題になるという。山折によれば、前者については戦後史のなかで明仁天皇・美智子皇后は次第に「ある均衡点を探りあてよう」としてきた。しかし後者については天皇と皇后は均衡点を見いだしたものの、皇太子・皇太子妃の思考と行動によって調和の関係に揺れが生じたという。具体的に言えば、彼らは「近代家族」の方にぶれはじめていると山折は見た。しかしそれは、結婚するときの皇太子の「全力で一生お守りしますから」という文言からすでにそうだったのかもしれないという。山折はそれを皇太子の「人間」としての意思の表明であり、「皇太子における『人間宣言』」ととらえた。そして、「人格否定」発言も皇太子の「近代家族を維持しつづけようとする一途な思い」と見た。しかしそれに対し、人々やメディアから「冷たい非寛容な視線」が向けられるようになった。そのため、彼は皇太子と皇太子妃は「第二の人生を選ばれてもいい時期」に来たのではないかと主張する。それが、「皇太子さまによる『退位宣言』」「象徴家族としての重荷から解放され、新たな近代家族への道を選択して歩まれる『第二の人生宣言』」である。そして、芸術や文化などに取り組み、その生活の場は京都がふさわしいと主張する。[83] 一方で弟の秋篠宮は、「皇室における象徴家族と近代家族という二重の性格を均衡させる安定的な地点」におり、秋篠宮へ皇太子を「譲位」することを山折は提言した。山折の主張は、天皇制は「権威」と「人間」のはざまにあり、「非常につらい立場にいらっしゃる殿下に、より人間的な生き方もあるのですということをお伝え申し上げたかった」という。[84] つまり、「人間」としてのあり方を追求するならば、天皇制からの脱出しかないとの主張であった。[85] 山折がこうした「人間」という概念を持ちだしたのは、先に述べた天皇の火葬・合葬希望の問題があったがゆえに、この概念が強く印象づけられたからだと思われる。

山折のこの主張は、大きなインパクトをもって受けとめられた。『週刊文春』には皇太子の友人とされる人物の「やめられるなら、とっくにやめている！」とする憤慨のコメントが掲載され、皇太子夫妻の苦悩が語られている。[86]『週刊現代』には山折の主張に対する有識者による賛否のコメントが掲載された。[87] たとえば、二〇〇九年に「廃太子論」を展開した橋本明はここでも山折の主張に賛意を示す。一方で所功京都産業大学名誉教授は、皇族は「公的な存在。一般国民のような私的自

皇太子殿下、ご退位なさいませ

皇室の未来のために敢えて申し上げる。「皇太子さまは、第二の人生を選ばれてもいい時期ではないだろうか」。

山折哲雄《やまおりてつお》 宗教学者

1931年アメリカ・サンフランシスコ生まれ。東北大学文学部インド哲学科卒業。国際日本文化研究センター名誉教授

憂愁深まる表情

いま、皇室のあり方が揺れている。宮内庁の公式発表にふれるだけでも、天皇・皇后両陛下と皇太子・皇太子妃のあいだに、思いもかけない行き違いや意思の疎通を欠く事態が進行しているようにみえる。マスメディアの報道も、かならずしも根拠の明らかではないような推測や憶測、そして論評を加えるようになっている。そのためであろう、国民のあいだにしだいに疑心暗鬼のさざ波が立ちはじめている。

とりわけ遠くから拝見していて心が痛むのは、天皇・皇后両陛下のいつに変らぬ温容と、それにたいして憂愁の度を深める皇太子・皇太子妃の沈んだ表情の、以前にはみられなかった非対称の印象である。その落差は埋めることができるのだろうか。修復は可能なのだろうか、という懸念である。

そんな不安な思いにとらわれるようになっていた矢先のことだった。昨年の暮になって、皇太子妃雅子さま（四九）の病状が大きく報道され、医師たちによって「適応障害」と診断された皇太子妃の長期療養が昨年一二月で一〇年目に入ったということが伝えられたのである。加えてその記事には、明けて今年六月には皇太子さまとのご成婚二〇年を迎えるけれども、そのほぼ半分を療養に費やしたことになる、雅子さまの病状と治療は、今ほんとうのところどうなっているのか、と書かれていた。

はたして日本の象徴天皇制に、何らかの異変が生じているのだろうか。もしもそうであるとしたら、そろそろ何らかの修復の手を打つべきときが迫っているのではないか、そう考える人々がしだいに増えてきているように私には思われる。

ここでは、編集部からのつよい慫慂があったからでもあるが、そのような思いを等しくするもののひとりとして、あえて一文を草して識者のご批判を仰ぐことにしたのである。

小泉内閣のときだったと思う。皇位の継承をめぐって、女性天皇や女系天皇は是か非か、という社会の議論に押されるような形で、「皇室典範に関する有識者会議」が設けられた。一〇名の学識者が集まって毎月のように検討がおこなわれることになったが、たまたまそのヒアリングの席に招かれ、意見をのべる機会を与えられた。平成一七年六月八日のことだったが、もう七年以上も前のことになる。まず、そのことから語ってみよう。

長いあいだ私は宗教学や思想史を専門分野として研究をつづけてきたが、とりわけ象徴天皇制の問題については格別の関心を抱いていたので、ヒアリングの席ではそのような観点から意見をのべさせていただくことにした。世界にはさまざまな統治のスタイルがみられるが、そのなかでわが国の象徴天皇制という統治形式は、抜群の安定性を示してきた点できわ立っている。それはいったい何に由来するのか、というところから話をはじめたことを覚えている。

さて、日本の歴史をふり返ると、長期にわたる平和の時代が二度もあったということに気づく。一度目は平安時代の三五〇年、二度目が江戸時代の二五〇年である。これは驚くべきことではないか、こんな例はヨーロッパでも中国やインドでももちろんみられない。

なぜ、それほどに安定した時代を実現することができたのか。もちろんそこには政治・経済的な要因をはじめ、軍事や外交、そして地政学的な問題などいろいろな原因が考えられるわけであるが、そのなかでもっとも重要な役割をはたしたのが、じつは象徴天皇制がもっている独自の機能だったのではないか。その統治のスタイルは第二次世界大戦後にはじめてつくられたのではない、その原形はすでに平安時代、一〇世紀の段階にでき上っていたのではないかというのが私の考えだった。

第一にいいたいのは、その統治の特徴が、宗教的権威と政治的権力の二元的なシステムによって柔軟につくりあげられてきたという点にある。具体的にいうと、すでに一〇世紀の摂関政治の段階で、宗教的な権威すなわち象徴としての天皇の役割と政治的な権力のあいだの相互補完関係ができ上っていた。相互牽制の関係といってもいいだろう。互いに互いの独走を封じるシステム、である。それが「国家」と「宗教」のあいだに調和をもたらす上で大きく貢献したのではないか。平和の均衡状態を生みだす重要な背景だったのではないかと思う。

第二の問題が、皇位継承の場面で二つの原理が有効にはたらいたという点である。一つが血縁原理、二つ目がカリスマ

March 2013 20

21 皇太子殿下、ご退位なさいませ

山折哲雄「皇太子殿下、ご退位なさいませ」（『新潮45』第32巻第3号、2013年）

由はありません」と述べ、皇室の特殊性から「自由」はないと指摘した。さらに皇太子は「その役割を誠実に務めておられる。感謝こそせよ、退位を迫るとは、見当違いも甚だしい」と言及して、退位する必要はないと主張する。

『女性セブン』でも山折の主張をめぐって有識者によるコメントが掲載されたが[88]、憲法学者の八木秀次高崎経済大学教授は、むしろ「皇太子として果たされるべき役割ができていない」として、山折の文章に賛意を示す。

とはいえ、山折は「人間」としてのあり方を追求した上での皇太子の「退位」であり、八木はそうした意見ではなく、むしろ皇太子としての「権威」を果たしていないと見て、「退位」すべきであると主張したのである。その点では、同じ方向性のように見えながら、中身はまったく異なる。八木は「権威」としての天皇制を志向していた[89]。

「権威」の側から山折の文章を批判する意見も登場する。作家の竹田恒泰《つねやす》は、山折の主張は「公」よりも「私」を選ぶように提言したものであり、それは「皇室の弱体化」や「皇室の廃絶」を招く恐れがあるという。[90] 皇太子は天皇になる自覚を有しており、「必ず立派な天皇に」なるという。それゆえに「退位」などする必要はないと言い切った。竹田は山折の主張を理解できていた点では八木とは異なる。「人間」に傾倒する皇太子の「退位」が実現すれば、天皇制の「権威」は落ちてしまう。象徴天皇制を「権威」と考えるがゆえの、山折への批判であった。

西尾幹二も、山折の皇太子「退位」論を批判する。[91] しかし、雅子妃が「皇籍を離脱され、お好きな外国生活を満喫される道を選べるよう道をつけてあげることである。皇太子はそれを可能にして差し上げることである」とし、はっきりとは言わないものの、皇太子夫妻は離婚すべきという考えを持っていた。その点では前述した二〇〇八年と主張を変えていない。ただし、皇太子が「退位」することまでは西尾は認めなかった。それは、山折が「人間」という概念を強く持ち出していたからである。西尾はこの部分を執拗に攻撃していく。それは、彼が象徴天皇制をあくまでも「権威」と考えていたがゆえであろう。

山折もこうした反対意見を踏まえ、様々な雑誌で自らの主張の補足や意図の説明をし始めた。[92] それゆえ、この問題がさらに大きく取りあげられるようになった。『AERA』は一〇〇〇人にとったアンケート結果を公表し、山折が主張する「退位」に関して、賛成・どちらかと言えば賛成が四一%、どちらかと言えば反対・反対が二九%、どちらでもない三一%という数値を紹介している。[93] 賛成の理由としては「雅子さまが将来、皇后の公務を果たせそうにない」が最も多く、反対の理由としては「伝統に反する」が最も多いことも記している。一方で、次期天皇には皇太子が七二%で、秋篠宮の二八％を圧倒した結果も掲載しており、山折の主張が一定程度支持されつつ、しかしそれでも皇太子のあり方を認める人々の意識を紹介した。

ただしこの『ＡＥＲＡ』の記事のように、「退位」論をまじめにとらえる記事ばかりでもなかった。皇太子「退位」論は週刊誌で「消費」もされていく。雅子妃と実家の小和田家を批判した記事[94]や「『雅子妃』不適格」と天皇や皇后が判断したとして天皇・皇后と皇太子・皇太子妃の軋轢を紹介する記事[95]などである。もちろん、山折の提起を踏まえ、皇太子・皇太子妃の苦悩を紹介する文章も掲載された。[96]しかし「人間」としてのあり方を求める意見は、「退位」という強いインパクトに本質がかき消され、週刊誌に「消費」されてしまったのである。

「権威」化する天皇・皇后

以上のような流れから、平成後半の天皇制のあり方は「人間」と「消費」のはざまで展開したのだろうか。必ずしもそうではないと考えられる。

天皇・皇后は戦後六〇年目の二〇〇五年にはアジア・太平洋戦争の激戦地であるサイパン島を、戦後七〇年目の二〇一五年にはパラオのペリリュー島を、自身の意思から訪問した。前述の通り外国訪問を天皇の意思で行うのは異例で、それだけ慰霊の旅に強い思いを持つ天皇像が印象づけられた。この行為は憲法上の問題が問われる可能性もあった。たとえば、前に引用した即位一〇年に際しての『朝日新聞』一九九九年一一月七日の特集では、宮内庁担当の岩井克己が、「求めに応じ積極的活動　憲法との兼ね合い微妙」と題する文章を執筆している。[97]被災地への訪問など日本国憲法の国事行為ではない天皇の行動について評価しつつも、その「あいまい」さなどを問題にし、「きめ細かい補佐が問われている」と釘を刺している。そのなかでも、外国訪問はとりわけ「デリケートな問題を含んでいる」と記される。その行為自体が国内にとどまらない政治的・社会的影響を持っているからである。ところが、二〇〇五年や二〇一五年になると、こうした言説はほとんど見られなくなる。

天皇の戦争の記憶に関する発言はかなり踏み込んでいた。二〇一五年には「満州事変に始まるこの戦争の歴史を十分に学び、今後の日本のあり方を考えていくことが、いま、極めて大切なことだと思っています」と述べた[98]。昭和の戦争がいつ始まったのかをめぐっては議論が分かれているが、天皇は「先の大戦」は満州事変から始まったと規定したのである。つまり、一九三一年以降、日本が戦争を継続させたとするいわゆる「一五年戦争」の立場を採用する。安倍晋三内閣は基本的に日米関係を重視していたが、天皇がそうした政権とは対照的に満州事変について言及したのは、日米同盟だけをひたすら強化しようとする政権の姿勢に対する違和感を表明しているようにも感じられる[99]。戦争を日米の枠組みだけで語るのではなく、中国や朝鮮半島を侵略した歴史を忘れてはならない、というのが発言の根底にあるメッセージだったのではないか。そのため、天皇は安倍内閣を批判するグループに支持されていく。だからこそ、その行動について憲法問題が問われることはほとんどなくなった。そして、『朝日新聞』『毎日新聞』『東京新聞』など比較的リベラルなメディアが、天皇・皇后の思考や行動を積極的に支持していく[100]。

こうした動きに対して、保守派からの批判もあった。雑文家の平山周吉は、こうしたリベラル側からの天皇・皇后への支持に懸念を示す[101]。政治的に割れている問題に、天皇や皇后の意見が参照されるのではないかというものである。さらに八木秀次も、憲法をめぐる天皇や皇后の発言・認識をめぐって、それらが公表されることに違和感を表明する。[102] むしろこうした批判は、以前ならばリベラル側から出たはずである。しかし、二〇一〇年代後半に入るとそれが逆転し、保守派から天皇・皇后の思想と行動への批判が出るようになったのである。それだけ、リベラルに支持されている天皇・皇后に対する危機感があったのだろう。

ではなぜリベラルは天皇・皇后を支持するようになったのか。それは、安倍内閣へのカウンターパートとしての役割を求めたからではないかと思われる。安全保障法制や歴史認識に対する安倍内閣への不信感が高まるなかで、天皇は戦争の記憶に触れて掘り起こし、皇后とともに慰霊の旅に積極的に取り組んだ。こうした天皇・皇后の姿から、リベラルなメディアは内閣の「暴走」を止める役割を期待したのではないだろうか。そのような期待感から、天皇の意思を強調する報道を繰り返した。天皇が被災地への訪問を繰り返して被災者を見舞うことも、「道徳」的な振る舞いととらえられ、政治不信へのカウンターとしての意味合いを持ったのではないだろうか。[103]

このような傾向から、天皇制をめぐる報道は天皇の「人柄主義」になっていく。天皇の行動や天皇をめぐる制度などは歴史的な背景、その時期の政治社会状況などに規定されるはずであるが、しかしそのすべてを天皇・皇后の「人格」に起因して説明しようとする流れである。メディアがこうした報道を繰り返すことで、「天皇＝いい人」という図式がより定着していく。[104] そして、天皇の意思を評価する報道姿勢が形成されていった。後述する退位をめぐる天皇の「おことば」が支持された素地には、こうしたメディアの影響力があった。保守派とは別の意味で天皇は「権威」化していたのである。

「生前退位」騒動の始まり

それは、二〇一六年七月一三日から始まった。NHKの午後七時のニュースで天皇の「生前退位」の意向が報道された。[105] これはスクープである。このなかでは、天皇の「生前退位」の意向が前面に打ち出された。NHKは政府や宮内庁の方針について言及せず、天皇の意思を第一報で報じたことで、それこそが「生前退位」問題の本質だと人々に印象づけた。[106] そしてこの天皇自身の意向という要素が、その後の問題の方向性を規定していく。

当日夜、宮内庁はこの報道の火消しに走った。[107] しかしその後も、夜の民放ニュースや翌朝の新聞各紙は「生前退位」問題を詳しく報じた。とはいえ、基本的にはNHKの後追い取材であり、それ以上の情報はあまりなかったと思われる。翌朝の朝刊は、「天皇陛下　生前退位の意向」（朝日・東京）、「天皇陛下『生前退位』意向」（毎日）、「天皇陛下　退位の意向」（日経）、「天皇陛下『生前退位』」（産経）といった見出しが一面を飾り、やはり天皇の意向が前面に押し出される構成となっている。宮内庁が公式的には否定していたとはいえ、『朝日新聞』は「宮内庁関係者への取材でわかった」、『日本経済新聞』は「宮内庁関係者の話で明らかになった」、『東京新聞』は「政府関係者への取材で分かった」と記したように、その情報が基本的には正確なものであることを示唆していた。

そしてどのメディアも、天皇の「生前退位」の意向を解決するためには皇室典範の改正が必要であることを強調していた。しかし『朝日新聞』は宮内庁幹部の話として、「宮内庁として一切検討していない。天皇陛下のご意向と、実現できるかは別の話だ」とし、『日本経済新聞』は「同庁で内々に検討を進めていたという」としており、どの程度まで話が具体化していたのかは曖昧な記述となっている。

以上のように、天皇の強い意思が強調される報道が相次いだ。こうした天皇の意思が伝えられたこと、また加齢にともなう健康状態の不安などが報道されたからか、その後の世論調査では『読売新聞』『朝日新聞』ともに、「生前退位」に賛成が八四％と、人々の間ではそれを認めるべきとの声が圧倒的となった[108]。これはメディアの影響力とも言える。

ところで『産経新聞』は、「政府は今後、皇室典範改正の必要性や皇位継承のあり方などについて検討を進める」と記すなど、この問題が天皇の「生前退位」に伴う皇室典範改正にとどまらず、「皇位継承のあり方」といった問題にも発展することを示唆しており興味深い。つまり、この問題が単に天皇が退位するということだけではなく、象徴天皇制という制度全体に派生する意味を持つことを、最も保守的なメディアの一つが指摘した。この点は、『東京新聞』が小泉純一郎内閣のときに検討された女性・女系天皇や野田佳彦内閣のときに検討された女性宮家問題などに言及していることとも通底している。『産経新聞』は、「生前退位」に伴う皇室典範改正となると、そうした問題などにも触れざるを得なくなることを理解していたのであろう。「生前退位」が天皇による「人間」としての宣言となり、そのことによって「権威」が低下する恐れを察知したのではないだろうか。

その後、宮内庁が公務軽減を検討したにもかかわらず天皇がそれを受け入れず、「『象徴としてふさわしいあり方』ができないのであれば生前退位もやむを得ないとの意向を話していた」との報道がなされていく[109]。天皇の強い意思が強調される報道が相次いだのである。政府や宮内庁も当初は否定していたが七月末になると、八月八日に天皇が自ら「おことば」を表明することを発表する。そして、当日を迎えた。

「象徴としてのお務めについての天皇陛下のおことば」

八月八日午後三時、天皇による「象徴としてのお務めについての天皇陛下のおことば」がテレビやラジオ、インターネットなどを通じて、人々に伝えられた。天皇がこうした「おことば」を発するのは、東日本大震災以来であった。メディアとともに生きてきた天皇が、それを活用して自らの気持ちを表明したのである。

七月一三日の第一報から一ヶ月弱という短さを考えれば、すでに第一報時にはこの「おことば」を表明することは天皇やその周辺では固まっており、七月一三日に「生前退位」の意向に関する発表、八月八日の「おことば」表明というスケジュールも決まっていたのではないか。

この「おことば」では、「天皇という立場上、現行の皇室制度に具体的に触れることは控えながら、私が個人として、これまでに考えて来たことを話したいと思います」と冒頭で述べられたものの、かなり自身の意思が強く入った、しかも天皇制という制度の問題についても意識した「おことば」であったと思われる。

天皇は、「即位以来、私は国事行為を行うと共に、日本国憲法下で象徴と位置づけられた天皇の望ましい在り方を、日々模索しつつ過ごして来ました」と述べ、「象徴」としての天皇像を自身が模索してきたことを強調する。それは、「社会に内在し、人々の期待に応えていく」ことでもあった。その模索とは、国事行為だけではなく、それ以外の行為＝公的行為（憲法には規定されていないが象徴としての立場からなされる行為）の拡大とも言える。全国各地を訪問し人々と触れ合うこと、被災者を見舞うことなど、それは明仁天皇が「象徴」として模索してきた結果、生み出された行為であった。「おことば」では、この模索は「人々の傍らに立ち、その声に耳を傾け、思いに寄り添うこと」から生み出されたものであることを強調し、そうした公的行為を含めた公務すべてが「象徴」としてのあり方だと主張しているようにも思われる。それは、次の言葉から推測できる。

天皇の高齢化に伴う対処の仕方が、国事行為や、その象徴としての行為を限りなく縮小していくことには、無理があろうと思われます。また、天皇が未成年であったり、重病などによりその機能を果たし得なくなった場合には、天皇の行為を代行する摂政を置くことも考えられます。しかし、この場合も、天皇が十分にその立場に求められる務めを果たせぬまま、生涯の終わりに至るまで天皇であり続けることに変わりはありません。

ここで天皇は、現在の象徴天皇としての公務を削減していくことは「無理があろう」と強い調子で述べている。加齢による公務負担軽減という動きを牽制し、自らが模索して増やしてきた公的行為を減らすことに反対したのである。つまり、それらも含めた全体が「象徴」としての天皇のあり方であり、そのすべてを次世代の天皇が引き継ぐことを求めた。そして、こうした「象徴天皇の務めが常に途切れることなく、安定的に続いていくこと」までにも言及している。それは、自らが模索し形成してきた象徴天皇像への強い自負とも言えるものではないだろうか。また、皇室典範では天皇が職務を遂行できない場合、摂政を設置できる規定となっているにもかかわらず、天皇はこれについても拒絶していることがわかる。この「おことば」には「生前退位」という言葉は出てこないものの、退位以外の選択肢を天皇自らが封じ、それしかないことを主張していた。

そして最後に、「国民の理解を得られることを、切に願っています」と結んでいる。これは、自らが模索してきた象徴天皇像についてこの「おことば」で示し、人々にそのことの是非を問うたのではないだろうか。つまり、象徴天皇とは何かを考えること、そうしたボールが天皇から人々に投げられたのではないだろうか。

世論の反応と特例法

ＮＨＫによる天皇の「生前退位」の意向報道、そして天皇の「おことば」表明は、「権威」を志向する保守派に大きな亀裂をもたらした。彼らは天皇の意向をどう受け止めてよいのかわからず、困惑していた。ＮＨＫの第一報から「おことば」表明までの間、そしてその後も多くの論者の意見が発表された。憲法学者の百地《ももち》章日本大学教授は、天皇の意向はそれとして聞いておくが、公務負担軽減策として摂政を置くことで問題は解決できると主張している。[110]「生前退位」には懐疑的な立場であった。

八木秀次は、「在位され、その上でご公務の負担をどのようにして軽減していくことができるかを具体的に検討していくことの方が時間も掛からず、本当の意味で陛下のご意向にかなうのではないかと思われる」と述べ、やはり「生前退位」には否定的で、公務負担軽減で問題を解決すべきと主張する。[111]百地・八木ともに、天皇の意向よりも優先するものがあり、それゆえに摂政や公務負担軽減を提起したのである。それは、「生前退位」となると皇室典範改正に繋がる可能性があり、女性天皇や女性宮家などの議論が再燃することを恐れていたからではないだろうか。八木は天皇の「おことば」表明後も、「天皇はご存在自体に尊さがあるが、お務めをしてこそ天皇だとおっしゃった。それが本質だろうかという疑問を持った」と述べ[112]、天皇の意向を否定的に見、重ねて公務負担軽減案などを提起している。天皇という位の「権威」を重視し、年齢を重ねたから「退位」するという意向は普通の「人間」と変わらないと見たのだろう。だからこそ、百地や八木は「退位」には批判的だった。

中国哲学研究者で『産経新聞』「正論」欄の執筆者でもある加地伸行大阪大学名誉教授は、天皇・皇后に対して「可能なかぎり、皇居奥深くにおられることを第一とし、国民の前にお出ましになられないこと」を主張している。[113] それはたしかに公務負担軽減に繋がる。しかしそれは八木の主張とはかなり異なる。加地は、天皇が各地を訪問することに反対し、そもそも明仁天皇による「象徴」としての模索を認めないのである。このように保守的な立場のなかには、天皇が形成してきたいわゆる「平成流」を否定する傾向も見られたことに注目する必要があろう。その場合、もちろん天皇の意向は尊重されない。

以上のような立場からは、天皇の「おことば」を聞いても、その意識は変わらなかったのではないかと推測される。歴史学者の伊藤隆は、「おことば」には「違和感を覚えざるを得なかった」と述べている。[114] 公務を「減らしたところで、『象徴』としての役割を果たせないなどということはないのではないか」、摂政でもよかったのではないか、伊藤はこう疑問を呈す。伊藤は「『象徴』とは存在して下さって、時々お姿をお見せ下さることで充分なのではないか」と主張する。これは、天皇が模索してきたいわゆる「平成流」と呼ばれる象徴天皇像を否定する加地の考え方とも似通っていると思われる。

一方で神道学者の高森明勅《あきのり》は、天皇の「おことば」表明が「近代以降、皇室の歴史において排除されていた『譲位』というもう一つの皇位継承の在り方が、再び新しい時代にふさわしい形で復活する、比類なく重大な転換点となるだろう」と強調する。[115] 高森は、天皇の「生前退位」の意向をくみ取り、政府や国会は協力して皇室典範を改正してそれを果たすべきだと主張した。それが「国民の責務」とまで述べている。高森は摂政は天皇の意思に反すること、特別立法も天皇の「権威」を損なうと主張し、あくまで皇室典範改正が望ましいと提起した。[116] このように天皇の意向を尊重する立場は、他に漫画家の小林よしのりらがおり、彼らは皇室典範の改正も辞さない考え方である。「権威」を志向しつつ、天皇の意思を絶対視する考えだろう。

つまり保守派のなかには、「生前退位」問題が皇室典範改正に繋がること（つまりはそれ以上の変革を迫られること）を恐れて反対するグループと、天皇の意思をあくまで尊重すべきとするグループの二つが存在していたことがわかる。これまでも保守派といえども考え方に相違はあり、すでに対立があった。「生前退位」問題は、その相違をより顕在化させたのではないだろうか。

九月二三日、政府は今井敬《たかし》経団連名誉会長ら六人のメンバーからなる「天皇の公務の負担軽減等に関する有識者会議」の設置を発表した。ここでは、明仁天皇一代限りの「生前退位」を認める特例法制定が検討された。とはいえ、天皇の「おことば」を受けてこうした検討を始めたとは公式的には述べていない。なぜならば、天皇の意向を受けて法律が改正されたり新たに制定されたりすることは天皇の政治関与にあたる可能性があり、日本国憲法の理念上まずいからである。それゆえに世論の高まりを受けたという建前（しかしその世論の高まりは「おことば」の表明があったからである）をとり、しかも「有識者会議」の正式名称もあくまで「公務の負担軽減等に関する」会議として、最初から天皇が求めた「生前退位」という結論ありきではないということを示そうとした。しかしそれはあくまでフィクションであった。

政府は、最初から明仁天皇一代限りの「生前退位」を認める特例法という結論を有識者会議で決めようとし、皇室典範改正には消極的であった。皇室典範改正となれば、女系・女性天皇や女性宮家の問題など、象徴天皇制全体の制度設計をも含んだ形での議論が展開され、様々な意見が噴出してまとまらないのではないかという懸念からだった。安倍晋三政権を支える保守層が、特に女性・女系天皇問題に拒否感を示しており、そのような問題に波及しかねない皇室典範の改正は避けたかったからだと思われる。一方、世論が退位を認める方向になっており、退位を拒絶することも政権への支持を失う危険性がある。それゆえに、妥協的な一代限りの特例法という結論に向かったと思われる。メディアも基本的には退位を認める方向性を後押しした。

しかし、「おことば」は、退位以外にも天皇自らが模索してきた象徴天皇像を人々に問い、また安定的な皇統の継続を求めていたのに対し、政府はそうした問題に正面から向き合うことを避けた。なぜなら、そうした問題を考えるためにはまず、日本国憲法に規定された「象徴」とは何かについて、国民的な議論と合意の必要があったからである。おそらく天皇が「おことば」を表明した意図の一つはそれであった。天皇の意思をそのまま政策に反映させる必要はないものの、政府は最初から「象徴」とは何かを話し合うことを選択肢から外して議論を始めた。

その後、「有識者会議」は議論を重ね、一代限りの特例法制定、退位後の明仁天皇の呼称を「上皇」、美智子皇后の呼称を「上皇后」などとする最終報告を取りまとめた。

政府はこれを受けて特例法案を国会へ提出する。衆議院の議院運営委員会、参議院の特別委員会ともに一日のみの審議で、実質的な議論はほとんどなされなかった。そして野党などに配慮し、女性皇族が結婚後も皇室に残る女性宮家の創設などを法の施行後速やかに検討するよう求めた付帯決議を併せて可決した。こうして二〇一七年六月九日、特例法が成立する。その後の退位日などについては政府などが検討し、政令で定めることとなっており、それが二〇一九年四月三〇日となった。

そしてその日、明仁天皇が退位し、翌五月一日、徳仁親王が天皇に即位し、令和となったのである。

おわりに

「代替わり」報道

そして、本書は冒頭の「はじめに」の時点に戻ってきた。二〇一九（平成三一）年四月三〇日、平成の天皇は退位し、翌日に徳仁親王が天皇に即位して、令和となった。平成が終わった。それまでの「代替わり」とは異なる高揚感が、メディアにも人々のなかにもあふれた。それについて、『朝日新聞』の宮内庁担当記者であった島康彦は以下のように振り返っている。記者としての本音が見えてくる文章であるので、長くなるが引用したい。

皇室報道ってどうあるべきなのだろう。宮内庁を取材して10年余。だれよりも時間をかけて思案してきた自負はあった。だが令和への「代替わり」の取材を通じて、改めてその難しさを感じた。

これまでは天皇が逝去し、喪に服す中で行われてきた代替わり。しかし今回は、天皇が健在なままの世代交代だ。202年ぶりという歴史的な節目に、弊社も含めて多くの記事が出た。「改元フィーバー」とも言えるような雰囲気の中で、皇室のありように対する鋭い検証や、制度面での課題の指摘は、目立たなかったように感じる。

書き手である皇室記者たちの「本音」は、そうした報道内容とはたして同じだっただろうか。宮内庁の2階には新聞社や通信社、テレビの15社が加盟する記者クラブ「宮内記者会」がある。各社の記者は、皇室の方々の訪問先への同行などで、週末まで一緒に行動することが多い。

そんな折に、代替わりをどう報じるべきか、たびたび議論になった。〔中略〕
批判を承知で言えば、両陛下ともに、真価を問われるのは代替わり後のこれから。時に杯を交わしながら、そんな「本音」を共有してきたはずだった。
ところが、代替わりが近づくにつれ、「控えめに報じるつもりだったけど、新天皇について7回の連載を上司から指示された」「代替わりはお祭りなのだから、新天皇ご一家をヨイショする記事で構わないと思う」といった声が聞こえるようになった。私も、最後まで悩んだ。
一方でふだんは皇室を厳しく批評する識者から「一世一代のお祭りに水をさす必要はない」と諭されもした。皇室をどう報じていくべきか。両陛下の動静を追いながら、これからも考え続けたい。[1]

島は、「代替わり」に関する報道のなかで、記者たちが「お祭り」に飲み込まれていった様子を吐露している。第6章で論じた昭和から平成の「代替わり」のときに見られたような「皇室のありように対する鋭い検証や、制度面での課題の指摘」は、平成から令和のそれではほとんど見られなかった。メディアの報道がある種の「お祭り」になった状況は、天皇制が「消費」されているとともに、一方では新しい「権威」として立ち現れている様子をも示していよう。

第8章で論じたように、平成の天皇はこれまでの保守派とは別の意味で「権威」になっていた。その「人柄」が強調される報道が繰り返された結果、天皇制の構造を問うような議論は減少していた。島の直感はまさにいわゆる「平成流」を経た皇室とメディアの関係性を述べたものであったと言える。もちろん、彼らも個々人としてはそれでよしとも思っていなかった。とはいえ、大きな流れのなかで、そうした方向性へと追随せざるを得ない状況があったのではないだろうか。

小室眞子さんの結婚をめぐる騒動とＳＮＳ

では、その後の皇室とメディアの関係はその方向のまま進んだのだろうか。実はそうではなかった。第一に、平成の末期から起こっていた眞子内親王と小室圭さんの結婚をめぐる問題が引き金となった。「はじめに」で述べたように、一部の週刊誌が、小室圭さんの親族に関する金銭トラブルを報道し、それが次第に大きく取りあげられるようになる。

その際に影響があったのが、ニュースサイトとＳＮＳである。Ｙａｈｏｏ！ニュースを中心としたニュースサイトへのアクセス数は非常に多い。週刊誌などの紙媒体は次第に発行部数・売上が減少し、その代替策として、こうしたニュースサイトに記事を転載するようになった。しかも、閲覧数を稼ぐため、これまでの週刊誌以上に見出しが人々の興味関心をひくものになっていった。そうでなければ、人々は閲覧しない。さらに、週刊誌では一本にまとめられた記事が、ネット上では長い文章は読んでもらえないためにいくつかに分割され、結果として眞子内親王と小室さんの記事が多数執筆されたかのように見える。しかも、それまでのように店頭で週刊誌などの雑誌を購入しなくても、人々は自宅のパソコンやスマホで手軽にアクセスしてそうした記事を閲覧する。そうするとさらに、多くの人々が閲覧する記事はニュースサイトではトップ記事としてより注目される場所に置かれる。そのためにも、各社は人々の興味関心を煽るような記事・見出しを掲げようとする。そうした循環の結果として、それまで以上に多くの人がさらに天皇制を「消費」する状況に陥ったのである。

しかも、ＳＮＳの発達によって、そうした記事の拡散が非常に速いスピードで、大量になされるようになる。そして、匿名も含めて個人が発言したり拡散したりするため、事実かどうか定かでない内容の記事が、ファクトチェックもされることなく広まっていく状況が相次いだ。それはまさに天皇制が「消費」される状況でもあった。

さらに、Ｙａｈｏｏ！ニュースなどのニュースサイトには記事にコメント欄が存在する。読者はその記事に対して、感想をコメントすることができ、他の閲覧者もそれを見ることができる。「いいね」がたくさん付いたコメントは上位に表示されるが、匿名でなされるそうしたコメントも、やはりファクトチェックなどされることはなく、しかも「いいね」が付けられるようにと、表現や内容が過激になったりする（最近はやや改善されつつあるものの、根本では変化していない）。ニュースとともにそうしたコメントを読んだ閲覧者は、「いいね」が多く付いて上位に表示されていればそれがまるで真実であるかのような錯覚に陥る可能性もあるだろう。

また、眞子内親王と小室圭さんの結婚をめぐる問題では、「公」と「私」の議論が展開されていたことも重要だろう。金銭トラブルに関する何らかの説明を求めたり、もしくはそもそも結婚に対して反対していたりする意見の根底には、皇族の結婚には「公」の側面が重要であるという意識があった。それに対し、当の二人は「私」を重視し、自分たちの意思を第一に結婚へ突き進もうとしていた。これが、平成の天皇・皇后が自らの「私」よりも「公」を重視して被災地訪問を繰り返していた状況とは逆に見えた。つまり、こうした天皇・皇后のあり方を支持していた人々、さらには天皇制を「権威」と考える保守的な人々からも、この結婚をめぐる問題は批判を浴びることとなった。

こうした状況に、宮内庁は対応をしなかった。本書で見てきたように、他の皇室報道については、宮内庁ホームページのなかで反論を試みたこともあったが、このときは同じようなことはせず、

「はじめに」で見たように秋篠宮が記者会見で言及したのみだった。民間人である小室圭さんの親族の問題に対して、宮内庁としては関与する必要はないと考えたのだろう。だからこそ、週刊誌はさらに事実関係が怪しい記事を多数掲載し、それがニュースサイトに転載され、天皇制を「消費」する現象が増幅してしまったのである。

この問題からは、週刊誌を中心とするメディアが天皇制を「消費」するとともに、それまでのマスとしてのメディアから、SNSという個人が参加可能なメディアでもそれが展開され、より過激に、より速く、そして責任感を持たずに「消費」されるという面を見ることができるのではないか。

新型コロナウィルス感染症流行下の天皇制

さらに、二〇二〇（令和二）年からの新型コロナウィルス感染症の流行が、象徴天皇制に大きな影響を与えることになった。人々と同じように天皇・皇后も外出できなくなった。様々な地域を訪問し、人々と交流する機会が失われることは、それに関する報道がなくなることをも意味する。人々が皇室に関する情報に接する機会がなくなり、新型コロナウィルス感染症に関する情報が大量に報道されるなかで、人々は皇室の存在など忘れ去ってしまったかのようであった。

その後、天皇・皇后が皇居のなかで新型コロナウィルス感染症に関する問題について関係者から話を聞いたり、オンラインを活用して人々と交流したりする「オンライン行幸啓」を始め、最初はそれが大きく報道されたこともあった。ただ、話を聞く場面も、オンライン行幸啓も、基本的には天皇・皇后と関係者が白い布を被せた大きなテーブルを挟んで会話している様子、天皇・皇后が画面を見て話している様子しか写真や映像としては公開されず、毎回同じ構図であった。しかも、多くの記者がその場に立ち会って話を聞くことはできず、宮内庁の公式発表を各社ともにそのまま報道する。そうなると、次第に扱いも小さくなり、人々がそうした情報に接する機会も減少した。

　新型コロナウィルス感染症が次第に落ち着くなかで、天皇・皇后の外出も再開され、様々な儀式に出席したり、人々との交流が再開されたりすると、メディアでの報道も再び増加してくる。さらに、成人した天皇・皇后の娘である愛子内親王への注目も重なり、週刊誌などのメディアでも報道されるようになる。また、二〇二四年四月より、宮内庁がインスタグラム（Instagram）を開始し、ＳＮＳで自ら情報を発信するようになった。このようにコロナ禍の収束とともに皇室では公務を少しずつ元に戻しつつ、広報で新しい試みも展開しているのが現状である。

イギリス・タイとの比較のなかで

　これまで見てきた日本の天皇制とメディアの関係を、本書でもたびたび登場してきたイギリス、さらには同じアジアのタイの両王室とメディアとの関係とも比較してみたい。

　歴史学者のデイビッド・キャナダインによれば、イギリスは一九世紀以降、様々な王室儀礼をページェントとして人々に見せてきた。[2] そしてその重要なツールの一つが、メディアであった。その意味では、メディアは王室の「権威」を宣伝する機関であったと言えるかもしれない。ところが、ジョージⅣ世（在位一八二〇～三〇年）のよく知られた「浪費と女道楽」はある種の君主の「人間」的な側面と言えるが、それによって王室の「権威」は低下した。そうしたとき、こうした問題を数多く報じ、王室を「消費」したのもメディアであった。その後も、『ザ・サン』などの大衆紙と呼ばれるメディアが王室のスキャンダルを描くことはあった。一方でキャナダインは、ヴィクトリア女王（在位一八三七～一九〇一年）などが国家の長としての新しい君主像を打ち出した要因に、メディアの発達をあげる。『デイリー・メール』などの「中産階級的で自由主義的な地方紙」が発達し、そこで描かれる君主は「事実神聖不可侵な存在」となった。さらに写真や印刷技術の発達によって、大規模な王室の儀式などがメディアに描写され、その「権威」が人々に伝えられた。

その後も、ラジオやテレビなどの新しいメディアがイギリス王室に大きな影響を与えた。戴冠式などの儀式は生中継されるとともに、クリスマスにおける国王によるメッセージの放送が定着し、人々は新しいメディアを通じて王室を意識していく。そこでは王室の「権威」性が強調されるとともに、人々に親しく語りかける国王はまさに「人間」でもあった。一方、大衆紙は王室を「消費」し続けた。エリザベス女王（在位一九五二～二〇二二年）の長男であるチャールズ皇太子（現・イギリス国王のチャールズⅢ世、在位二〇二二年～）、そしてその妻であるダイアナ妃は、その私生活が大衆紙のようなメディアで数多く報じられた。エリザベス女王の子どもたちは、そのスキャンダルがやはり報じられ、まさに王室が「消費」される対象となっていた。

しかし、それらに変化が訪れる。歴史学者の君塚直隆によれば、それは一九九七年のダイアナ死去がきっかけであった。[3]突然の事故死の直後に王室が何も対応しなかったことをきっかけにして、イギリスの人々からは王室に対する批判が噴出し抗議活動も行われる。最終的にはエリザベス女王がテレビでメッセージを発表してそうした動きは収束したが、その後、イギリス王室はメディア戦略を大きく変化させる。ホームページをより充実させるとともに、ツイッター（Twitter、現・X）、フェイスブック（Facebook）、インスタグラム、リンクトイン（LinkedIn）などのSNSを開始し、自らの活動を積極的にアピールして、人々の支持を得ていくことになった。それはメディアに「消費」されるというよりも、自分の方から積極的に活用する姿勢と言える。

一方、タイはプーミポン国王（在位一九四六〜二〇一六年）のときにメディアと王室との関係が構築される。[4] 前国王の突然の死去によって不意に即位することになったプーミポン国王は、冷戦下におけるアメリカの戦略とも関係し、「タイの象徴」として積極的に人々に印象づけられる方策が採られた。タイ国内を積極的に行幸し、人々にその「権威」と「人間」性を見せた。その際、「陛下の映画」と呼ばれる映画が製作され、各地で上映されるなど、国王の宣伝が行われた。公務や儀礼を撮影した記録映像と国王の私生活を撮影したプライベートな映像が素材として利用され、両者を合わせて編集し、一つの映画として完成させる。前者は国王の公務（「権威」）を広く一般に知らせ、後者は国王や家族の私生活の様子（「人間」）を見せるものであった。しかも、こうした映像を撮影するのは、国王の側近たちであったことも大きな意味を持つ。映画という新しいメディアを使って、プーミポン国王の存在を人々に知らしめる戦略だったのである。

その後、生身の国王による行幸の回数が増加すると、「陛下の映画」は一旦下火になった。しかし、テレビの普及とともに、「陛下の映画」で使用されていた映像や写真は、新たに編集され何度も再生産されることになる。プーミポン国王の死去後は、写真や動画が国立公文書館のホームページで公開され、自由にダウンロードできるようになった。ＳＮＳで拡散され、ＹｏｕＴｕｂｅでは様々な人々が「陛下の映画」の映像を断続的にアップロードもしている。タイは王室に対する不敬罪が存在するため、「消費」されることはほとんどなかったが、現在のワチラーロンコーン国王（在位二〇一六年〜）になってからは、スキャンダルが報じられるなど変化も見られる。

つまり、日本の天皇制とイギリス、そしてタイの王室は、メディアとの関係性で言えば、似通った展開をたどってきたのではないか。とはいえ、イギリスもタイも日本より常に先を行っていた面がある。しかも、イギリスはダイアナショックとも言える危機を経て、急速にSNSというメディアを活用するようになった。タイは第二次世界大戦後すぐ、メディアをより戦略的に活用する方向に舵を切っていた。そこには多分に政治的な意味合いはあったにせよ、かなり積極的な活用を行っている。日本の天皇制はかなり遅れてインスタグラムを開始しており、現在のところはイギリスやタイの域にまでは達していない。今後、イギリスやタイに追いつくように進むのか、それとも別の道をたどるのか。今後の天皇制とメディアの関係性に注目する必要があるだろう。

以上のように、本書では近代の始まりである明治から現代の令和まで、メディアが天皇制・皇室をどのように報じてきたかを展望してきた。その際には「権威」「人間」「消費」という三つの軸に加えてときに「空気」なども加味してその振幅とダイナミズムをとらえてみた。近代以前にも、もちろんかわら版などのメディアは存在したが、明治になって西洋型のメディアが誕生して以降は、当初は強い「権威」の下に押さえつけられていたメディアが次第に「人間」という軸を見出しながらときには「消費」に走りつつ、アジア・太平洋戦争後は特に象徴天皇制とは何かという問題を報道という行為によって支えてきたという面が、長い時間軸でとらえることによって見えてきたのではないか。同時に、人々のあり方も「権威」に押さえつけられるばかりでなく、自分たちが「人間」らしく自由に生きたいという意識を天皇や皇室に投影しつつ、メディアを動かしてきたとも言えるのではないか。その意味ではメディアは私たちの「鏡」のようなものではないかと思われる。さらに新聞、月刊誌、週刊誌、ラジオ、テレビ、そしてSNSと次々に新しいメディアが登場してきた近現代でもあって、この先にどのような新しいメディアが登場するかはわからないが、天皇制・皇室と人々の関係がメディアを通して形成されることは間違いないことであろうし、そこには常に時代の変化と人々の意識の変化があらわれることだろう。本書が今後の天皇制・皇室と人々との関係性を構想する手がかりとなれば幸いである。

注記

〔はじめに〕

1 平成から令和にかけての状況に関するすぐれた分析として、茂木謙之介『SNS天皇論――ポップカルチャー＝スピリチュアリティと現代日本』（講談社選書メチエ、二〇二二年）がある。

〔第1章〕

1 森暢平「皇室とメディア」（河西秀哉編『戦後史のなかの象徴天皇制』吉田書店、二〇一三年）、同「昭和戦前期の記者倶楽部」（『成城文藝』第一九七号、二〇〇六年）を参照。
2 『読売新聞』一八七四年一一月二日。
3 奥武則『明治六大巡幸――「報道される天皇」の誕生』（中公選書、二〇二四年）。奥は皇室報道の原点をこの「六大巡幸」に見る。
4 『国民之友』第九六号、一八九九年、四二ページ。
5 『女学雑誌』第三五六号、一八九三年、二五ページ。ほかにも、第三五五号には「皇女の御参内」とのタイトルが付いた明治天皇の六女・昌子内親王の動向を伝えた記事（二二ページ）が掲載されており、『女学雑誌』には女性皇族に関する記事が多数掲載されていた。
6 有山輝雄『海外観光旅行の誕生』（吉川弘文館、二〇〇一年、二五～二七ページ）。
7 当該期の大衆社会の出現については、安田浩「総論」（坂野潤治ほか編『シリーズ日本近現代史3　現代社会への転形』岩波書店、一九九三年）などの議論を参照。
8 『東京朝日新聞』一九〇〇年二月一一日。森暢平『近代皇室の社会史――側室・育児・恋愛』（吉川弘文館、二〇二〇年、三〇～三一ページ）によれば、正式な発表以前からメディアでは九条節子に関する写真などが掲載されていたという。つまり、人々はこうした紙面を見、彼女が皇太子妃になることを理解しつつあったと言える。それはまた、宮内省もそうした路線でよしとしていたと見ることもできる。節子の情報はすでに正式な婚約発表前からメディアに漏れていた。
9 『大阪朝日新聞』一九〇〇年五月一〇日。
10 『国民新聞』一九〇〇年五月一一日。
11 『東京日日新聞』一九〇一年五月一日。
12 『読売新聞』一九〇一年五月六日。
13 『国民新聞』一九一二年八月三一日。
14 森前掲『近代皇室の社会史――側室・育児・恋愛』三九～四〇・四六ページ。
15 『東京日日新聞』一九一二年七月二一日。
16 飛鳥井雅道はこのときの新聞記事を「二十一日付紙面は一面で大組でさわいだものの、困惑が全体としては支配的である。対応のしようをしらなかったといってよい」と評価している（『明治大帝』講談社学術文庫、二〇〇二年、三一ページ、初出は筑摩書房、一九八九年）が、メディアはこのとき、初めて天皇の死にゆく様子を伝えることになったのであり、前例がないゆえに「困惑」していたのだろう。
17 たとえば、『時事新報』一九一二年七月二二日・二五日、『国民新聞』一九一二年七月二六日・二八日など。
18 『萬朝報』一九一二年七月二三日。
19 『東京日日新聞』一九一二年七月三〇日。
20 『東京朝日新聞』一九一二年七月三〇日。
21 飛鳥井前掲『明治大帝』一一～一四ページ。
22 『時事新報』一九一二年七月三一日。
23 『読売新聞』一九一二年七月三〇日～八月二四日の全二一

回の連載。

24 『新聞及新聞記者』第一巻第二号、一九二〇年、五八ページ。『新聞及新聞記者』はメディアで働く人々が書き手となり読者となっていた雑誌であり、当時の新聞業界の様子がよくわかる。なお、藤樫準二『千代田城』（光文社、一九五八年、三八ページ）では、明治天皇死去時に「菊花クラブ」ができたのではないかと書いているが伝聞での記述であり誤りであろう。

25 楠谷遼「マスメディアにおける天皇・皇族写真」（河西編前掲『戦後史のなかの象徴天皇制』一七四ページ）。

26 『サンデー毎日』一九七四年六月二日号、一一六～一一七ページ、『週刊朝日』一九七四年五月三一日号、三五～三七ページ。

27 藤樫前掲『千代田城』三八～三九ページ。

28 森前掲「皇室とメディア」二五六ページ。

29 こうした「開放」は、この時期の皇居（宮城）でもメディアにだけではなかったが積極的に行われた（河西秀哉『皇居の近現代史――開かれた皇室像の誕生』吉川弘文館、二〇一五年、二一～三八ページ）。坂下倶楽部にも一九二八年九月に宮城拝観が許可されている（『読売新聞』一九二八年九月一二日）。

30 『新聞及新聞記者』第一巻第三号、一九二〇年、五六ページ

31 この状況に関しては、浜林正夫・土井正興・佐々木隆爾編『世界の君主制』（大月書店、一九九〇年）などを参照。

32 以上は、鈴木正幸『近代天皇制の支配秩序』（校倉書房、一九八六年）、同『皇室制度』（岩波新書、一九九三年）、同『国民国家と天皇制』（校倉書房、二〇〇〇年）、同編『近代日本の軌跡7　近代の天皇』（吉川弘文館、一九九三年）、安田浩『天皇の政治史――睦仁・嘉仁・裕仁の時代』（青木書店、一九九八年）、伊藤之雄『昭和天皇と立憲君主制の崩壊　睦仁・嘉仁から裕仁へ』（名古屋大学出版会、二〇〇五年）、坂本一登「新しい皇室像を求めて」（『年報近代日本研究』二〇、一九九八年）、梶田明宏「『昭和天皇像』の形成」（鳥海靖ほか編『日本立憲政治の形成と変質』吉川弘文館、二〇〇五年）などを参照した。

33 この外遊については、波多野勝『裕仁皇太子ヨーロッパ外遊記』（草思社、一九九八年）などを参照。

34 『東京朝日新聞』一九二一年五月一七日。

35 『読売新聞』一九二一年七月一一日。

36 『大阪朝日新聞』一九二一年九月四日夕刊（当時の夕刊は発行日の翌日の日付で発行）。安田前掲『天皇の政治史――睦仁・嘉仁・裕仁の時代』一九六ページ。

37 大阪M生「大毎大朝写真競争」（『新聞及新聞記者』第二巻第七号、一九二一年、四四ページ）。

38 『東京日日新聞』一九二一年八月一一日。

39 「時評　東宮御渡欧と新聞界の光栄」（『新聞及新聞記者』第二巻第六号、一九二一年、四ページ）。これには政府・宮内省内で、報道規制を緩和して動きのある場面での撮影を認めるなど、メディアとの関係性を深めつつ、皇室のイメージアップを図ろうとする戦略があったという（坂本前掲「新しい皇室像を求めて」一五ページ、小山亮「一九二一年裕仁皇太子外遊と視覚メディア――撮影規定の緩和との関わりから」『人民の歴史学』一九八号、二〇一三年）。

40 その様子は、後藤武男『われらの摂政宮』（時友社、一九二五年）に詳しい。

41 訪問国のベルギーでは、ベルギー国王のアルベール一世が派遣された日本の記者たちに対して叙勲したという（前掲『新聞及新聞記者』第二巻第七号、四八ページ）。記者たちはこうした扱いに、それまでとは異なる自らの立場を理解

したのではないか。

42　『読売新聞』一九二一年九月八日「社説　異国文明と我が皇室」。

43　『東京朝日新聞』一九二〇年三月三一日。

44　『大阪朝日新聞』一九二一年一〇月四日号外。

45　『東京日日新聞』一九二一年一一月二五日。こうした構成は『東京朝日新聞』もほとんど変わらない。

46　『大阪毎日新聞』一九二一年一一月二五日。

47　『東京毎日新聞』一九二一年一一月二六日。

48　『新聞及新聞記者』第二巻第九号、一九二一年、一四二～一四四ページ。

49　『新聞及新聞記者』第二巻第一一号、一九二一年、一〇～二二ページ。

50　朝野通信社の理事であった横山仁三は、『大阪朝日新聞』の皇太子外遊に関する活動写真と回答している。それは、「国民の指導教化上多大の効果」があったからだという。その点では、「権威」的な側面があったことも否めない。一方で、これが「新聞販売政策上」にも意義があったとも理解しており、その点では「消費」としての意味をも込めていた。

51　森前掲『近代皇室の社会史――側室・育児・恋愛』一二〇～一三一ページ。

52　事件の概要は、伊藤之雄『日本の歴史22　政党政治と天皇』（講談社、二〇〇二年、一四六～一五六ページ）、永井和『青年君主昭和天皇と元老西園寺』（京都大学学術出版会、二〇〇三年、三六～五六ページ）。

53　『週刊朝日』一九二二年六月一一日号（東久邇宮家など伏見宮系の宮家の子どもたち）、一九二三年四月二二日号（崇仁親王）、一九二四年一月二七日号（裕仁親王、良子女王）など。

54　『週刊朝日』一九二四年一月二七日号、一九二四年二月三日号。『アサヒグラフ』などの写真を中心としたグラフ雑誌も発刊され、そのなかでも皇族は数多く取りあげられた（茂木謙之介『表象天皇制論講義――皇族・地域・メディア』白澤社、二〇一九年、一四六～一六〇ページ）。

55　『週刊朝日』一九二二年七月二日号。

56　伊藤前掲『昭和天皇と立憲君主制の崩壊　睦仁・嘉仁から裕仁へ』四四七～四六四ページ。

57　『東京朝日新聞』一九二八年一月七日。

58　森暢平『天皇家の恋愛――明治天皇から眞子内親王まで』（中公新書、二〇二二年、八五～九六ページ）。

59　北條憲政「輝やく途を踏んでいよ〳〵お帰りの松平節子姫　その日を待兼ぬる一門の人々」（『週刊朝日』一九二八年六月一〇日号、三ページ）。

60　『週刊朝日』一九二八年九月二三日号、四～九ページ。『アサヒグラフ』などでも同様の傾向が見られたことは、茂木謙之介『表象としての皇族――メディアにみる地域社会の皇室像』（吉川弘文館、二〇一七年、第一部第三章）を参照。

61　『東京朝日新聞』一九二六年一一月一四日。

62　『東京朝日新聞』一九二六年一一月二七日夕刊。

63　同前。

64　『東京朝日新聞』一九二六年一一月二八日。

65　『東京日日新聞』一九二六年一二月一九日夕刊。

66　『東京朝日新聞』一九二六年一二月一四日夕刊。

67　『東京朝日新聞』一九二六年一二月一六日。

68　一方で、『東京朝日新聞』一九二六年一二月二三日には、売り出しに賑わう東京人形町の風景写真を掲載しており、必ずしも「自粛」一辺倒でもなかったようである。

69　たとえば、宮城前に「涙する市民の群」が集まった様子を描いた報道（『東京朝日新聞』一九二六年一二月二五日）など。
70 『東京日日新聞』一九二六年一二月二五日〜二八日。大行天皇とは天皇の死去後、まだ追号が贈られない間の呼称であるが、二五日は「大正天皇」と書いてしまっており、混乱も見える。
71 『東京日日新聞』一九二六年一二月二五日〜一二月三〇日。
72 『東京朝日新聞』一九二六年一二月一四日。
73 日本放送協会編『放送の五十年　昭和とともに』（日本放送出版協会、一九七七年、三三三〜三四七ページ）。
74 竹山昭子『ラジオの時代――ラジオは茶の間の主役だった』（世界思想社、二〇〇二年、七六ページ）。
75 日本放送協会編前掲『放送の五十年　昭和とともに』三三三〜三四七ページ。
76 安田前掲『天皇の政治史――睦仁・嘉仁・裕仁の時代』一九七〜二〇〇ページなど。
77 『東京日日新聞』一九二九年四月三〇日夕刊など。
78 とはいえ、『東京日日新聞』の宮内省担当記者であった藤樫準二が後年に回想したところによれば、皇后の妊娠出産をめぐる報道は、他社にスクープされないようにと必死になって取材を続け、むしろ自身がスクープを目指していたという（『新聞協会報』一九四八年一一月三日）。そこには、皇后の出産を「消費」的にとらえるメディアの姿があった。
79 藤樫準二「皇室と新聞」（『文藝春秋』第一三巻第七号、一九三五年、一三七ページ）。
80 藤樫準二「大内山秘話」（『話』第四巻第三号、一九三六年）。
81 藤樫準二『皇室大観』（東京日日新聞社、一九三七年、二ページ）。
82 藤樫準二『聖上陛下の御日常』（東京日日新聞社、一九三七年）。
83 『東京朝日新聞』一九三五年三月二日。
84 事件の一連の流れは、増田知子『天皇制と国家――近代日本の立憲君主制』（青木書店、一九九九年、二五九〜二九六ページ）が詳しい。
85 『東京朝日新聞』一九三六年五月八日。
86 藤樫準二『仰ぐ御光』（大道書房、一九四二年）。
87 藤樫準二『仰ぐ御光（改訂版）』（櫻菊書院、一九四五年）。
88 戦前から戦時期、皇族がメディアのなかで積極的に描き出されることについては、茂木前掲『表象としての皇族――メディアにみる地域社会の皇室像』第一部第二章・第三章を参照。
89 『東京日日新聞』一九三二年三月六日。
90 『朝日新聞』一九四三年一月二日。

〔**第2章**〕

1 本章の記述は、河西秀哉『天皇制と民主主義の昭和史』（人文書院、二〇一八年、第二章・第三章、原著は『「象徴天皇」の戦後史』講談社選書メチエ、二〇一〇年）、同『平成の天皇と戦後日本』（人文書院、二〇一九年、第一章、原著は『明仁天皇と戦後日本』洋泉社新書y、二〇一六年）と重複する部分もある。なお、宮内省は一九四七年五月三日、日本国憲法の施行とともに内閣総理大臣所管の機関として宮内府に改められ、さらに一九四九年六月一日に総理府の設置にともなってその管轄下の外局となり、宮内庁に改められた。本章ではそれぞれのときの名称を記した。
2 『朝日新聞』一九四五年一一月九日など。
3 河西前掲『皇居の近現代史――開かれた皇室像の誕生』五〇〜五一ページ。
4 『徳川義寛終戦日記』（朝日新聞社、一九九九年）一九四五

年一二月二二日条。田中徳は「共同通信」の記者。

5 『読売報知』一九四六年一月一日。

6 『毎日新聞社報』一九四六年一月一〇日。

7 以下、宮廷記者団『宮内庁』(朋文社、一九五七年、八八~八九ページ)。「はしがき」には、「共同通信」の田中徳と阿部豊、『朝日新聞』の宍倉恒孝の名前が書かれており、彼らがその「宮廷記者団」としてこの著作を執筆したと推測できる。

8 『毎日新聞』一九四五年一〇月一一日、『朝日新聞』一九四五年一〇月一一日、『読売新聞』一九四五年一〇月一一日。

9 『日本新聞報』一九四五年一〇月一六日。なお、『日本新聞報』は一九四七年三月に『新聞協会報』に改称する。

10 『毎日新聞』一九四五年一〇月二三日、『日本新聞報』一九四五年一〇月二九日。

11 その過程は、松尾尊兊『日本の歴史㉑ 国際国家への出発』(集英社、一九九三年、四一~四四ページ)などに詳しい。

12 『昭和天皇実録』第九(東京書籍、二〇一六年、一九四五年一二月二三日条)。

13 『毎日新聞』一九四六年一月一日。

14 『読売報知』一九四六年一月一日。

15 『朝日新聞』一九四六年一月一日、前掲『毎日新聞』一九四六年一月一日。

16 北原恵「正月新聞に見る〈天皇ご一家〉像の形成と表象」(『現代思想』第二九巻第六号、二〇〇一年、二四二~二四三ページ)。

17 この過程は、河西前掲『天皇制と民主主義の昭和史』七六~七七ページを参照。宮内省側から藤樫に対して接触してきたのはこうした経験があったからか、敗戦後の宮内省の皇室記者への態度の変化を「愛嬌ふりまく大宮人」「百八十度の急前進」「滑稽」「これまでの罪滅しにか気味の悪いもてなし方」とまで表現している(『日本新聞報』一九四六年一月二八日、『新聞協会報』一九五一年二月一六日)。戦前との違いを肌で実感していたのだろう。

18 藤井恒男「嵐に立つ天皇」(『民主文化』第1巻第8号、一九四六年、国立国会図書館憲政資料室蔵『プランゲ文庫雑誌』所収)。

19 小野昇『人間天皇』(一洋社、一九四七年、八八・一〇九ページ)。

20 前掲『朝日新聞』一九四六年一月一日。

21 敗戦後の高松宮については、河西秀哉「戦後皇族論」(河西編前掲『戦後史のなかの象徴天皇制』)で検討した。

22 高橋紘「解説」(木下道雄『側近日誌』文藝春秋、一九九〇年、三六二ページ)。

23 坂本孝治郎『象徴天皇制へのパフォーマンス――昭和期の天皇行幸の変遷』(山川出版社、一九八九年、一〇三ページ)。

24 高橋前掲「解説」三六三ページ。

25 『朝日新聞』一九四六年二月一九日など。

26 『日本新聞報』一九四六年二月二八日。

27 『新聞協会報』一九五〇年四月六日。

28 藤樫準二『陛下の〝人間〟宣言』(同和書房、一九四六年、一〇ページ)。

29 小野前掲『人間天皇』四~五ページ。

30 『朝日新聞』一九四六年六月一七日。

31 『新聞協会報』一九四七年一一月一〇日。

32 『朝日新聞』一九四六年二月二一日。

33 『日本新聞報』一九四六年三月四日。

34 『新聞協会報』一九四七年八月四日。

35 『藤井恒男遺稿集　あの時この人』(非売品、一九八四年、国立国会図書館蔵、六七～六八ページ）。

36 『昭和天皇実録』第十（東京書籍、二〇一七年、一九四七年五月一日条）。

37 前掲『藤井恒男遺稿集　あの時この人』六八ページ、藤樫前掲『千代田城』五六ページ。この会見の全文は、高橋紘『陛下、お尋ね申し上げます』（文春文庫、一九八八年、四一～四三ページ）に収録。

38 「大正から昭和二十年代」（日本新聞博物館蔵「藤樫準二コレクション」所収）、前掲『昭和天皇実録』第十、一九四七年八月一九日条。巡幸において、宮内省はメディアへの配慮や自由な取材を認めていた（瀬畑源「象徴天皇制における行幸」（河西編前掲『戦後史のなかの象徴天皇制』）や楠谷前掲「マスメディアにおける天皇・皇族写真」を参照のこと）。

39 藤樫前掲『千代田城』五六～五七ページ。

40 『入江相政日記』第二巻（朝日新聞社、一九九〇年、一九四九年七月五日条）。

41 実際、九州巡幸に同行した田中は、「その期間中毎日記事と写真を満載して報道した新聞人も並大抵ではなかつた」と自画自賛しつつ、「陛下はおれ達に少しでも満足するような写真を撮らせようとしておられるんだね」という巡幸中の記者の声を紹介して天皇が報道に協力的であることを強調する（田中徳「天皇陛下と新聞記者　九州ご旅行にお供して」『新聞協会報』一九四九年六月二九日）。このように、天皇とメディアの協調関係が成り立っていることを示すのである。天皇の姿勢を理解した記者はそれを評価しつつ、天皇の「人間」的な姿を活写する記事を執筆していった。

42 後藤武男「天皇に金を貸した話」（『文藝春秋』第二七巻第八号、一九四九年、一四～一六ページ）。

43 後藤武男「天皇外遊と三人男」（『文藝春秋』第二八巻第二号、一九五〇年、九〇～九四ページ）。

44 原武史『昭和天皇』（岩波新書、二〇〇八年、七一～七三ページ）、右田裕規『天皇制と進化論』（青弓社、二〇〇九年、一六四～一九四ページ）。

45 田中徳『天皇と生物学研究』（講談社、一九四九年）。生物学者としての天皇像が、皇室記者以外からも伝えられていたことについては、川崎賢子「現人神から生物学者へ」（岩本憲児編『映画のなかの天皇』森話社、二〇〇七年）を参照。

46 藤井前掲「嵐に立つ天皇」三〇ページ。

47 田中前掲『天皇と生物学研究』一七五ページ。

48 小野昇「生物学者―天皇」（『国民科学』第九巻第四号、一九四七年、一一ページ、国立国会図書館憲政資料室蔵『プランゲ文庫雑誌』所収）。

49 藤樫準二「天皇と将棋」（『サンデー毎日』一九四九年一月二・九日号、一〇ページ）。

50 田中徳「天皇の将棋」（『アンサーズ』第三巻第二号、一九四八年、国立国会図書館憲政資料室蔵『プランゲ文庫雑誌』所収）。

51 こうした種類の記事は、敗戦直後だけではなくその後も継続している。例えば、田中徳「天皇家の休日」（『面白倶楽部』第一一巻第一号、一九五八年）などがその典型である。

52 『新聞協会報』一九五一年一月一日。これは「本人が読んだ本人の記事」という特集であるが、同特集には元皇族の東久邇稔彦もインタビューに答えており、メディアは「元の皇族というだけでボクのことを大して面白くもない事件であれこれ尾ヒレをつけて針小棒大に書くのは新聞の人たちの頭のすみつこにまだ古い考えが残つているためではないかと思います」と批判している。東久邇は、「人間」としての問題だけではなく、メディアの報道に天皇制への「権威」もあったと見ていた。

53 河西前掲『天皇制と民主主義の昭和史』二〇一～二〇三ページ、森前掲『天皇家の恋愛――明治天皇から眞子内親王まで』一一六～一二一ページ。

54 『新聞協会報』一九五〇年五月二五日。

55 冨永望『象徴天皇制の形成と定着』（思文閣出版、二〇一〇年、三二～八二ページ）、同『昭和天皇退位論のゆくえ』（吉川弘文館、二〇一四年、五〇～九五ページ）、河西秀哉『近代天皇制から象徴天皇制へ――「象徴」への道程』（吉田書店、二〇一八年、二〇七～二一四ページ）など。

56 『毎日新聞』一九四八年一一月二〇日。

57 『読売新聞』一九四八年一一月二四日。

58 『朝日新聞』一九四八年一二月二四日。

59 小出英経・藤樫準二・田中徳「座談会　天皇の生活と心境を語る」（『話』第一〇巻第一号、一九四九年、二二ページ、国立国会図書館憲政資料室蔵『プランゲ文庫雑誌』所収）。

60 宮廷記者団前掲『宮内庁』八八ページ。

61 『昭和天皇拝謁記』第一巻（岩波書店、二〇二一年、一九五〇年四月二五日条）。

62 『読売新聞』一九五〇年四月二〇日。

63 一月二六日と天皇は話しているが、記事は『読売新聞』一九五〇年一月二七日の誤り。

64 前掲『昭和天皇拝謁記』第一巻、一九四九年一〇月一一日条。

65 『サンデー毎日』一九四九年一〇月二日号。

66 前掲『昭和天皇拝謁記』第一巻、一九四九年一〇月一二日条。

67 『サンデー毎日』一九五八年一〇月一二日号。

68 『新聞協会報』一九四七年六月一六日。

69 『新聞協会報』一九四九年六月八日。

70 『新聞協会報』一九五〇年一一月二日。

71 『新聞協会報』一九五一年一一月一八日、『昭和天皇実録』第十一（東京書籍、二〇一七年、一九五一年一〇月二七日条）。

72 『新聞協会報』一九四八年一〇月六日。

73 『新聞協会報』一九四八年一〇月九日。これに対して日本のメディア側からは、必ずしも日本のメディアだけの要因で混乱したのではないという弁明もなされた（『新聞協会報』一九四八年一〇月一三日）。

74 『新聞協会報』一九四九年一〇月一〇日、前掲『昭和天皇実録』第十、一九四九年一〇月六日条、高橋前掲『陛下、お尋ね申し上げます』七四～七五ページ。

75 『新聞協会報』一九四九年一〇月一〇日・一〇月二〇日。一二日には、日本新聞協会の事務局長であった津田正夫が占領軍の新聞政策について天皇に進講している（『新聞協会報』一九四九年一〇月一七日）。このように、メディアと天皇制の結びつきは敗戦後により強くなっていったことがわかる。

76 前掲『昭和天皇実録』第十一、一九五〇年一〇月二日条、『新聞協会報』一九五〇年一〇月五日。

77 『新聞協会報』一九五一年一月八日・一月一一日。

78 『中部日本新聞』一九五一年一月一日。

79 なお、天皇が訪問したり会ったりしたメディア関係者は新聞だけではない。開設二四周年のNHKを訪問し、放送の様子などを見学するとともに、やはり放送の重要性を強調する「おことば」を職員らにかけた（『新聞協会報』一九四九年三月二六日）。

80 辰野隆・徳川夢声・サトウ・ハチロー「天皇陛下大いに笑

ふ」（『文藝春秋』第二七巻第六号、一九四九年）。
81 辰野ほか前掲「天皇陛下大いに笑ふ」三四ページ。
82 坂本前掲『象徴天皇制へのパフォーマンス――昭和期の天皇行幸の変遷』二四四～二四八ページ。
83 辰野ほか前掲「天皇陛下大いに笑ふ」四四ページ。
84 『朝日新聞』一九四七年六月一一日。
85 新村出「風薫る京の大宮御所」（『文藝春秋』一九四七年八月号）。
86 文藝春秋編『天皇陛下』（文藝春秋新社、一九四九年）。
87 『天皇の印象』（創元社、一九四九年）。
88 辰野隆「身にあまる事ども」（前掲『天皇の印象』所収、一九三ページ）
89 『新聞協会報』一九五一年一一月一九日。
90 『新聞協会報』一九五二年一月七日。
91 『新聞協会報』一九五二年五月一日。これを「各紙飾った明るい図柄」と紹介する。

〔**第3章**〕

1 本章の記述は、河西前掲『天皇制と民主主義の昭和史』第六章、同『平成の天皇と戦後日本』第一章・第二章と重複する部分もある。
2 『朝日新聞』一九五一年一月一日。
3 『毎日新聞』一九五一年一月一日。
4 『読売新聞』一九五一年一月一日。
5 『新聞協会報』一九五一年一月二五日。小野昇『天皇記者三十年』（読売新聞社、一九七三年）
6 講和条約期の天皇退位論については、河西前掲『天皇制と民主主義の昭和史』一六一～一八三ページ、冨永前掲『昭和天皇退位論のゆくえ』一五四～一六一ページなどを参照。
7 『毎日新聞』一九五一年一二月二三日。
8 色川大吉『昭和史と天皇』（岩波書店、一九九一年、二二三～二二四ページ）。
9 清水幾太郎「占領下の天皇」（『思想』第三四八号、一九五三年、一七ページ）。
10 門奈直樹「天皇死去報道の思想―民衆にとって戦後の天皇制とは何だったのか―」（岩波新書編集部編『昭和の終焉』岩波新書、一九九〇年、一一四～一一五ページ）。
11 『朝日新聞』一九五二年一一月一〇日社説。憲法学者佐藤功は後にこの立太子礼について、「若くしてスマートなプリンスの姿の中に、何となく日本の将来の希望があるように思われて、敗戦と占領と社会的・経済的な困難とにいやでも応でも打ちひしがれ、また、今後もまたなみなみならぬ苦難の道を歩まねばならぬということを知っているわが国の人々が、何となく明るい希望をそこに見出だしたかのように感じた」と総括している。皇太子への期待はメディアだけのものではなく、知識人や人々に共通したものであった（佐藤功「イギリスの王室と日本の皇室――戴冠式に参列される皇太子に寄せて――」『時の法令』一九五三年三月下旬号、三二ページ）。
12 『朝日新聞』一九五二年一一月一一日。
13 秩父宮雍仁「東宮様の環境」（『改造』第三三巻第一八号、一九五二年、一一一～一一五ページ）。冷戦による占領政策の転換（＝「逆コース」）は当時の日本社会において問題視されており、天皇制についても敗戦後の「民主化」が「逆コース」へ進むのではないかと見られていた。
14 『毎日新聞』一九五二年一一月八日。民間人一二四名のリストも掲載されている。
15 『NHK年鑑　一九五四年』（ラジオサービスセンター、一九五四年、『NHK年鑑』六として、ゆまに書房より一九九九年復刻、八ページ）。NHK放送文化研究所蔵「NH

K確定番組」昭和二七年一一月上。
16 『毎日新聞』一九五二年一一月一〇日社説。
17 『神社新報』一九五二年一一月一〇日社説。
18 『朝日新聞』一九五二年一一月一二日・一一月一五日夕刊など。
19 「皇太子殿下への手紙」（『婦人公論』第三八巻第一二号、五三ページ）佐藤圭子意見。
20 前掲「皇太子殿下への手紙」五六ページ、谷川俊太郎意見。
21 『新聞協会報』一九五二年一一月一三日。
22 同前。
23 『昭和天皇拝謁記』第四巻（岩波書店、二〇二二年、一九五二年一一月七日条）。
24 前掲『昭和天皇拝謁記』第四巻、一九五二年一一月二一日条。
25 この外遊に言及した研究として、佐道明広「『皇室外交』に見る皇室と政治」（『年報近代日本研究二〇　宮中・皇室と政治』一九九八年）、ケネス・ルオフ『国民の天皇　戦後日本の民主主義と天皇制』（共同通信社、二〇〇三年）、波多野勝『明仁皇太子エリザベス女王戴冠式列席記』（草思社、二〇一二年）、舟橋正真『「皇室外交」と象徴天皇制　一九六〇～一九七五年――昭和天皇訪欧から訪米へ』（吉田書店、二〇一九年）などがある。
26 渋沢信一外務事務次官・日付不明「戴冠式え御名代派遣の件」（外務省外交史料館蔵「皇太子継宮明仁親王殿下御外遊一件」所収、以下「外遊」と略記）。
27 『朝日新聞』一九五二年一一月九日。
28 清水前掲「占領下の天皇」一八ページ。
29 前掲『朝日新聞』一九五一年一月一日。
30 『中部日本新聞』一九五三年三月三〇日社説。
31 『朝日新聞』一九五三年三月三〇日社説。
32 『中部日本新聞』一九五三年一月一日。
33 前掲『中部日本新聞』一九五三年三月三〇日社説。
34 『昭和天皇拝謁記』第三巻（岩波書店、二〇二二年、一九五二年二月二九日（二回目）条）。
35 『昭和天皇拝謁記』第七巻（岩波書店、二〇二三年、七八～七九ページ）、秩父宮家『雍仁親王実紀』（吉川弘文館、一九七二年、八一〇～八一一ページ）。秩父宮は『中部日本新聞』の取材に対して、皇太子の戴冠式出席が「日本の為、東宮様の将来の為に絶好の機会」であり、「より広い見識を持たれることは日本国の将来に大きなプラスとなる」だろうと答えている（『中部日本新聞』一九五二年一一月九日）。
36 『毎日新聞』一九五三年一〇月一一日。
37 『入江相政日記』第三巻（朝日新聞社、一九九〇年、一九五三年三月三〇日条）、前掲『昭和天皇実録』第十一、一九五三年三月三〇日条。テレビを見た天皇の感想は、「とても明瞭で私はあれ程までに進歩してるとは思つて居なかつた」「東宮ちやん斗りでなく、大使連や吉田の顔などの見えて来る方がもつと興味があるのだが」というものであった（前掲『昭和天皇拝謁記』第四巻、一九五三年三月三一日条）。テレビ放送の様子は、長浜道夫「皇太子殿下横浜港御出発　テレビ実況放送後記」（『放送文化』第八巻第五号、一九五三年、三八～三九ページ）に詳しい。
38 『NHK年鑑　一九五五年』（ラジオサービスセンター、一九五五年、『NHK年鑑』七として、ゆまに書房より一九九九年復刻、九ページ）、NHK放送文化研究所蔵「NHK確定番組」昭和二八年三月。
39 情文一課・日付不明「戴冠式取材記者の渡航について」「外遊」。
40 作成者不明・一九五三年二月九日「皇太子殿下の御旅行に

伴う日本側報道陣の取扱に関する件」「外遊」。

41　情報文化課長・一九五三年二月二四日「皇太子殿下の御旅行に伴う報道関係者同行に関する件」「外遊」。

42　作成者・日付不明「御旅行中に於ける新聞、雑誌、放送、映画の取扱に関する件」「外遊」。

43　『朝日新聞』一九五三年七月三日夕刊。このように、取材できない不満からか、斎藤は皇太子への不満もはっきりと書いている。アメリカでアイゼンハワー大統領との会見後、皇太子に対してこの外遊中で初めての会見が許されたが、皇太子が答えにつまると側の新木栄吉駐米大使が助け舟を出して答えたことを示して、「皇太子さまは少々はにかみぎみなご様子で」「ポツンと述べただけ。あまり簡単なので、報道陣もすこしあっけにとられた格好だった」と書く（『朝日新聞』一九五三年九月一一日夕刊）。

44　『朝日新聞』一九五三年一〇月九日。

45　松本俊一駐英大使・一九五三年四月二九日「皇太子殿下御訪英に対する各紙の報道振に関する件」「外遊」。

46　同前。

47　例えば、イギリスのニューキャッスル市では元捕虜連合会が中心となって皇太子訪英反対の運動が展開された。皇太子自身もイギリスで一部に反日感情が存在していたことは承知していたようである（『毎日新聞』一九五三年六月一日など）。アジア・太平洋戦争の交戦国であったオランダでは、実際に皇太子は人々から冷たい対応を受けた（『朝日新聞』一九五三年八月五日）。

48　三谷隆信『回顧録』（中公文庫、一九九九年、三〇九ページ、原著は一九八〇年）。松本大使はこのチャーチル発言について、「この意味は深長」と評価している（一九五三年五月一日「松本発岡崎外務大臣宛電報」「外遊」）。松本はチャーチル発言の政治的な意味を明確に読みとっていた。

49　松井明参事官・一九五三年一〇月一五日「随員報告書」「外遊」。

50　深代惇郎『深代惇郎の青春日記』（朝日新聞社、一九七八年、三月三〇日条）。

51　熊崎玉樹・津田亮一・江崎利雄・辻本芳雄・藤樫準二「皇太子外遊秘話と未来の象徴へ期待するもの」（『主婦と生活』第八巻第一三号、一九五三年、五六～六三ページ）。

52　藤樫準二・吉川重国・松井明・獅子文六・津田亮一・宮崎泰昌「座談会　青年皇太子さまの御外遊秘話」（『婦人倶楽部』第三四巻第一四号、一九五三年、七二～七九ページ）。

53　『読売新聞』一九四九年一月七日。

54　『読売新聞』一九四九年一一月二三日。なお、天皇もこの記事を読んでいたようで、田島宮内庁長官に「そんなに進んだのかと思つた」と話している（前掲『昭和天皇拝謁記』第一巻、一九四九年一一月三〇日条）。

55　藤樫前掲『千代田城』一九～二〇ページ。

56　前掲『入江相政日記』第二巻、一九四九年一二月五日条。

57　『読売新聞』は大谷内定説が立ち消えになった理由として、孝宮と大谷はいとこ同士で近親婚となり得ること、大谷が留学すること、宗門内の問題をあげている（『読売新聞』一九五〇年一二月二七日）。『読売新聞』はこの大谷内定説報道の責任を取って、小野昇が宮内庁担当から外されたようである（前掲『入江相政日記』第二巻、一九五〇年二月二七日条）。その後繰り返される皇太子妃選考報道ではそのような責任問題は浮上していなかったことから、一九五〇年代初頭はメディアは天皇制を単に報道する対象としてだけではなく、「権威」性を有する存在としてとらえていたことをうかがわせる（小野はその後復帰している）。『朝日新聞』一九五〇年一月二七日、『読売新聞』一九五〇年一月二七日など。

58 『朝日新聞』一九四九年一二月九日。
59 『朝日新聞』一九五〇年一月二七日、『読売新聞』一九五〇年三月四日など。
60 たとえば、前掲『読売新聞』一九五〇年三月四日など。
61 森前掲『近代皇室の社会史――側室・育児・恋愛』二二七・二三一～二三六ページ、同前掲『天皇家の恋愛――明治天皇から眞子内親王まで』一一八～一二一ページ。森は敗戦後の女性皇族の結婚に、「平民」性が強調されたことを指摘している。
62 「孝宮の結婚」（『週刊朝日』一九五〇年三月二六日号、七ページ）。
63 『朝日新聞』一九五〇年五月二二日など。
64 『読売新聞』一九五〇年五月二三日。
65 『中部日本新聞』一九五二年一〇月八日。
66 『朝日新聞』一九五一年七月一一日、『読売新聞』一九五一年七月一一日など。
67 前掲『入江相政日記』第三巻、一九五一年一月八日条。
68 『昭和天皇拝謁記』第六巻（岩波書店、二〇二二年、一九五一年一月八日条）。
69 藤樫前掲『千代田城』二一一ページ、「順宮と池田隆政との新家庭」（『週刊読売』一九五二年一〇月二六日号、四ページ）。
70 前掲『昭和天皇拝謁記』第六巻、一九五一年五月一五日条。
71 『中部日本新聞』一九五一年七月一一日。
72 森前掲『近代皇室の社会史――側室・育児・恋愛』二三〇・二三二～二三六ページ、同前掲『天皇家の恋愛――明治天皇から眞子内親王まで』一二三ページ。
73 たとえば『中部日本新聞』一九五二年三月二八日など。
74 『中部日本新聞』一九五二年一〇月一〇日夕刊。
75 同前。
76 前掲「順宮と池田隆政との新家庭」。
77 『読売新聞』一九五三年一月一日、『中部日本新聞』一九五三年一月一日など。
78 「座談　皇太子ご結婚記念新しい妹を迎えて」（『週刊明星』一九五九年四月一九日号、一八～二三ページ）には東久邇成子・鷹司和子・池田厚子（司会徳川夢声）の座談会が掲載され、宮中の儀式や皇太子の生活を気軽に話す役割を果たしている。なお五女の清宮貴子は、池田厚子以上に、明るさとセンスの新しさが強調され、これまでの皇室では考えられないような一般の大学生と変わらない女性であることが報道されていた（「若き世代の天皇家」『週刊サンケイ』一九五八年一月一二日号、三〇～三三ページなど）。
79 『朝日新聞』一九五一年七月二九日、『読売新聞』一九五一年七月二九日。
80 『読売新聞』一九五一年七月二九日夕刊。
81 塩田潮『昭和をつくった明治人』上（文藝春秋、一九九五年、一七一ページ）。
82 「地球を一周した皇太子妃探し騒動」（『サンデー毎日』一九五三年八月二三日号、四～九ページ）。
83 『中部日本新聞』一九五一年七月二九日。
84 例えば、「本社記者座談会そこがききたい8　この頃の皇太子さま」（『週刊朝日』一九五二年一〇月二六日号、五四～五九ページ）、「皇太子のお妃さま」（『週刊サンケイ』一九五三年一月一一日号、三～九ページ）、前掲「地球を一周した皇太子妃探し騒動」など。
85 『東京新聞』一九五三年七月一二日。
86 『週刊サンケイ』一九五四年九月二六日号、三～一〇ページ。
87 例えば、藤樫準二「皇太子妃の決る年」（『サンデー毎日』一九五五年一月二日号、三六～三七ページ）、「決定間近い

皇太子妃　世紀の特ダネを追う人々」（同一九五六年一月二九日号、四〜一一ページ）、「天皇家の縁談」（『週刊サンケイ』一九五六年三月一一日号、四〜一一ページ）、「皇太子の婚約―花嫁は決まっている―」（『週刊東京』一九五六年一二月二九日号、三〜一一ページ）。

88 池野小波「ふられた？　皇太子さま」（『面白倶楽部』第八巻第五号、一九五五年、八〇〜八七ページ）。

89 『昭和天皇拝謁記』第五巻（岩波書店、二〇二二年、一九五三年五月二〇日条）。

90 『朝日新聞』一九五六年四月二日。『孤獨の人』については、河西秀哉「解説」（藤島泰輔『孤獨の人』岩波現代文庫、二〇一二年）も参照。

91 『週刊読売』一九五八年一月五日号、九〇ページなど。

92 前掲『昭和天皇拝謁記』第七巻、一九五五年三月二五日条。

93 「皇太子妃はどこにいる」（『週刊女性』一九五七年一二月一日号、四〜八ページ）など。

94 『週刊新潮』一九五七年四月一日号、二六〜二八ページ。

95 『週刊新潮』一九五七年一二月三〇日号、二八〜二九ページ。

96 『週刊新潮』はその後も、「皇太子妃スクープ戦の最終ラウンド　まぼろしを追う千人」という特集を一九五八年八月一一日号で掲載しているが、それは後述する報道協定に関する様相、それを含めて皇太子妃報道に振り回されているメディアをどこか茶化すかのような記事であり、この状況全体を「消費」的にとらえていた。

97 前掲「皇太子妃はどこにいる」。

98 『週刊女性』一九五八年一月五日号、四〜一〇ページ。

99 前掲『昭和天皇拝謁記』第七巻、一九五八年四月一二日条。

100 『朝日新聞』一九五八年一一月二七日夕刊。こうした状況を後年、流行作家になるジャーナリストの梶山季之は、「秘密探偵さながら」と評した（広島大学文書館蔵梶山季之関係文書所収「『皇太子妃』取材メモ帳」）。

101 梶山季之「皇太子妃スクープの記」（『文藝春秋』一九六八年六月号、後に梶山季之『ルポ　戦後縦断』岩波現代文庫、二〇〇七年に所収、八〜一一ページ）。梶山は当時『週刊明星』の記者であった。このあたりの報道協定をめぐる混乱は、森前掲『近代皇室の社会史――側室・育児・恋愛』二七一〜二七四ページが詳しい。

102 「内定した⁉皇太子妃　その人正田美智子さんの素顔」（『週刊明星』一九五八年一一月二三日号、八〜一二ページ）。

103 『朝日新聞』一九五八年一一月二七日夕刊、『毎日新聞』一九五八年一一月二七日夕刊、『中部日本新聞』一九五八年一一月二七日夕刊など。

104 『日本経済新聞』一九五八年一一月二八日社説など。

105 「皇太子妃発表の良識　取材協定の意味したもの」（『週刊東京』一九五八年一二月六日号、三二〜三三ページ）、「〝姫君〟追いかけた五年間〝おきさき記者〟秘話」（『週刊読売』一九五八年一二月七日号、三四〜三七ページ）、「お妃さまを追って七年　〝理想の結婚〟に拍手する記者たち」（『サンデー毎日』一九五八年一二月七日号、二〇〜二七ページ）など。

106 『週刊新潮』一九五八年一二月八日号、二六〜三二ページ。

107 松下圭一「大衆天皇制論」（『中央公論』第七四巻第五号、一九五九年、三三〜三四ページ）、石田あゆう『ミッチー・ブーム』（文春新書、二〇〇六年、七七〜九三ページ）。

108 『読売新聞』一九五八年一一月二七日夕刊。

109 『朝日新聞』一九五八年一一月二七日号外。

110 石田前掲『ミッチー・ブーム』七五〜七七ページ。

111 「衆議院内閣委員会」一九五九年二月六日。

112 藤樫前掲『千代田城』一八ページ。
113 例えば「実ったお二人の恋　テニスが取り持つ縁で」(『週刊東京』一九五八年一二月六日号、八〜一五ページ)など。この時期の社会状況・人々の意識については、荒川章二『全集日本の歴史第十六巻　豊かさへの渇望』(小学館、二〇〇九年)を参照。
114 「秘められたロマンス」(『週刊女性』一九五八年一二月一四日号、一四〜一七ページ)。こうした報道のあり方を、皇室中心主義者でジャーナリストであった野依秀市が発行していた『帝都日日新聞』一九五八年一一月二八日は、「見てきたようなかくもあつかましい」と評し、厳しく批判している(広島大学文書館蔵梶山季之関係文書所収)
115 『中部日本新聞』一九五八年一一月二七日夕刊。
116 『中部日本新聞』一九五九年四月三日夕刊。
117 「皇太子ご結婚記念特集」(『週刊読売』一九五九年四月一九日号、三四〜三五ページ)、「世界の眼、このご結婚に集まる」(『サンデー毎日』一九五九年四月二六日号、八〜九ページ)。
118 「館林ルポ」(『週刊文春』一九五九年四月二〇日号、一二〜一五ページ)、「この〝盛大〟な記念営利事業」(『女性自身』一九五九年四月一〇日号、二〇〜二二ページ)。

〔第4章〕

1 吉見俊哉「メディア・イベントとしての『御成婚』」(津金澤聰廣編『戦後日本のメディア・イベント』世界思想社、二〇〇二年、六九・二七五ページ)。
2 石田あゆう「未婚女性向け実用雑誌の原点――『若い女性』1955―1982」(『出版研究』第四四巻、二〇一四年、七三〜九三ページ)。
3 『若い女性』一九五九年六月号、一〇九〜一一二ページ。
4 たとえば、「美智子さまのプリンセスモード」(『週刊平凡』一九六一年七月一九日号、二四〜二七ページ)では、美智子妃が「白とベージュが大好き」であると、その服装の特徴が紹介されている。まるで芸能人のようなファッションの取りあげ方とも言える一方で、それ以上に注目される存在であったとも見ることができる。
5 『週刊女性』一九六二年八月一五日号、二三〜二六ページ。
6 「美智子さまを世界のベスト・ドレッサーにさせてあげたい」(『ヤングレディ』一九六四年三月二日号、二八〜三三ページ)。
7 『週刊明星』一九五九年四月一二日号、七八〜八一ページ。
8 『週刊女性』一九五九年八月二八日号、八三〜八五ページ。
9 そのほかにも、「結婚の条件は大きく変った」という記事(『週刊平凡』一九五九年一一月一一日号、八一〜八五ページ)に代表されるように、「ご成婚」によって結婚のあり方が大きく変化したことを伝える記事は週刊誌を中心にあふれた。それは「権威」でありながら、どこか自分たちと同じ「人間」としての皇太子・皇太子妃像に人々はあこがれたからではないか。
10 『朝日新聞』一九五九年七月一五日夕刊など。
11 たとえば、皇后から帯を送られる内着帯式に臨む姿(『朝日新聞』一九五九年一〇月七日夕刊など)や早産の可能性を伝える記事(『朝日新聞』一九六〇年一月一三日など)など。
12 『朝日新聞』一九六〇年二月二三日、同夕刊など。
13 『週刊明星』一九六〇年二月一四日号、二〇〜二三ページ。
14 『週刊女性』一九六三年三月六日号、二〇〜二四ページ。
15 ケネス・ルオフ前掲『国民の天皇　戦後日本の民主主義と天皇制』三〇五〜三〇八ページ、森前掲『近代皇室の社会史――側室・育児・恋愛』二八九〜二九三ページ、同前掲

『天皇家の恋愛――明治天皇から眞子内親王まで』一七七〜一八四ページ。

16 『週刊平凡』一九六二年八月二三日号、一一〜一三ページ。

17 『サンデー毎日』一九六二年九月一六日号、一四〜一九ページ。

18 森前掲『近代皇室の社会史――側室・育児・恋愛』二九四〜二九八ページ、同前掲『天皇家の恋愛――明治天皇から眞子内親王まで』一九一〜一九四・二一〇〜二一一ページ。

19 森暢平「メディア天皇制論――『物語』としての皇室報道」（吉田裕・瀬畑源・河西秀哉編『平成の天皇制とは何か――制度と個人のはざまで』岩波書店、二〇一七年、一六八ページ）。

20 深沢七郎「風流夢譚」（『中央公論』一九六〇年一二月号、三二八〜三四〇ページ）。「風流夢譚」をめぐる事件については、松浦総三『天皇とマスコミ』（青木書店、一九七五年、六八〜一一七ページ）、中村智子『『風流夢譚』事件以後』（田畑書店、一九七六年、一〇〜八三ページ）が事態を詳細に記述している。

21 『読売新聞』一九六〇年一一月三〇日。

22 『読売新聞』一九六〇年一二月一日。

23 『朝日新聞』一九六〇年一二月三日。

24 一方で、「風流夢譚」は「土俗的な民衆感情の視線で戦後天皇制との軋みを表現しようとした」「周到な方法（計算）のうえに成立している風刺小説（パロディ）であり、乾いた笑いが作品の底に流れている」との評価もある（安田常雄「象徴天皇制と民衆意識―その思想的連関を中心に―」『歴史学研究』第六二一号、一九九一年、三七ページ）。

25 『朝日新聞』一九六〇年一二月一日夕刊など。根津朝彦『戦後『中央公論』と「風流夢譚」事件―「論壇」・編集者の思想史』（日本経済評論社、二〇一三年、一六二〜一六七ページ）では、井出孫六の整理に基づき、この過程を丁寧に説明している。

26 『朝日新聞』一九六一年二月二日など。嶋中自身はこのとき不在であった。

27 『朝日新聞』一九六一年二月三日。

28 『読売新聞』一九六一年二月五日など。

29 『読売新聞』一九六一年二月七日など。なお、この「お詫び」は翌月に発売された『中央公論』一九六一年三月号にも巻頭に掲載された。

30 根津前掲『戦後『中央公論』と「風流夢譚」事件―「論壇」・編集者の思想史』一七一ページなど。

31 『朝日新聞』一九六一年二月七日。

32 松浦前掲『天皇とマスコミ』一一三〜一一六ページ、中村前掲『『風流夢譚』事件以後』一一〇〜一一一ページ。なお、根津前掲『戦後『中央公論』と「風流夢譚」事件―「論壇」・編集者の思想史』も、この事件について取りあげている（一八九〜二一五ページ）。

33 松浦前掲『天皇とマスコミ』一一七ページ。

34 『朝日新聞』一九六二年四月二四日。

35 『思想の科学』第八一号、一九六二年、五九ページ。

36 中村前掲『『風流夢譚』事件以後』一三一ページ。

37 『毎日新聞』一九六一年一二月二八日、『読売新聞』一九六一年一二月二八日、『朝日新聞』一九六二年一月二二日。

38 前掲『毎日新聞』一九六一年一二月二八日。

39 中村前掲『『風流夢譚』事件以後』一二五ページ。久野は前掲『毎日新聞』一九六一年一二月二八日のなかで、「中央公論社を取りまく困難を私たちも十分理解している」と述べる。

40 「衆議院予算委員会第一分科会」一九六三年二月二一日。

41 「叱られた皇太子ご一家の記事――興味が招いた無責任と

失礼」（『週刊新潮』一九六三年三月一一日号、一一〇～一一四ページ）。
42 『朝日新聞』一九六三年三月一二日、『読売新聞』一九六三年三月一二日。
43 松浦前掲『天皇とマスコミ』一五四～一五五ページ。
44 前掲『読売新聞』一九六三年三月一二日。
45 前掲『朝日新聞』一九六三年三月一二日。
46 前掲『朝日新聞』一九六三年三月一二日、前掲『読売新聞』一九六三年三月一二日。
47 『読売新聞』一九六三年三月一四日。
48 「美智子さま」、森前掲『近代皇室の社会史――側室・育児・恋愛』はこの場面がもっとも問題になったのではないかと推測している（三〇二ページ）。
49 『毎日新聞』一九六三年三月一二日。
50 『毎日新聞』一九六三年三月一三日、『読売新聞』一九六三年三月一三日。平凡出版の清水達夫専務は、「美智子さま」は「五月号で終了するようになっている。たしかに迷惑をかけた人もいたと思うが、作者ならびに編集者として自信をもってのせた」と述べており、宮内庁の要望によって「止めた」のではなく、あくまで「終了する」予定だったという形で、圧力に屈したのではないという態度をとった。
51 『朝日新聞』一九六三年三月四日夕刊など。
52 『朝日新聞』一九六三年三月一三日など。
53 『読売新聞』一九六三年三月一三日夕刊。
54 森前掲『近代皇室の社会史――側室・育児・恋愛』三〇三～三〇四ページ。
55 『週刊女性』一九六三年四月二四日号、一九ページ。
56 『女性セブン』一九六三年五月五日号、六八～七三ページ。
57 「美智子さまの美容のすべて」（『女性セブン』一九六三年七月二四日号、八四～八九ページ）。
58 『女性自身』一九六三年八月五日号、二九～三三ページ。
59 『女性セブン』一九六三年一二月二五日号、九五～一〇〇ページ。
60 『毎日放送十年史』（毎日放送、一九六一年、一一～二七ページ）。
61 なお、他のテレビ局でも同様の皇室関係の番組が制作されている。フジテレビは一九七九年四月より「皇室ご一家」を、日本テレビは一九九二年一〇月より「皇室グラフィティ」（一九九六年四月「皇室日記」）を放送している。一九五九年一〇月より放送している「皇室アルバム」が圧倒的に古くから制作されており、現在放送されている民放の最古のレギュラー番組の一つでもある。なお、皇室を取材したものとして、毎日放送では一九五九年四月一六日午後七時一五分より放送された「陛下と共に」という番組（大正製薬提供）があったという（前掲『毎日放送十年史』一三二ページ）。この番組の詳細については不明であるが、皇太子の「ご成婚」から時をそれほど経ないうちに「皇室アルバム」より以前に皇室を取材した番組があり、その経験を基にして「皇室アルバム」が制作されたと考えられる。
62 『読売新聞』二〇一八年八月一〇日夕刊。
63 以上は、新聞のテレビ欄を網羅的に調査した結果である。
64 『毎日新聞』二〇〇九年一〇月一五日夕刊。
65 同前。
66 『毎日新聞』一九九六年五月六日、毎日放送の浜口芳治プロデューサーの言葉。
67 「テレビ倶楽部『皇室アルバム』秘蔵カット一覧」（『ＦＬＡＳＨ』一九九三年六月二二日号、五〇ページ）。
68 前掲『毎日放送十年史』一三二ページ。
69 以下、「『天皇家のカメラマン』37年間の撮影日誌！」（『女性自身』一九九六年三月二六日号、七二〜七八ページ）を参照。

70 「『皇室アルバム』ロングランの舞台裏」（『週刊現代』一九六五年九月一六日号、二八ページ）。

71 『毎日新聞』一九七八年一一月一八日夕刊。

72 一方で、フィルムで撮影される「皇室アルバム」は、完成番組のフィルムの長さは約四〇〇フィートで、普通の番組の場合その二・五倍の一〇〇〇フィートの撮影で済むところ、「皇室アルバム」の場合は二〇〇〇〜三〇〇〇フィートをまわしたという（「『皇室アルバム』20年　難解用語や制約の中で撮ったフィルムが600キロメートル」『アサヒ芸能』一九七八年八月一七日号、四六〜四九ページ）。それは、天皇や皇族たちが俳優のように演技できるわけでもなかったゆえに、長く撮影しなければ放送できる番組として構成できなかったからではないだろうか。その意味では、俳優のように「消費」するための演技がなされていたわけではなく、あくまで「人間」としての姿が映されていたとも言えるだろう。なお、フィルムは毎日映画社で保管され、使われなかったフィルムがときに別の回の一場面で放送されることなどもあった。

73 『読売新聞』二〇〇三年二月二〇日。

74 以下、毎日映画社より提供された「皇室アルバム」の台本・進行表を参照した。

75 前掲『アサヒ芸能』一九七八年八月一七日号、四六〜四九ページ。

76 『中日新聞』二〇〇三年九月二日夕刊。

77 「放送塔・敬語にもっと注意を」（『読売新聞』一九六四年一一月三日）。

78 「放送塔・〝皇室の声〟聞きたい」（『読売新聞』一九六六年四月一五日）。

79 「放送塔・『皇室アルバム』に声を」（『読売新聞』一九六七年一二月五日）。

80 「放送塔・〝声〟許されていません」（『読売新聞』一九六七年一二月一一日）。

81 しかし、一九八七年にも、「TBSテレビ二十八日の『皇室アルバム』。美智子さまの美しいお声のよどみない英語のスピーチを、耳をすませて聞いておりましたら、突然、女性アナウンサーの大きな声での通訳。めったに聞かれない美智子さまのお声なので、とても残念でした。次回からはぜひ字幕でお願いします」（「放送塔・通訳の声不要では？」『読売新聞』一九八七年一二月七日）という投書が六〇代女性から寄せられており、その後も天皇・皇族の声を放送しないというスタイルは基本的には変わらなかった。

82 前掲『アサヒ芸能』一九七八年八月一七日号、四六〜四九ページ。

〔第5章〕

1 「一九六〇年九月一九日記者会見」（薗部英一編『新天皇家の自画像　記者会見全記録』文春文庫、一九八九年、四三〜四四ページ）。

2 原武史『平成の終焉――退位と天皇・皇后』（岩波新書、二〇一九年、七九〜八三ページ）。

3 『埼玉新聞』一九六四年一一月一三日、一一月一九日など。

4 前掲『埼玉新聞』一九六四年一一月一九日。

5 『埼玉新聞』一九六四年一一月二〇日。

6 たとえば、『埼玉新聞』一九六七年九月一六日、九月一七日、九月一九日、一一月四日、一一月五日など。この時も紙面いっぱいに写真で埋め尽くされた特集記事が掲載された。

7 『朝日新聞』一九六四年一一月一九日。

8 もちろん、『朝日新聞　埼玉版』などには訪問に関する記事は掲載されている（『朝日新聞　埼玉版』一九六四年一一月一八日、一一月一九日、一九六七年九月一七日、九月一八日、一一月四日など）。ただし、『埼玉新聞』に比べて記事の分量も少なく、写真も小さい。

9 河西前掲『平成の天皇と戦後日本』九一～一〇九ページ。

10 『朝日新聞』一九六〇年九月二四日夕刊。

11 「一九六二年一一月一日記者会見」（薗部編前掲『新天皇家の自画像　記者会見全記録』五三ページ）。

12 「一九六二年一月一九日記者会見」（薗部編前掲『新天皇家の自画像　記者会見全記録』五一ページ）。

13 吉田裕『日本人の戦争観』（岩波書店、一九九五年、後に岩波現代文庫、二〇〇五年）一一八～一四九ページ。

14 『婦人生活』第二三巻第一号、一九六九年、一七五～一八一ページ。

15 美智子妃と交流のあった作家の角田房子は、外遊における皇太子妃の「できるだけ意義のある旅行にしたいと思っております。それには、わたくしは何をいたせばよろしいのでしょうか。わたくしに、何ができますでしょうか」という言葉を紹介しつつ、二人で行っている公務も皇太子妃が悩み考えている姿を描き出している（「皇太子妃殿下と私」『潮』第一一七号、一九六九年、一六八～一七七ページ）。

16 『婦人生活』第二三巻第一六号、一九六九年、一四九～一五三ページ。

17 「一九六九年八月一二日記者会見」（薗部編前掲『新天皇家の自画像　記者会見全記録』七〇～七一ページ）。

18 後藤致人『内奏――天皇と政治の近現代』（中公新書、二〇一〇年、一四九～一六〇ページ）。

19 「皇太子ご夫妻〝10年目の発言〟」（『週刊読売』一九六九年八月二九日号、一二九ページ、『読売新聞』の伊藤一男記者による）。

20 この外遊については、河西前掲『天皇制と民主主義の昭和史』一八五～二〇一ページを参照のこと。

21 前掲「一九六九年八月一二日記者会見」（薗部編前掲『新天皇家の自画像　記者会見全記録』七〇～七一ページ）。

22 河西秀哉「美智子皇后論――そのイメージと思想・行動」（吉田ほか編前掲『平成の天皇制とは何か――制度と個人のはざまで』四一ページ）。

23 『読売新聞』一九六四年二月二三日など。

24 毎年必ず行われるようになったのは一九八〇年代ごろからか。

25 「一九八一年一〇月八日記者会見」（薗部編前掲『新天皇家の自画像　記者会見全記録』二五七ページ）。

26 河西秀哉「戦後天皇制と天皇――制度と個人のはざまでの退位」（歴史学研究会編・加藤陽子編集責任『天皇はいかに受け継がれたか――天皇の身体と皇位継承』績文堂出版、二〇一九年、二二八～二二九ページ）。

27 『毎日新聞』一九七一年一〇月六日夕刊。

28 『週刊現代』一九七一年三月一八日号、四六～五〇ページ。

29 「皇太子殿下来年三月摂政就任を推す動きあり」（『週刊現代』一九七一年一一月二五日号、三六～四〇ページ）。

30 前掲『週刊現代』一九七一年三月一八日号、五〇ページ。ここで藤島は、国民体育大会のおり、皇太子と美智子妃が手を取り合ってスケートをしている写真が公表されたことを述べている。

31 「〝皇太子殿下、口髭を〟の提言にこの賛否両論」（『週刊ポスト』一九七一年四月一六日号、四二～四六ページ）。

32 『週刊文春』一九七二年一月三日号、一六八～一七一ページ。

33 たとえば、「皇太子殿下が側近にもらした天皇制の問題点」（『週刊現代』一九七四年四月一八日号、一六二～一六五ページ）など。一方で、『サンデー毎日』は一九七四年七月一四日号で特集を組み、「『お言葉』も自作　全力投球の皇太子さま」という記事（四二～四五ページ）で肯定的評価を、藤島による「やがて天皇になられる皇太子さんへの直言」（四六～四七ページ）という文章で批判的評価を、「われら日本人の内なる天皇制」（四八～五一ページ）でそうしたものとは異なる天皇制に対する見方を示す記事を掲載している。

34 「一九七二年八月一〇日記者会見」（薗部編前掲『新天皇家の自画像　記者会見全記録』八一ページ）。

35 たとえば、『サンデー毎日』一九七六年一月一一日号は「皇太子白書」という特集を組み、「ことしの人皇太子白書　まだだれも書かなかった意外な部分」（三八～四四ページ）という記事では明仁皇太子に対する様々な意見を紹介しつつ、その人となりについて説明をしている。また、「森敦も乗り出した〝皇太子秘話〟」という記事（四五～四九ページ）では小説家の森、藤島泰輔、評論家の加瀬英明の座談会を掲載、やはりその人物像や皇太子に対する考え方をそれぞれが論じている。

36 児玉隆也「皇太子への憂鬱」（『現代』一九七三年九月号、後に児玉隆也『この三十年の日本人』新潮文庫、一九八三年に収録）。

37 『週刊新潮』一九七五年一月二三日号、二八～三二ページ。

38 『週刊文春』一九七五年一〇月九日号、三四～四〇ページ。

39 『文藝春秋』第五四巻第一号、一九七六年、三一四～三三八ページ。

40 『朝日新聞』一九七五年五月二三日・七月八日など。

41 『朝日新聞』一九七五年七月一八日。

42 「一九七五年八月二六日記者会見」（薗部編前掲『新天皇家の自画像　記者会見全記録』一〇四～一〇八ページ）。

43 「一九七五年一二月一六日記者会見」（薗部編前掲『新天皇家の自画像　記者会見全記録』一〇九～一一三ページ）。なお、この記者会見で皇太子は、「ひめゆりの塔の事件の時、美智子が悲鳴をあげたと、その事実がないのに週刊誌の見出しになっていたが、こういうのは困ります」と語っており、どう報じられるのかを気にしていたことがわかる。

44 「皇太子明仁殿下、四十二歳！」（『現代』第一〇巻第一号、一九七六年、五八～八六ページ）。

45 『毎日新聞』一九七六年七月二七日。

46 『現代』第一一巻第九号、一九七七年、一一六～一二五ページ。

47 「一九七七年一二月一九日記者会見」（薗部編前掲『新天皇家の自画像　記者会見全記録』一二七～一四二ページ）。

48 「一九八四年四月六日記者会見」（薗部編前掲『新天皇家の自画像　記者会見全記録』三六四～三七六ページ）。

49 『読売新聞』一九八六年五月二六日。

50 瀬畑源「明仁天皇論――近代君主制と『伝統』の融合」（吉田ほか編前掲『平成の天皇制とは何か――制度と個人のはざまで』一二～一七ページ）。

51 「皇太子と言論の自由」（『文藝春秋』第五五巻第一二号、一九七七年、八八～九〇ページ）。

52 たとえば、「〝皇太子殿下訪中〟をめぐる黛敏郎岡本隆三氏らの侃侃諤諤」（『週刊現代』一九七八年九月二八日号、一六六～一六七ページ）など。

53 「皇太子ご夫妻が中国を訪問するとき」（『現代』第一二巻第九号、一九七八年、一〇四～一一三ページ）。

54 皇太子による「皇室外交」への期待感は、本人による綿密な準備や取り組みに起因する相手国への影響から、政財界のなかにもあったようである（「皇太子—皇室資源外交に集まる政財界の期待」『現代』第一五巻第二号、一九八一年、四七〜四八ページ）。

55 『週刊文春』一九七九年九月二七日号、一五四〜一六〇ページ。

56 「熟年皇太子の〝挑戦〟に拍手する人・顔をしかめる人」（『週刊現代』一九八二年三月六日号、一八〇〜一八三ページ）。はっきりと、「近づくXデー」と書くメディアもあった（「近づくXデーを前に　皇太子殿下『即位』の難問」『週刊新潮』一九八四年一二月六日号、四〇〜四五ページ）。

57 たとえば、皇室ジャーナリストの河原敏明による「〝熟年〟皇太子殿下の新帝王学と異色ブレーンを明かす」（『週刊現代』一九八四年一月二一日号、二八〜三二ページ）など。一方で、ノンフィクション作家の猪瀬直樹は、皇太子がミッチー・ブームなどで手に入れた新生活様式は、戦後民主主義的な理想のライフスタイルではあったが、高度経済成長後の現在にあってはすでに「埋没してしまった」と述べる（「皇太子・明仁殿下の50年」を考える」『週刊ポスト』一九八四年一月二〇日号、一九四〜一九七ページ）。

58 「美智子妃殿下とのワルツで議論を呼ぶ皇太子殿下のニュー皇室」（『週刊文春』一九八五年一二月一二日号、一八〇〜一八三ページ）。

59 『朝日新聞』一九八四年九月七日など。

60 「『皇太子が中曽根政治に危惧』というレポートの『皇室事情』」（『週刊新潮』一九八五年一月二四日号、四六〜五〇ページ）。これはもともと、宅配制で一般の人の目にはあまり触れられない『選択』という雑誌に載せられた記事で、それを『週刊新潮』が紹介する形で世間に知らしめたものである。

61 「新任・李大使の『皇太子殿下訪韓要請』が盛り上がらぬ口にしにくい理由」（『週刊文春』一九八五年一一月二一日号、三〇〜三三ページ）。

62 牧太郎『中曽根政権・一八〇六日』〈下〉（行研出版局、一九八八年、九九ページ）。

63 『朝日新聞』一九八六年一月一日。

64 「あり得ぬ元旦ニュース　皇太子ご夫妻の『韓国訪問』」（『週刊新潮』一九八六年一月九・一六日号、一四〇〜一四三ページ）。韓国国内でも、皇太子夫妻の韓国訪問に反対する動きはあった。野党新民党の金泳三や金大中は、全斗煥政権の継続のために皇太子夫妻訪韓が利用される可能性があると見て反対した（『日本経済新聞』一九八六年三月一八日など）。韓国与野党の主導権争いに皇太子夫妻訪韓が巻き込まれるのではないかという報道は、日本でもなされていた。

65 『サンデー毎日』一九八六年四月二七日号、一六〜一九ページ。

66 「『皇太子訪韓』強行演出者の計算外だった『美智子妃の手術』」（『週刊新潮』一九八六年三月二七日号、三三〜三六ページ）。

〈第6章〉

1 『朝日新聞』一九八七年九月一九日。なお、侍従の卜部亮吾の日記によれば、数日前から宮内庁内で「報道対策を協議」していたが、『朝日新聞』の「岸田記者に不穏の動きあり警戒」しており、その「問題の岸田記者様子さぐりに現われ」たという（『卜部亮吾侍従日記』第3巻、朝日新聞出版、二〇〇七年、一九八七年九月一七日条）。それもあって卜部は「オフレコをかけることを希望するも容れられ」なかった。一つの社だけのスクープにすることにはためらいがあったのだろう。

2 『昭和天皇実録』第十八（東京書籍、二〇一八年、一九八七年九月一九日条）。

3 『朝日新聞』一九八七年九月二二日、日本テレビ報道局天皇取材班『昭和最後の日』（日本テレビ放送網、一九八九年、二〇一五年に新潮文庫より文庫化、四七～五七ページ）。

4 たとえば、手術の翌日の九月二三日から一ヶ月後の一〇月二二日までを対象として、「朝日新聞クロスサーチ」で「天皇」と検索したところ、一二六件の記事がヒットする。毎日多くの天皇関係の記事が掲載されていたことがわかるだろう。

5 前掲『昭和天皇実録』第十八、一九八七年九月二二日条、瀬畑源「『昭和の終焉』とはなんであったのか―当時の状況を振り返る」（『人民の歴史学』第二〇四号、二〇一五年、三ページ）。

6 『朝日新聞』一九八七年一〇月八日。

7 これについては侍従の小林忍が日記に、二〇日の外出取り止めを発表した際に「来週のことも一度にすれば良いと侍従職では主張していたが、長官などが総理などへの根まわしが間に合わぬとかいって二段階の発表となったため、朝日に抜かれてしまった」（小林忍＋共同通信取材班『昭和天皇　最後の侍従日記』文春新書、二〇一九年、一九八七年九月一九日条）と記し、翌日の記者への概略発表ではすでに紙面に書かれたことを繰り返したことから、「報道されている実状からみても何とも間が抜けている」と書いている（一九八七年九月二一日条）。宮内庁内でも報道対応への疑義が出ていたことがわかる。

8 坂下健夫「『天皇報道vs宮内庁』の病理」（『文藝春秋』第六六巻第一一号、一九八八年、一二八～一三七ページ）。

9 『朝日新聞』一九八八年一月三日など。

10 『朝日新聞』一九八八年三月一六日など。

11 『朝日新聞』一九八八年三月二一日・四月二九日など。

12 『朝日新聞』一九八八年九月二〇日、『中日新聞』一九八八年九月二〇日など。

13 こうしたドキュメントは各紙がその後も数多く掲載している（たとえば、『京都新聞』一九八八年一〇月六日など）。刻々と変化している緊迫感を読者に伝える意図があったと思われる。

14 『中日新聞』一九八八年九月二〇日夕刊。

15 『中日新聞』一九八八年九月二一日など。

16 『朝日新聞』一九八八年九月二一日など。

17 テレビでは早朝から情報を伝えるキャスター全員が黒い服を着ていたという。それもまさに天皇の死を前提とした報道姿勢であった（本誌編集部（文責・篠田博之）「ドキュメント『天皇報道』9・19以後」『創』第一八巻第一一号、一九八八年、一五七～一五八ページ）。

18 『京都新聞』一九八八年一〇月四日。

19 『朝日新聞』一九八八年九月二一日、『中日新聞』一九八八年九月二三日。その後も、『中日新聞』では「自粛」に関する報道を続けた（一九八八年九月二四日夕刊、九月二五日、九月二七日など）が、これは各紙ともに同じ状況であった。

20 前掲「ドキュメント『天皇報道』9・19以後」一五八～一五九ページなど。音楽祭やコンサートが中止、芸能人が結婚式・披露宴を延期や中止する事態もあった。CMや歌の歌詞も放送が「自粛」されるケースもあった（桑原稲敏「TV・芸能界〝自粛症候群〟の波紋」『創』第一八巻第一二号、一九八八年、五四～六一ページ）。こうしたテレビの姿勢に対し、視聴者からの問い合わせや抗議が多く寄せられたという。そのため、その後はなるべく番組自体は替えずに天皇に関する報道を随時カットインする方式が採られた。

21　『朝日新聞』一九八八年九月二二日夕刊、『中日新聞』一九八八年九月二四日など。

22　『京都新聞』一九八八年一〇月三日夕刊。

23　渡辺治「戦後国民統合の変容と象徴天皇制」（歴史学研究会・日本史研究会編『日本史講座』第一〇巻、東京大学出版会、二〇〇五年、三〇ページ）、瀬畑前掲「『昭和の終焉』とはなんであったのか—当時の状況を振り返る」三～四ページ。

24　『朝日新聞』一九八八年九月二四日。

25　『京都新聞』一九八八年一〇月一日夕刊、一〇月五日夕刊。「自粛」により芸能関係には深刻な影響があったことは様々な記事で描かれた（『中日新聞』一九八八年一〇月二九日夕刊など）。

26　『京都新聞』一九八八年一〇月一二日夕刊。

27　『新三河タイムス』一九八八年一〇月二七日。

28　『新三河タイムス』一九八八年一一月一〇日。

29　『矢作新報』一九八八年一〇月七日。

30　『矢作新報』一九八八年一一月一一日。

31　『東海愛知新聞』一九八八年九月二七日、九月二九日など。

32　「自粛」の様子をメディアが取材してまとめたものとして、朝日新聞社会部『ルポ自粛　東京の150日』（朝日新聞社、一九八九年）などがある。

33　『東京新聞』一九八八年一〇月一四日。世代間の違いを示そうとする記事は「自粛」に対してもあり、「〝列島自粛〟もヤングは淡々」とのタイトルを付した記事では、大学や高校などで若い世代の声を聞き、彼ら／彼女らが「自粛」の問題性を論じたり、自身の身近な問題であるテストの動向の方に関心があることを紹介している（『中日新聞』一九八八年九月二八日）。

34　たとえば、『朝日新聞』一九八八年九月二七日、九月三〇日、一〇月一日など。

35　『朝日新聞』一九八八年九月二九日。こうした傾向は雑誌メディアの方がより顕著で、「あれじゃ完全なマッチポンプだよ」という批判もあったという（篠田博之「ドキュメント『天皇報道』PART2」前掲『創』第一八巻第一二号、七二ページ）。

36　『東海愛知新聞』一九八八年一〇月一日。愛知県岡崎市のケース。

37　『微笑』一九八八年一〇月一五日号、三四～四一ページ。

38　『微笑』一九八八年一〇月二九日号、三四～三八ページなど。

39　『女性セブン』一九八八年一〇月二〇日号、二四九～二五二ページ。

40　『週刊新潮』一九八八年一〇月六日号、一三二～一三六ページ。『週刊新潮』も初期は「天皇陛下ご危篤の報で『日本の緊迫』」（『週刊新潮』一九八八年九月二九日号、一四〇～一四三ページ）のように、他の週刊誌と同じような天皇の病状報道を展開していた。

41　『週刊新潮』一九八八年一〇月一三日号、一四〇～一四三ページ。

42　『週刊新潮』一九八八年一〇月二〇日号、一三六～一三九ページ。

43　たとえば、「『自粛』の壁の中の『浩宮妃』報道」（『週刊新潮』一九八八年一〇月二七日号、一三二～一三五ページ）、「『正月行事』スケジュールの右顧左眄」（『週刊新潮』一九八八年一一月三日号、一三二～一三五ページ）、「ご病状緊迫で覚悟する『昭和』」（『週刊新潮』一九八八年一一月一七日号、一四〇～一四三ページ）、「自粛を吹き飛ばした正月海外旅行の『円高』魅力」(『週刊新潮』一九八八年一一月二四日号、一五〇～一五二ページ)、「『紅白歌合戦』敢行でついた『自粛』のメド」(『週刊新潮』一九八八年一二月一日号、一五六～一五九ページ)、「まさかの『門松立てたので天誅』はないだろうが」(『週刊新潮』一九八八年一二月二二・二九日号、一四四～一四七ページ)など。

44 メディア批評を展開する月刊『創』の編集長である篠田博之は、「『新潮』を抜くと息巻く『文春』の右転換」(『創』第一九巻第二号、一九八九年、六六～七五ページ)という文章のなかで、『週刊文春』などの他の週刊誌と比較して、『週刊新潮』の天皇の病状報道に関する記事は「集団ヒステリーとでもいうべき様相を呈したマスコミ報道の中では、過剰自粛に疑問を呈する」形となっており、「他と一味違った印象を与えていた」と評価した。篠田は『週刊新潮』のこうしたスタンスについて、元編集部次長の亀井淳による「昭和三十年代のミッチーブーム前後にこの雑誌が持っていた、皇室事大主義に対する一種の冷静な態度、集団ヒステリー状況に巻き込まれるのはいささか気恥ずかしいといった矜持」を示したとするコメントを紹介し、「タカ派『週刊新潮』が独自色を出すために逆に『タカ派』でなくなってしまう」「ブラックユーモア風のパラドックス」と論じている。

45 『赤旗』一九八八年九月二四日、一〇月二日。

46 『赤旗』一九八八年一〇月八日。

47 『東京新聞』一九八八年一〇月二日。

48 『産経新聞』一九八八年一〇月七日。

49 『産経新聞』一九八八年一〇月一五日。

50 『毎日新聞』一九八八年一〇月一一日。

51 『東京新聞』一九八八年一〇月一〇日。

52 前掲『赤旗』一九八八年一〇月一八日、一〇月一九日。

53 『東京新聞』一九八八年一〇月二四日。なお、管見の限り、『毎日新聞』は『赤旗』の文章に対して公式的には反論の記事を掲載していない。

54 『赤旗』一九八八年一〇月二九日。

55 『東京新聞』一九八八年一〇月三一日。

56 なお、その後も『赤旗』は一九八八年一〇月三〇日にジャーナリズム史などを専門とする門奈直樹立教大学教授による「天皇報道と日本主義の台頭」といった文章を掲載するなど、メディアによる昭和天皇の病状報道の状況を批判した。

57 たとえば、「もっと早く多彩な報道を心がければ、読者のイメージは違ったと思う」(「宮内庁記者たちが見た天皇病変の三ヶ月」『朝日ジャーナル』第一三〇巻第五四号、一九八八年、一八ページ)という通信社記者の言葉は、批判を受けての本音だったのかもしれない。

58 前掲「宮内庁記者たちが見た天皇病変の三ヶ月」一五ページ。

59 『朝日新聞』一九八八年一〇月二八日。

60 『京都新聞』一九八八年一〇月一三日。

61 『朝日新聞』一九八八年一〇月一九日。

62 同前。

63 『週刊文春』一九八八年一一月一〇日号、一六二～一六五ページ。

64 小田桐誠「死者、重病者も出た天皇報道狂奏曲」(前掲『創』第一八巻第一二号、三二～四五ページ)。小田桐は、報道量が多くてももっと多角的であれば過剰報道との批判も出ないが、実際はそうなっていない現状を批判し、それにはメディアの問題だけではなく、宮内庁のメディア対応の問題もあることを指摘する。また、次第に記者のなかで「過剰報道」への反省もあがったこと、現場の記者のなかで宮内庁の報道姿勢の問題を指摘していたことも紹介している（小田桐誠「検証〝天皇報道狂奏曲〟ＰＡＲＴ２」『創』第一九巻第一号、一九八八年、三四〜四九ページ）。

65 伊藤隆紹「〝プレXデー〟長期化に困惑する放送局」（前掲『創』第一八巻第一二号、四六〜五二ページ）。

66 「『宮内庁発表』天皇報道の1カ月」（『世界』第五五二号、七ページ）。天皇の病状が安定して長期化したことで取材に膨大な出費が必要となったこと、皇居外での張り込んでの取材が「空しさ」が残るものであることなども示されつつ、「自縄自縛に陥ってもう抜け出せないって感じですよ」という表現が記者からは出されていた（小田桐誠司会「天皇担当記者匿名座談会　検証〝天皇報道狂奏曲〟ＰＡＲＴ３」前掲『創』第一九巻第二号、一三四〜一四一ページ）。メディアは初めに構築してしまった報道体制を変えることができなかったのである。

67 日本テレビ報道局天皇取材班前掲『昭和最後の日』三九三〜四四六ページ。

68 『朝日新聞』一九八九年一月七日、『毎日新聞』一九八九年一月七日、『読売新聞』一九八九年一月七日。

69 号外の総発行部数は二〇〇万部で、「空前の号外報道合戦」になったという（小田桐誠「〝天皇Xデー〟マスコミ報道の舞台裏」『創』第一九巻第三号、一九八九年、四五〜四六ページ）。

70 『朝日新聞』一九八九年一月七日夕刊、『読売新聞』一九八九年一月七日夕刊、『毎日新聞』一九八九年一月七日夕刊。

71 門奈前掲「天皇死去報道の思想―民衆にとって戦後の天皇制とは何だったのか―」（岩波新書編集部編前掲『昭和の終焉』九一ページ）。

72 『毎日新聞』一九八九年一月七日夕刊。

73 『朝日新聞』一九八九年一月八日。

74 『中日新聞』一九八九年一月七日夕刊。

75 『京都新聞』一九八九年一月七日夕刊。

76 『中日新聞』一九八九年一月八日。

77 『京都新聞』一九八九年一月八日。

78 小田桐前掲「〝天皇Xデー〟マスコミ報道の舞台裏」四九〜五一ページ。

79 『東海愛知新聞』一九八九年一月八日。

80 『新三河タイムス』一九八九年一月一五日。

81 『サンケイスポーツ』一九八九年一月八日。

82 『デイリースポーツ』一九八九年一月八日。

83 伊藤隆紹「天皇特番で明け暮れたテレビ局の二日間」（前掲『創』第一九巻第三号、六一ページ）。

84 「系列の総力を投入し、多面的に伝える」（『月刊民放』一九八九年四月号、二三ページ）。

85 同前。

86 前掲『中日新聞』一九八九年一月八日、前掲『京都新聞』一九八九年一月八日。

87 伊藤前掲「天皇特番で明け暮れたテレビ局の二日間」六六〜六七ページ。

88 青木貞伸「黒枠の中のブラウン管」（岩波新書編集部編前掲『昭和の終焉』一五二〜一五三ページ）。

89 前掲「系列の総力を投入し、多面的に伝える」三八〜三九ページ。

90 高野孟・猪瀬直樹「『昭和の終わり』とマスメディア―その日、テレビは何を映し出したのか」（前掲『創』第一九巻第三号、三二〜三九ページ）。

91 フジテレビの村上光一編成局長はXデー前ではあるが、放送方針について「昭和の御世が終り、新しい時代になる〝いま〟をどうとらえ、情報としても放送していくことは、テレビ局としてやらなければいけないことだし、力を注ぐべきでしょう。ただ静かな曲を流すだけでなく、新しい時代の表情をヴィヴィッドにどうとらえるか、テレビの機能であり使命だと思う」（石井清司「どうなる⁉　TV局　年末年始番組の行方」前掲『創』第一九巻第一号、五〇～六二ページ）と述べていたが、そこからは新しい伝え方で報道しようとする姿勢は見えてくる。そうであるとするならば、実際の放送になる段階でこうした考え方が貫徹できなかったということを示しているのではないか。

92　『新三河タイムス』一九八九年三月二日に、次のようなコラムが掲載された。

　一月七日早朝テレビのスイッチをいれたら、天皇陛下の危篤を報じていた。予定《ママ》のないまま終日テレビの虜となり、翌八日も釘付けその後、新聞はもとより週刊誌まで不断《ママ》より余計に買い、さらに、保存用特集本も何冊か手に入れ、昭和を生きてきたひとりの男として、自分にとって昭和とは何であったかを自問する格好な機会となった

このような意識が人々にあったことが、テレビ報道の根底にあったのではないだろうか。

〔**第7章**〕

1　『朝日新聞』一九八九年一月九日夕刊。

2　『読売新聞』一九八九年一月九日夕刊など。

3　田原総一朗「美智子皇后を悩ませた宮中〝いじめ〟の真相」（『週刊現代』一九九〇年二月一七日号、七四～七八ページ）。

4　一九八九年八月四日記者会見。https://www.kunaicho.go.jp/okotoba/01/kaiken/kaiken-h01-gosokui.html

5　この「開かれた皇室」という言葉自体は、一九七〇年代ごろから特に週刊誌などのメディアで登場していた。たとえば、ジャーナリストの佐瀬稔による「新にっぽん家族図　訪欧する皇太子ご夫妻」（『週刊現代』一九七六年五月二七日号、五六～五九ページ）では、「英国式の〝開かれた皇室〟」という形で、それを学ぶ当時の皇太子夫妻の姿が描かれている。しかし、新聞などにこの言葉が本格的にクローズアップされて取りあげられるようになったのは、平成に入ってからのように思われる。

6　『日本経済新聞』一九八九年八月六日。

7　皇室担当記者OB編『皇室報道の舞台裏』（角川書店、二〇〇二年、九二～九三ページ）。

8　『読売新聞』一九八九年一月一〇日。

9　同前。

10　谷沢永一・西部邁・猪瀬直樹・浜尾実・村松剛・薗部英一「『開かれた皇室』とは何か」（『文藝春秋』第六七巻第四号、一九八九年、六一八～六二七ページ）。

11　『読売新聞』一九八九年四月一四日。

12　『朝日新聞』一九八九年四月二〇日。

13　『朝日新聞』一九九〇年五月一一日。

14　渡辺治『日本の大国化とネオ・ナショナリズムの形成』（桜井書店、二〇〇一年、一一一ページ）。

15　『朝日新聞』一九九〇年五月二五日など。

16　渡辺前掲『日本の大国化とネオ・ナショナリズムの形成』一一四ページ。

17　『読売新聞』一九八九年四月一三日夕刊など。

18　渡辺前掲『日本の大国化とネオ・ナショナリズムの形成』一二三～一二四ページ。

19　一九九二年一〇月一五日記者会見。https://www.kunaicho.go.jp/okotoba/01/gaikoku/gaikoku-h04-china.html

20　岩井克己『天皇家の宿題』（朝日新書、二〇〇六年、八五ページ）。

21 服部龍二『外交ドキュメント歴史認識』（岩波新書、二〇一五年、一〇六ページ）。

22 『読売新聞』一九九一年七月五日。戦前には、一九二三年の関東大震災のときに摂政だった裕仁皇太子が東京府・神奈川県の被災地へ行啓して被害の実態を視察したが、皇太子が直接被災地を見舞うのは当時にあっては異例で、その後もそうした状況はなかった。

23 『読売新聞』一九九一年七月九日夕刊。

24 『朝日新聞』一九九一年七月一〇日夕刊。

25 『読売新聞』一九九一年七月一一日。

26 『朝日新聞』一九八九年八月二六日など。

27 『朝日新聞』一九九〇年一月一二日夕刊。

28 野間映児「頭が痛い皇室番組ラッシュ」（『創』第二〇巻第八号、一九九〇年、一二八～一三一ページ）。

29 『朝日新聞』一九九〇年六月二九日など。なお、こうした状況が想定されたため、民放労連は「ことさらに皇室を美化することになるばかりでなく、視聴者の番組選択の自由を奪うものといわざるをえない」などとする見解を事前に発表した（『朝日新聞』一九九〇年六月二一日）が、それは「代替わり」報道を受けての意見だったと思われる。

30 『朝日新聞』一九九〇年六月三〇日。

31 一方で、「紀子さんご成婚　大報道で民放の皮算用」（『週刊新潮』一九九〇年六月二八日号、一八ページ）という記事のように、民放はこの中継や特別番組によって、CM料を稼ぎたいという「皮算用」があったと指摘する記事もある。まさに「消費」的に天皇制が扱われていたとも言える。

32 たとえば、「ご成婚スペシャル　おめでとう秋篠宮さま・紀子さま」（『サンデー毎日』一九九〇年七月一五日号、二六～四〇ページ）など。

33 「秋篠宮ご成婚なのに『開かれた皇室』はウソ」（『週刊新潮』一九九〇年七月一二日号、一四〇～一四四ページ）。

34 こうした宮内庁担当記者への批判は、『週刊新潮』だけではなかった。ジャーナリストの小田桐誠は「『籠の鳥』宮内記者会は情けないナー」（『現代』第二五巻第三号、一九九一年、二七二～二七九ページ）という文章のなかで、問題になった秋篠宮夫妻の写真掲載について、「宮内庁の横暴に対抗するためにも、共通の問題にブチ当たったときは、〝共同戦線〟を張るべき」と述べ、掲載はしたものの宮内庁に対して一丸となって強く抵抗しない記者たちの態度を批判した。宮内庁の対応に対して常に不満を持ちつつ、それに逆らわない態度。そこには、「あとの取材がやりにくくなるようなことはするな」という意識があり、「雑誌が宮内庁と記者会を批判的に書いてくれることで、ようやくマスコミとしてのバランスを保っている始末なんです」という記者の声を紹介し、その問題性を小田桐は批判している。

35 小田桐誠「宮内庁〝検閲〟を証明した秋篠宮結婚報道」（『創』第二〇巻第九号、一九九〇年、一三二～一四五ページ）。

36 「皇室とは我らにとって何か？　改めて問う―右・左そして知識人たちの『ミカドの肖像』『沸騰・皇室』を論戦す」（『週刊ポスト』一九九〇年七月一三日号、六四～七〇ページ）。

37 「〈皇室とは我らにとって何か〉第3弾　『拝啓、宮内庁長官殿』」（『週刊ポスト』一九九〇年七月二〇日号、三六～四四ページ）。なお、『週刊ポスト』が平成の天皇制のあり方を問うた特集を組んだのは、文芸評論家の佐伯彰一の提言を中心にまとめた「『礼宮結婚の儀フィーバー』と『大嘗祭』の間に『皇室と国民の遠近関係』を探る」（『週刊ポスト』一九九〇年七月六日号、四六～四九ページ）からである。
38 「皇太子妃内定で『皇室アルバム』の視聴率はどう変わるか?」(『マルコポーロ』一九九三年二月号、一三ページ)。
39 『朝日新聞』一九九三年一月一八日夕刊。
40 「皇室報道について6—皇室情報をタレ流すワイドショーの現場から—」(『週刊現代』一九九四年六月一一日号、七〇~七一ページ)。
41 大谷新生「『ご成婚報道』のオバサン・レベル」(『新潮45』第九巻第八号、一九九〇年、六六~七四ページ)。
42 前掲「皇室報道について6—皇室情報をタレ流すワイドショーの現場から—」。
43 これは雑誌でも同じことが言える。筆者が『週刊女性』の太田裕子元編集長に話をうかがったとき、「皇室記事は芸能人のスクープのように一〇〇点満点は出ないかもしれない。しかし、コンスタントに八〇点の記事になるんです」という話が出た。皇室記事が出ればそれなりに売れたという。だから、他の話題で特にスクープがないときは皇室記事を冒頭にしようということになり、「美智子さま、雅子さまの記事はやはりそれなりに売れるんです。みんなが知っている背景があり、わかりやすい物語があるので、難しい説明がいらないことも大きい」。
44 『読売新聞』二〇〇三年二月二〇日夕刊。
45 こうした姿勢はその後も受け継がれる。日本テレビで皇室特番をプロデューサーとして制作した森部和彦は、当初は「ビジュアル重視で作っていましたが、はっきりいって、それでは制作者としてはあまり面白くはありません」、それゆえに「ひとつのテーマを打ち出して、それを柱に作るようにしています」と語っている(「皇室番組はこうして作られた　番組プロデューサーに聞く」『皇室手帖』第五号、二〇〇八年、一六~二一ページ)。
46 『産経新聞』一九九三年八月六日。
47 前掲「皇室報道について6—皇室情報をタレ流すワイドショーの現場から—」。
48 青山太郎「浩宮の花嫁競争がもう始まった」(『現代』第一一巻第一〇号、一九七七年、一五二~一六五ページ)。
49 「『聖心』に敗れた『常磐会』が早々とハッスル　『浩宮妃』候補」(『週刊新潮』一九七八年一〇月一九日号、四二~四六ページ)。
50 「浩宮のお妃候補はまたしても元華族対民間の戦い」(『週刊文春』一九八〇年一月一〇日号、三二ページ)。
51 「浩宮妃は『学習院』か『聖心』か」(『週刊新潮』一九八一年一月八・一五日号、三一~三二ページ)。
52 「成人・浩宮の『妃選び』の難問」(『週刊ポスト』一九八〇年二月二九日号、一七四~一七七ページ)。
53 「青春まっ盛り浩宮さま　お妃問題に『当方・弱冠18歳学生の身分』」(『サンデー毎日』一九七九年一月一四日号、一六二~一六五ページ)。
54 たとえば、「早くも名前が挙がる浩宮さまのお妃選び」(『週刊サンケイ』一九八一年八月二日号、一五八~一六〇ページ)、「浩宮妃は東宮家の家族演奏会で内定する!」(『週刊現代』一九八一年八月二七日号、四二~四五ページ)、「いま、もっとも注目されている!　浩宮さまのお妃候補13人」(『主婦と生活』第三七巻第三号、一九八二年、一〇一~一〇七ページ)、曽我剛・浜尾実「特別対談　浩宮さまのお妃の条件と候補」(『婦人倶楽部』第六三巻第一号、一九八二年、二三一~二三五ページ)、「浩宮は外国王室からお妃を選ぶか…」(『週刊ポスト』一九八二年一月二二日号、五二~五五ページ)など。
55 「それでも深く静かに蠢動する『浩宮妃』取材合戦」(『週刊新潮』一九八四年八月三〇日号、一三六~一三九ページ）。

56 そのうち、皇室ジャーナリストの松崎敏弥の「皇太子明仁御一家の新『家庭白書』」（『現代』第一九巻第四号、一九八五年、三三二〜三四二ページ）では、具体的な候補の名前が何人もあげられている。明仁皇太子のときと比べ、プライバシー概念が発達したからか、個人情報は少ないものの、写真や家柄などが紹介された文章であった。

57 大谷新生「浩宮『お妃選び』の輪郭が変わったイギリス留学」（『新潮45』第四巻第一〇号、一九八五年、五六〜六七ページ）。

58 「浩宮『お妃選び』は多分『新貴族』からという記事」（『週刊新潮』一九八五年九月二六日号、一四四〜一四七ページ）。

59 たとえば、「女性観を明言された『浩宮』お妃選びのチャンス」（『週刊新潮』一九八五年一一月一四日号、一三六〜一三九ページ）、泉麻人「ナウのしくみ」（『週刊文春』一九八五年一一月二一日号、一二一ページ）、河村信彦「浩宮妃を決定する10の条件」（『文藝春秋』第六五巻第一号、一九八七年、二二六〜二三五ページ）など。

60 「浩宮さま27歳　お妃候補電撃浮上！　才媛外交官・小和田雅子さん」（『週刊女性』一九八八年一月七日・一四日号、四三〜四六ページ）。突撃取材による小和田雅子へのインタビューも掲載されている。

61 「小和田雅子さんが『浩宮妃候補』に急浮上した根拠」（『週刊新潮』一九八八年一月七日号、一七二〜一七五ページ）。

62 「急浮上浩宮妃候補は女性外交官　小和田雅子サンの『＋』と『−』」（『週刊文春』一九八八年一月一四日号、二〇〜二一ページ）。

63 「卑劣な怪文書『それならぼくは結婚しない』」（『週刊ポスト』一九九〇年六月二二日号、四二〜四五ページ）という記事では、「権威」を志向する勢力により小和田雅子を皇太子妃候補から外そうとする動きがあり、徳仁皇太子がそれに反発したと報じられた。この記事には、「権威」が強く残存しつつ、しかし「開かれた皇室」はそれに反発して「人間」的なあり方を追求して欲しいという願望も混じっていると思われる。

64 その様子については、読売新聞社社会部編『6月のプリンセス　雅子さんと皇室記者の2000日』（読売新聞社、一九九三年）などを参照のこと。筆者による井上茂男氏（『読売新聞』元皇室担当記者）へのインタビューも参考にした。

65 以下、「皇太子妃報道に関する協議結果」（麗澤大学モラロジー研究所蔵「故高橋紘氏所蔵史料」）を参照した。石井勤『皇后雅子　妃から后への三十年』（講談社、二〇一九年、第二章）、読売新聞社社会部編前掲『6月のプリンセス　雅子さんと皇室記者の2000日』3章も詳しい。

66 『朝日新聞』一九九三年一月七日など。

67 『週刊現代』一九九三年一月三〇日号、二八〜三六ページ。こうした記事は、結婚まで続いていく。たとえば、「スクープ　皇太子・雅子さま『ご成婚』までの秘話」（『週刊現代』一九九三年六月一九日号、三〇〜三九ページ）など。

68 たとえば、『読売新聞』の三沢明彦による「皇室記者の『雅子さんを追った2000日』」（『週刊読売』一九九三年一月三一日号、二九〜三一ページ）など。テレビでは、テレビ朝日が六月一二日に放送した「ザ・スクープ」で、「皇太子ご結婚特集・皇室報道の壁に挑んだ記者たちの戦い」とする番組を放送、自分たちの報道姿勢を問う特集を組んだ（茅野臣平「皇室報道の目指すべき方向を探る」『月刊民放』一九九三年九月号、一五〜一七ページ）。

69 「ご成婚を前に宮家と宮内庁の気になる『不協和音』」（『週刊現代』一九九三年五月一日号、一八三〜一八五ページ）。
70 『週刊文春』一九九三年三月一一日号、三四〜三七ページ。
71 『朝日新聞』一九九三年四月一日。
72 こうした意識は、岡田晃吉「期待大きい皇太子ご成婚の経済波及効果」（『Ｗｅｄｇｅ』第五巻第三号、一九九三年、六一ページ）など株式・経済界にも広がっていた。
73 「広告界に早くも〝ご成婚効果〟」（『企業と広告』第一九巻第三号、一九九三年、四四〜四九ページ）。
74 山村善隆ほか「ＮＨＫ　ご成婚中継番組の制作」（『放送技術』第四六巻第九号、一九九三年、五九〜六三ページ）。
75 上野昭司「日本テレビ　皇太子・妃殿下ご成婚生中継」（前掲『放送技術』第四六巻第九号、六四〜六八ページ）。
76 伊藤和明「大枠編成で〝特別な日〟を伝える」（前掲『月刊民放』一九九三年九月号、六〜八ページ）。
77 高橋広成「代表取材のあり方に一石投じる」（前掲『月刊民放』一九九三年九月号、九〜一一ページ）。
78 伊豫田康弘「視聴率で見るテレビ　テレビの現状肯定機能を端的に示す『皇室番組』」（『週刊読売』一九九三年七月四日号、一四六ページ）。
79 「『ご成婚』テレビ中継の舞台裏！」（『週刊宝石』一九九三年六月二四日号、四二〜四六ページ）。
80 櫻井秀勲「皇太子ご成婚で〝自己実現型晩婚〟がブームに」（『フェイズ3』一九九三年三月号、九四〜九五ページ）など。
81 前掲「『ご成婚』テレビ中継の舞台裏！」。
82 石川牧子ほか「座談会　ご成婚特番を振り返る　事前準備重ね、全力あげて本番に臨む」（前掲『月刊民放』一九九三年九月号、二〇〜二七ページ）。この発言はＴＢＳ編成局番組企画部の成合由香によるもの。
83 「『御成婚』の仮想現実」（『Ｎｅｗｓｗｅｅｋ』一九九三年六月二四日号、二三ページ）。
84 岩井前掲『天皇家の宿題』八六ページなど。
85 大内糺「皇室の危機」（『宝島30』第一巻第三号、一九九三年、一〇〜二五ページ）。
86 「吹上新御所建設ではらした美智子皇后『積年の思い』」（『週刊文春』一九九三年四月一五日号、一八八〜一九一ページ）。
87 こうした記事は他誌にも見える。たとえば、「美智子皇后を『女帝』と告発した宮内庁職員」（『週刊新潮』一九九三年七月二二日号、四四〜四八ページ）や「美智子皇后を『女帝』と告発した『宮内庁職員』捜し」（『週刊新潮』一九九三年八月一二・一九日号、四四〜四六ページ）。他誌の記事を紹介する形で、美智子皇后への批判が展開されている。
88 篠田博之「マスコミタブー皇室篇第一一回　皇后バッシング騒動」（『創』二〇一五年一・二月号、一一四〜一一九ページ）。
89 岩井前掲『天皇家の宿題』八二ページ。
90 『週刊文春』一九九三年一〇月七日号、四二〜四五ページ。
91 『週刊文春』一九九三年一〇月二八日号、一九〇〜一九九ページ。
92 『朝日新聞』一九九三年一〇月二日、一〇月二七日など。
93 宮内庁侍従職監修『皇后陛下お言葉集　あゆみ』海竜社、二〇〇五年。
94 「皇室報道　小誌はこう考える」（『週刊文春』一九九三年一一月一一日号、四〇〜四四ページ）。
95 『朝日新聞』一九九三年一一月一二日夕刊。
96 「赤坂御所の侍従が初めて語った『美智子皇后報道の真実』」（『週刊現代』一九九三年一一月一三日号、一六六〜

一七二ページ)。
97 手塚英臣「侍従が語る全真相」(『文藝春秋』第七一巻第一二号、一九九三年、一三二〜一四二ページ)。
98 『産経新聞』一九九三年一一月二〇日。
99 岸田英夫「誰が皇室を孤立させたか」(前掲『文藝春秋』第七一巻第一二号、一一〇〜一二二ページ)。
100 岸田英夫「美智子皇后バッシング問題の本質を問う　宮内庁にマスコミ報道を批判する資格があるのか」(『週刊現代』一九九三年一一月二〇日号、四二〜四五ページ)。
101 『産経新聞』一九九四年五月二五日。
102 『産経新聞』一九九四年七月一五日。
103 加地伸行「天皇の役割は国民のために祈ることだ」(『諸君!』第二五巻第一二号、一九九三年、四四〜四八ページ)。
104 松本健一「【時評】皇室批判をめぐって」(『産経新聞』一九九三年一二月五日)。
105 『朝日新聞』一九九五年一月三一日夕刊。
106 『朝日新聞』一九九四年二月一三日。
107 『朝日新聞』一九九四年二月一五日。
108 一九九四年一二月二〇日記者会見。https://www.kunaicho.go.jp/okotoba/01/kaiken/kaiken-h06e.html
109 『読売新聞』一九九五年七月二七日・二八日。
110 例えば『読売新聞』一九九五年八月四日。
111 一九九五年八月一五日全国戦没者追悼式「おことば」。https://www.kunaicho.go.jp/okotoba/01/okotoba/okotoba-h07e.html
112 その活動については、井上亮『象徴天皇の旅』(平凡社新書、二〇一八年)が詳しい。

〔第8章〕

1 『朝日新聞』一九九四年二月一〇日など。
2 『読売新聞』一九九四年一一月一五日。
3 「雅子妃ご懐妊狂騒曲を叱る」(『週刊文春』一九九四年三月三日号、四〇〜四四ページ)。
4 「国民が待ち望む'96最大の慶事　雅子さま『ご懐妊』紀宮さま『ご成婚』」(『週刊文春』一九九六年一月一八日号、一五八〜一六一ページ)。
5 高山文彦「何が、誰がロイヤルカップルを苦しめる　皇太子と雅子妃『苦悩の結婚16ヶ月』」(『Ｖｉｅｗｓ』一九九四年一一月号、三〇〜三六ページ)。
6 矢澤秀一郎「雅子妃を襲った三つの危機」(『文藝春秋』第七四巻第九号、一九九六年、二九八〜三〇七ページ)。
7 矢澤があげているのは、『週刊宝石』一九九六年一月四・一一日号、四七〜四八ページ。
8 『朝日新聞』一九九六年一二月九日。
9 『産経新聞』一九九六年一二月九日。
10 前掲『朝日新聞』一九九六年一二月九日。
11 『朝日新聞』一九九六年一二月一二日。
12 「雅子皇太子妃『単独会見』までの虚々実々『工作』」(『週刊新潮』一九九六年一二月一九日号、一三六〜一三九ページ)。
13 一九九七年二月一四日記者会見。https://www.kunaicho.go.jp/okotoba/02/kaiken/kaiken-h09az.html
14 工藤雪枝「雅子妃は『かごの中の鳥』ではない」(『文藝春秋』第七八巻第一号、二〇〇〇年、一九〇〜二〇〇ページ)。
15 もちろん、雅子妃ばかりが週刊誌のターゲットになっていたわけではない。秋篠宮も、「秋篠宮殿下度重なる『タイ訪問』に流言蜚語」(『週刊新潮』一九九六年四月一八日号、一二六〜一三〇ページ)や「天皇陛下突如御静養の背景に秋篠宮殿下」(『週刊新潮』一九九六年六月二〇日号、一三二～一三六ページ)に代表されるように、「タイに親しい女性がい」て、それに対して紀子妃の父親である川嶋辰彦が天皇に直談判をしたのだというスキャンダルが報じられた。秋篠宮は一一月三〇日の記者会見で「火のないところに煙が立った」「完全に事実と異なる報道がなされたことに、不満を持っています」と表明(『産経新聞』一九九七年一二月一三日)、天皇も一二月一九日の記者会見でそのことを問われ、「私も、魚類を研究していて感じることですけれども、この地域にこの魚がいるということがある文献に出ますと、その査定が間違っていても、間違っているということがほとんど確実であっても、絶対にそれが間違いであるということを証明することは、非常に難しいわけなんです。そして、その文献がずっと後でも引用されて、非常に奇妙な分布というものが示されるということがよくあることです」と間違いであることを強調している(https://www.kunaicho.go.jp/okotoba/01/kaiken/kaiken-h08e.html)。このように、天皇はじめ皇太子夫妻や秋篠宮などが週刊誌を中心とするメディアに対してはっきりと批判的な言説を述べるほど、彼らはそれに不満を持っていたことがわかる。

16 『毎日新聞』一九九九年一一月一二日。

17 『朝日新聞』一九九九年一一月七日。

18 『朝日新聞』一九九九年一二月一〇日。

19 皇室担当記者OB編前掲『皇室報道の舞台裏』一四四～一四六ページ、「秘話　雅子妃『ご懐妊』の混迷」(『週刊文春』一九九九年一二月二三日号、三〇～三三ページ)。

20 皇室担当記者OB編前掲『皇室報道の舞台裏』一四九ページ。このコメントは天皇や皇后、皇太子夫妻の意向も反映され、目を通したという。

21 「雅子妃『ご懐妊騒動』で宮内庁vs大新聞ドロ沼攻防」(『週刊ポスト』二〇〇〇年一月一・七日号、二七四～二七五ページ)。

22 「哀しき天皇制　雅子さまと宮中の深き苦脳」(『AERA』二〇〇六年三月二七日号、一六～二一ページ)。

23 「『雅子妃ご懐妊騒動』皇太子夫妻と〝奥〟の全真相」(『週刊現代』二〇〇〇年一月一日・八日号、五四～五六ページ)。こうした言説は、この騒動が終わっても継続して掲載された(「『雅子妃流産』で問われる宮内庁の情報責任」『週刊ポスト』二〇〇〇年一月一四・二一日号、四二～四三ページなど)。

24 林真理子「雅子さま『耐える日々』」(『週刊文春』一九九九年一二月二三日号、三四～三六ページ)。とはいえ、林はこうした状況を「あなたの運命として受け取っていただきたい」と文章を締めており、どこかで突き放してもいる。

25 「雅子妃『ご懐妊』騒動『余波』」(『週刊新潮』一九九九年一二月二三日号、二六～三二ページ)。

26 福田和也「『閉ざされた皇室』のすすめ」(『週刊文春』一九九九年一二月三〇日号、二九～三〇ページ)。

27 皇室担当記者OB編前掲『皇室報道の舞台裏』一五一～一五四ページ。

28 『朝日新聞』二〇〇〇年一月一日。

29 岩井前掲『天皇家の宿題』一七九～一八四ページ。

30 「皇太子ご夫妻『開かれた皇室』への道」(『週刊読売』二〇〇〇年一月二三日号、一三六～一三七ページ)。

31 「マスコミはすでに厳戒体制　いや増す雅子さまご懐妊への『期待』」(『週刊文春』二〇〇〇年五月二五日号、一八九～一九一ページ)。

32 徳岡孝夫「師走の『祝砲』　雅子妃をダイアナ妃にするなかれ」(『諸君!』第三二巻第二号、二〇〇〇年、二六～二九ページ)。

33 篠沢秀夫「美智子様、雅子妃をお守り下さい」(『文藝春秋』第七八巻第二号、二〇〇〇年、四一八～四二五ページ)。

34 皇室担当記者OB編前掲『皇室報道の舞台裏』一六三～一六四ページ。

35 「雅子妃さま『休養』で伝えられた『真相』」(『週刊新潮』二〇〇〇年八月一〇日号、一三四～一三五ページ)。

36 「孤独の人雅子妃」(『週刊文春』二〇〇〇年八月一七・二四日号、二〇八～二一一ページ)。

37 ノンフィクション作家の宮原安春も「雅子妃『沈黙』の悲しみ」(『文藝春秋』第七八巻第一一号、二〇〇〇年、九四～一〇〇ページ)のなかで、「皇太子妃とはなんと孤独なお立場なのだろうか」と述べ、美智子皇后が皇太子妃時代に支えになった精神科医の神谷美恵子のような存在が、雅子妃にも必要ではないかと述べている。

38 たとえば、「雅子妃に〝引きこもり〟の大心配」(『週刊現代』二〇〇〇年九月二日号、五二～五三ページ)、「美智子さま『咳嗽』 雅子さま『ご静養』への懸念」(『週刊文春』二〇〇〇年一一月三〇日号、三〇～三二ページ)など。

39 「宮内庁よ、雅子妃殿下をもっと自由にショッピングや食事に出かけさせてはどうか」(『週刊新潮』二〇〇〇年一二月二八日号、一五〇～一五一ページ)。

40 『朝日新聞』二〇〇一年四月一六日夕刊。

41 『朝日新聞』二〇〇一年四月一七日。

42 「雅子さまの繊細な16カ月 再び「懐妊」の朗報」(『AERA』二〇〇一年四月三〇日・五月七日号、一五～一九ページ)。

43 『朝日新聞 名古屋版』二〇〇一年四月二四日。岐阜県大垣市の三六歳主婦からの投書。

44 『読売新聞』二〇〇一年一二月二日。

45 『朝日新聞』二〇〇二年四月三日など。

46 「涙ぐみ会見に涙した私 雅子さまに自分を重ねる女性たち」(『AERA』二〇〇二年四月一五日号、六八ページ)。

47 『朝日新聞 神奈川版』二〇〇一年一二月二日、『読売新聞 大阪版』二〇〇一年一二月二日、『朝日新聞 福岡版』二〇〇一年一二月二日には「次は男の子を」という街の声が掲載されている。一方で、『読売新聞 大阪版』二〇〇一年一二月五日には、滋賀県守山市の五〇代主婦からの「男女平等の現在でも、皇位は皇統に属する男系の男子が継承すると定められているとか。時代錯誤もはなはだしい。私も二十五年前に初めて出産した子が、女の子でした。見舞いに来られた夫の叔母から『次は、ぼんやね』と言われ、思わずその叔母の顔を見つめ直しました。子どもの性別は女性の側だけの問題ではないのに。そばにいた勝ち気な実家の母が間髪入れず『はい、次は男の子を産みます』と言ったことが、懐かしく思い出されます」という投書が掲載され、雅子妃への同情も見えた。愛子内親王の誕生から「『娘持つ母親の幸せ』を『男児ほしい』圧力を超えて」(『AERA』二〇〇一年一二月一七日号、二〇～二一ページ)という記事のように、一般社会のなかでのこうした問題を取りあげたものもあった。

48 『朝日新聞』二〇〇四年五月一一日など。

49 『朝日新聞』二〇〇四年六月一五日など。

50 このオランダ静養で、『読売新聞』と『毎日新聞』の記者が「あいちゃーん」と叫んで、愛子内親王の表情が緩んだ状況があったという。それに対し、東宮侍従から「お陰様でご一家にとてもいい笑顔が広がりました。声をかけてくれて本当によかった」と言われたという(井上茂男『番記者が見た新天皇の素顔』中公新書ラクレ、二〇一九年、六一～六三ページ）。メディアとの緊張関係が日本国内では続いていたが、海外では特に新聞記者との間では協調的な関係が構築されていたのである。

51 『「マスコミ嫌い」雅子さまの皇室記者との『冷戦』」（『週刊新潮』二〇〇五年六月二日号、四四～四六ページ）。

52 「皇太子『離婚問題への爆弾発言』」（『週刊現代』二〇〇六年二月一一日号、一八八～一九〇ページ）。

53 「なぜ、東宮ご一家を批判するのか」（『皇室手帖』第三巻、二〇〇八年、一二～二一ページ）。森前掲「メディア天皇制論――『物語』としての皇室報道」によれば、療養が発表された二〇〇四年以降、雅子妃の記事は特に多くなったという（一七二ページ）。

54 「皇室関連報道について」https://www.kunaicho.go.jp/kunaicho/koho/taio/taio.html

55 たとえば、静岡県下田市の須崎御用邸で静養中に、同市内にある下田臨海学園に避難している三宅島民を見舞ったことが報道されている（『朝日新聞』二〇〇一年八月二八日）。「天皇、皇后両陛下、三宅島の人激励」という見出しが付けられており、被災者を見舞うことを印象づける記事であった。

56 たとえば、『朝日新聞』二〇〇四年一一月七日。「希望を持ってくださいね」などと被災者に語りかけたことが報道された。

57 『朝日新聞』二〇〇四年一月二四日では、沖縄平和祈念堂と国立沖縄戦没者墓苑を訪問し、遺族に声をかけた様子が報じられた。

58 『朝日新聞』二〇〇五年六月二〇日。

59 『読売新聞』二〇〇九年一月一日。

60 『毎日新聞』二〇〇九年一月七日。

61 二〇〇九年一一月六日記者会見。https://www.kunaicho.go.jp/okotoba/01/kaiken/kaiken-h21-gosokui20.html

62 『朝日新聞』二〇〇九年一一月一二日。

63 「東北地方太平洋沖地震に関する天皇陛下のおことば」https://www.kunaicho.go.jp/okotoba/01/okotoba/tohokujishin-h230316-mov.html

64 『朝日新聞』二〇〇九年四月一八日。横浜市四〇代大学教員女性の意見。

65 「次長会見（要旨）平成21年4月13日」（宮内庁書陵部宮内公文書館所蔵「宮内庁定例記者会見関係平成21年（次長会見（項目））」所収）。なお、史料には発言者が「記者」としか書かれていないため、どの発言がどの社の記者なのかはっきりとしない。

66 「次長会見（要旨）平成21年4月20日」（前掲「宮内庁定例記者会見関係平成21年（次長会見（項目））」所収）

67 「長官会見（要旨）平成21年4月23日」（宮内庁書陵部宮内公文書館所蔵「宮内庁定例記者会見関係平成21年（長官会見（項目））」所収）。

68 『朝日新聞』二〇一二年四月二七日など。

69 『朝日新聞』二〇一二年五月二日。

70 『ＡＥＲＡ』二〇一二年五月二一日号、一七～一九ページ。

71 日本経済新聞社社会部編『明仁上皇と美智子上皇后の30年』（日本経済新聞出版社、二〇一九年、一九二～一九五ページ）。陵については「あまりに大胆な変更は保守派の反発が予想されるため」、従来の形式に落ち着いたという。その意味では、「権威」に配慮する部分もあったと思われる。

72 以下、橋本のインタビューをまじえてこの本の内容を要約した「天皇陛下の級友が、皇太子さまに進言！　別居治療離婚廃太子」（『週刊朝日』二〇〇九年七月一七日号、一二六～一二八ページ）を参照。

73 西尾幹二「皇太子さまに敢えて御忠言申し上げます」(『WiLL』第四一号、二〇〇八年、三〇～四三ページ)。この文章はインパクトがあったのか、次の第四二号にも西尾は「小和田一族と皇室　皇太子さまへの御忠言第2弾！　皇族としての御自覚を」を、第四四号にも「皇室が危ない！　これが最後の皇太子さまへの御忠言」を、第四五号にも「もう一度だけ皇太子さまへの御忠言」などを執筆、『WiLL』には読者からの反応や西尾論文への批判論文も掲載している。

74 「『平成皇室論』に〝オク〟騒然　朝日が『WiLL』になった日」(『サンデー毎日』二〇〇九年七月二六日号、一三五～一三七ページ)。

75 友納尚子「『離婚・別居・廃太子』　皇太子と雅子さまは何を思われたのか」(『週刊文春』二〇〇九年八月一三・二〇日号、一六八～一七一ページ)。

76 「雅子妃の公務と体調を巡り　皇太子ご夫妻『離婚』から『廃太子』までの内情」(『THEMIS』二〇〇九年八月号、一二三～一二五ページ)。

77 たとえば、「紀子さまご懐妊情報も　皇太子ご一家『廃太子論』再浮上の理由」(『THEMIS』二〇一〇年七月号、三四～三五ページ)、「愛子さま海外留学へ　皇太子ご夫妻『別居→離婚』危機の波紋」(『THEMIS』二〇一〇年八月号、五二～五三ページ)、「『皇室の将来』へ素朴な疑問　皇太子ご夫妻『皇位継承』か『離婚』かの狭間」(『THEMIS』二〇一〇年九月号、三二～三三ページ)など。

78 『朝日新聞』二〇一一年一二月九日など。

79 たとえば、「『美智子皇后』のお言葉で消された『雅子妃』の名」(『週刊新潮』二〇一一年一二月一日号、二八～三〇ページ)、「『女性宮家』創設への第一歩！『女性皇族』の恍惚と不安」(『週刊新潮』二〇一一年一二月八日号、二二～二七ページ)、「『天皇陛下』ご意思にご不満『雅子さま』沈黙の抵抗」(『週刊新潮』二〇一一年一二月一五日号、二二～二四ページ)、「『雅子さま』を他罰感情で支配する『聞きなれぬ病』」(『週刊新潮』二〇一一年一二月二二日号、二四～二七ページ)、「『天皇陛下』に会見を取り止めさせたある辟易」(『週刊新潮』二〇一一年一二月二九日号、一三五～一三七ページ)など。なお、「『美智子皇后』のお言葉で消された『雅子妃』の名」については、宮内庁HPの「皇室関連報道について」のなかで、事実関係に誤りがあるとして説明がなされている。

80 山下晋司「『皇太子が雅子妃のために皇位継承権を譲ることはなぜ不可能か』から皇室の未来を考える」(『SAPIO』二〇一二年二月二二日号、一四～一五ページ)。元宮内庁職員の山下は、皇太子の言動が「『公』よりも『私』を重視しておられるように国民の目には映る」ゆえ、こうした意見が出てくるのではないかと指摘している。とはいえ、彼は法的に「廃太子」は不可能と断じている。

81 「秋深まる京都で考えた『天皇家の危機』」(『週刊朝日』二〇一二年一一月二三日号、一一四～一一七ページ)。

82 山折哲雄「皇太子殿下、ご退位なさいませ」(『新潮45』第三二巻第三号、二〇一三年、二〇～二八ページ)。

83 こうした主張は、敗戦直後、戦争責任をとって昭和天皇は退位し、その後は文化芸術などにたずさわって、京都で暮らすべきだとする退位論と同じような論理構成を採っている。こうした退位論については、河西前掲『天皇制と民主主義の昭和史』第一章を参照のこと。

84 「『皇太子退位論』の折も折　53歳『皇太子さま』が明かした帝王教育の現場に『秋篠宮殿下』の同席」(『週刊新潮』二〇一三年三月七日号、三八～四〇ページ)。

85 山折が最初に皇太子の「退位論」を展開した対談の相手で

ある岩井克己は、「山折の真意は、むしろ『皇太子夫妻を救いたい』との同情だった」と擁護する（岩井克己『宮中取材余話　皇室の風』講談社、二〇一八年、三〇七ページ、初出は『選択』二〇一三年五月号）。

86 「皇太子『退位論　山折哲雄氏』にご友人が怒りの猛反論」（『週刊文春』二〇一三年三月七日号、二九〜三一ページ）。

87 「山折哲雄『皇太子ご退位のすすめ』その現実味」（『週刊現代』二〇一三年三月九日号、五八〜五九ページ）。

88 「皇太子さま『ご退位を騒動』渦中　信念のご発言」（『女性セブン』二〇一三年三月一四日号、二五〜二九ページ）。

89 八木は翌年になると「天皇は国家元首ではないのか　皇太子『退位』論者山折哲雄氏に反論する」（『正論』第五一〇号、二〇一四年、三一六〜三二三ページ）という文章を書き、山折の意見を批判する。そこでは天皇は「元首」であると説いており、天皇制の「権威」を志向していたことでは変わらない。なぜ八木の意見が変わったのかは明確ではないが、後述する「権威」の側から山折の意見が批判される状況を見て、変節したのだろうか。

90 竹田恒泰「皇太子殿下の祈りは本物である」（『新潮45』第三二巻第四号、二〇一三年、二二〜二七ページ）。

91 西尾幹二「山折哲雄「皇太子退位論」を駁す　皇太子殿下の無垢なる魂」（『WiLL』第一〇一号、二〇一三年、三〇〜四三ページ）。

92 たとえば、山折哲雄「皇位継承のあるべき姿」（『新潮45』第三二巻第五号、二〇一三年、二〇〜二七ページ）、山折哲雄・水無田気流「雅子妃と理想家族の呪縛」（『AERA』二〇一三年五月六・一三日号、一七〜二〇ページ）、山折哲雄・保阪正康「私はなぜ皇太子ご退位論を書いたのか」（『文藝春秋』第九一巻第七号、二〇一三年、一二〇〜一二七ページ）など。こうしたなかで、山折は「いまの日本の社会から、お二人への情が感じられないことに、私は強い危機感を抱いています」と述べている。

93 山折・水無田前掲「雅子妃と理想家族の呪縛」。

94 「『皇太子さま』ご退位議論が不愉快だった　『雅子さま』と『小和田家』」（『週刊新潮』二〇一三年三月二八日号、一三八〜一四〇ページ）。

95 「『雅子妃』不適格で『悠仁親王』即位への道」（『週刊新潮』二〇一三年六月二〇日号、二二〜二八ページ）、「『雅子妃』不適格は暗黙の了解　『千代田』の迷宮」（『週刊新潮』二〇一三年六月二七日号、二八〜三四ページ）など。

96 鎌田勇「皇太子と雅子妃ご成婚20年　私だけが知る悲劇の真相」（『文藝春秋』第九一巻第七号、二〇一三年、一一〇〜一一九ページ）。鎌田は元学習院OBオーケストラ副団長で、皇太子の相談役を務めたと言われる。

97 前掲『朝日新聞』一九九九年一一月七日。

98 「天皇陛下のご感想（新年に当たり）」https://www.kunaicho.go.jp/okotoba/01/gokanso/shinnen-h27.html

99 こうした見方を紹介した記事として、「美智子さまが知人に洩らされた『強いストレス』の真実」（『週刊文春』二〇一五年八月二七日号、二九〜三一ページ）などがある。作家の半藤一利がコメントでそうした視点を提起している。

100 たとえばその集大成として、毎日新聞社会部『象徴として天皇、皇后両陛下はなぜかくも国民に愛されたのか』（毎日新聞出版、二〇一九年）は「静かな戦い」の記録として二人のエピソードを紹介する。

101 平山周吉「天皇皇后両陛下の『政治的ご発言』を憂う」（『新潮45』第三四巻第七号、二〇一五年、二〇〜三七ページ）。

102 八木秀次「憲法巡る両陛下ご発言　公表への違和感」（『正論』第五〇八号、二〇一四年、四六〜四七ページ）。

103　一方で、二〇一七年一〇月に福岡、大分県の豪雨被災者を見舞った天皇・皇后の写真を見ると、テーブルに白い布を被せ、被災者とはテーブル越しに対話している様子がわかる。膝を突いて話すというスタイルではない。もちろん、高齢の二人の負担を考えての対応であると考えられるが、それまでよりは形式的な構図に見えたのではないか。これは、迎える側が天皇・皇后の被災地訪問を「権威」的にとらえたがゆえではないかと思われる。

104　たとえば、『朝日新聞』二〇一七年七月一九日から八月五日まで連載された「てんでんこ　皇室と震災」というシリーズは、天皇・皇后が震災体験のなかでいかに行動したのかを描いた特集である。それ自体は事実の掘り起こしであり、記事として問題があるものではない。ただしこれはまさに「人柄主義」報道の典型的なあり方とも言えるもので、こうした記事を読むことで人々のなかに天皇・皇后の「人柄」が再生産されたのではないか。「共同通信」で宮内庁担当を務めていた大木賢一は、「天皇個人の人徳性の高さのようなものを褒めたたえることに皇室報道が埋没し、かえってものの言いづらさ、タブーや自己規制のようなものが生まれているように私は感じている」と記す（大木賢一『皇室番　黒革の手帖』宝島社新書、二〇一八年、一四〇ページ）。「人柄主義」については、吉田裕・瀬畑源・河西秀哉「座談会　『平成』の終焉と天皇制の行方」吉田ほか編前掲『平成の天皇制とは何か――制度と個人のはざまで』二四四～二六一ページを参照。

105　井上亮「ドキュメント　退位への道のり」（日本経済新聞社社会部編前掲『明仁上皇と美智子上皇后の30年』所収、二五九～三一四ページ）は『日本経済新聞』で宮内庁を担当していた井上亮による「生前退位」の報道から実際の退位までのすぐれた記録である。また、『東京新聞』の宮内庁担当であった吉原康和『令和の「代替わり」　変わる皇室、変わらぬ伝統』（山川出版社、二〇二〇年）や共同通信取材班『令和の胎動　天皇代替わり報道の記録』（共同通信社、二〇二〇年）も経過が詳細に記されている。以下の記述でも大いに参考にした。

106　なおこのＮＨＫの報道は、「天皇陛下『生前退位』の意向」のスクープとして、二〇一六年度新聞協会賞を受賞している。その受賞理由は、「皇室典範の改正のみならず、現代にふさわしい皇室像や憲法改正をめぐる国民的議論を提起し、報道機関の存在意義を知らしめた。8月8日の天皇陛下によるお気持ちの表明で、報道内容は裏付けられた。／国内外に与えた衝撃は大きく、皇室制度の歴史的転換点となり得るスクープとして高く評価され、新聞協会賞に値する」というものであった（「日本新聞協会ホームページ」https://www.pressnet.or.jp/about/commendation/kyoukai/works.html）。たしかに、後述するように「国民的議論」が提起されたことや「国内外に与えた衝撃は大き」い。とはいえ、「スクープ」として誇るべきもの、賞賛されるものなのかどうかについては、今後の検証が必要だと思われる。この点について、憲法学者の西村裕一は「だれが天皇の意向をメディアに伝えていたのか、責任を負うべき内閣はどんな判断をしていたのか、全く明らかにされていません。宮内庁や内閣の責任追及を可能にするためにも、メディアには一連の経緯を検証することが求められます」という鋭い示唆をしている（『朝日新聞』二〇一六年八月九日）。

107　『朝日新聞』二〇一六年七月一四日など。

108　『読売新聞』二〇一六年八月五日、『朝日新聞』二〇一六年八月八日夕刊。

109　『朝日新聞』二〇一六年七月一五日。

110　百地章「『陛下のご意向』と立憲君主制」（『WiLL』第一四一号、二〇一六年、四七～四八ページ）。百地は『SAPIO』二〇一六年九月号にも「あえて『生前退位』に反対する」とのタイトルを掲げた文章を寄せており、「生前退位」に反対の立場を表明している。
111　八木秀次「皇室典範改正の必要はない」（『正論』第五三八号、二〇一六年、六六～六九ページ）。
112　『朝日新聞』二〇一六年九月一一日。
113　加地伸行「『生前退位』とは何事か」（前掲『WiLL』第一四一号、二〇一六年、四四～四六ページ）。
114　伊藤隆「二人の天皇がおられる?」（『WiLL』第一四二号、二〇一六年、一一九～一二〇ページ）。
115　高森明勅「ご譲位の〝玉音放送〟と国民の責務」（『月刊Hanada』第五号、二〇一六年、二三四～二四一ページ）。
116　高森明勅「特別立法は天皇の権威損なう」（『エコノミスト』二〇一六年八月三〇日号、二四～二五ページ）。

〔おわりに〕
1　『朝日新聞』二〇一九年五月一〇日夕刊。
2　以下、デイビッド・キャナダイン「コンテクスト、パフォーマンス、儀礼の意味―英国君主制と『伝統の創出』、一八二〇－一九七七年」（E・ホブズボウム、T・レンジャー編『創られた伝統』紀伊國屋書店、一九九二年、一六三～二五八ページ）を参照した。
3　以下、君塚直隆『立憲君主制の現在』（新潮選書、二〇一八年）、同『君主制とはなんだろうか』（ちくまプリマー新書、二〇二四年）を参照した。
4　以下、櫻田智恵『タイ国王を支えた人々』（風響社、二〇一七年）、同『国王奉迎のタイ現代史』（ミネルヴァ書房、二〇二三年）を参照した。

あとがき

私が天皇制を初めて意識したのは、「はじめに」でも書いたように、昭和天皇が倒れたときである。中日ドラゴンズのファンであった小学生の私には、地元チームが優勝したにもかかわらず、なぜか歓びを抑えているかのような名古屋の人々の雰囲気がとても不思議に思えた。なぜ、一人のおじいさんが倒れただけで、人々がその活動を「自粛」するのだろうか。しかも、昭和天皇の死去後はさらに不思議だった。自宅近くにあったレンタルビデオ店に長蛇の列ができていたのである。昨日まで「自粛」が声高に叫ばれていたのに、なぜテレビを見て天皇を追悼しないのか。天皇制に対する疑問が強くなった。

とはいえ私は、小学生の頃から天皇制に興味を持って、研究し続けたいなどと思う聡明な少年ではなかった。名古屋大学に入学したのは、歴史に興味があり、もっと古い時代を勉強してみたいと思ったからである。象徴天皇制を研究テーマに選んだのは、後に指導教員となる羽賀祥二先生が、一年生向けの「人文学講義」という授業のなかで、いわゆる「人間宣言」について話をされたことがきっかけであった。先生の話を聞き、もしかしたら小学生のときに疑問に思った天皇制の問題に、歴史学を学ぶことで接近できるのではないかと感じた。先生はその後も、様々な授業で象徴天皇制について話されていたこともあって、私も象徴天皇制に関する本を数多く読むようになり、卒業論文は「象徴天皇制成立期の政治史」というタイトルで書いた。

ところが、これがうまくいかなかった。これまでの研究のまとめに留まってしまったのである。

そのこともあって、運良く進学できた大学院では、どのような切り口で象徴天皇制について検討したらよいのかを考えることになった。悩んだ末に浮かんだのが、メディアとの関係である。たまたま読んだ松尾尊兊《たかよし》先生の『日本の歴史㉑　国際国家への出発』（集英社、一九九三年）に収録されていた一九五一年の京都大学天皇事件に関するコラムが目に留まり、政治史的なアプローチから社会史的に象徴天皇制へ接近することを思い立った。事件は、関西への巡幸中に天皇が京都大学を訪問し、それに対して学生が「公開質問状」を作成、「平和を守れ」という歌を歌って天皇を迎えたものである。「貴方」と天皇に呼びかけて「人間」としての象徴天皇像を強調した学生たちに対し、強く批判を繰り返したメディアや国会議員たち。それはまさに「権威」としての天皇像であった。そこには天皇観をめぐる相剋があった。その事件を通じて、象徴天皇制について考えようと思った。そして京都大学天皇事件が起こる以前を含めて占領期からの新聞を丁寧に読み直していると、天皇制に関する問題が様々に論じられていることに気がついた。そこから、月刊誌や週刊誌などを、戦前から平成期に至るまで読むようになり、天皇制とメディアの問題を歴史的に検証するようになった。

本書『皇室とメディア――「権威」と「消費」をめぐる一五〇年史』は、私の修士論文以来二十数年の研究成果である。すでに一部は『天皇制と民主主義の昭和史』（人文書院、二〇一八年）や『平成の天皇と戦後日本』（人文書院、二〇一九年）でも書いたので、本書の記述と重複する部分もある。しかし、本書を読むことで天皇制とメディアの関係性の全体像を知ってもらいたいという思いから、あえてその部分も本書に収録した。また、第5章の原型は、茶谷誠一編『象徴天皇制のゆくえ』（志學館大学出版会、二〇二〇年）に寄稿した「初代象徴皇太子としての模索――一九六〇年～八〇年代の明仁皇太子・美智子皇太子妃―」である。第1章は、「象徴天皇制への転換と定着―皇室記者・藤樫準二の言説を中心に―」(『日本の思想史学』第五三号、二〇二一年)なども原型になっている。いずれも加筆修正を行った。そのほかは書き下ろした。

本書の内容については、勤務校の名古屋大学、前勤務校の神戸女学院大学、非常勤先の関西学院大学、神戸大学、東北大学で話をする機会を得た。ときにはまとまりのない講義内容だったにもかかわらず、熱心に聞き、鋭い感想や真摯なコメントをくださった学生のみなさんに感謝したい。これが研究内容をブラッシュアップすることに繋がった。若い世代である学生からの反応を聞き、それを研究に反映できるのは大学教員の特権だろう。また、多くの研究仲間にも恵まれたことは幸運であった。様々な場で研究内容を報告し、そこでの質疑応答を通じて、内容をさらに深めていく機会を与えていただき、本書にもそれが反映されている。

本書に関する研究ではJSPS科研費JP21K00831、JP24K04203などの助成を受けたほか、放送文化基金助成「皇室関係番組の歴史的変遷」、一般財団法人東海冠婚葬祭産業振興センター調査研究助成「戦後皇室の結婚と葬儀―東海地方における反応を中心に―」の成果の一部でもある。関係者のみなさまにお礼申しあげる。

本書は当初、コロナ禍の下で出版しようと考えていた。旧知の君塚直隆先生に新潮選書編集部を紹介していただき、史料調査に行けない時間を使って執筆しようと思っていたのである。ところが、思いのほか時間がかかってしまった。それは、私の怠惰な性格が大きな要素ではあるが、調べ始めると天皇制とメディアに関する歴史的な事項が実に多く、そのあり方を考える上ではいずれも重要な意味を持つものだったからである。最初の担当編集者である竹中宏さんには、『週刊新潮』の経験を様々にご教示いただき、本書の視野が広がった。次の担当者である中島輝尚さんには、内容だけではなく文章表現の一つ一つにまで詳細なコメントをいただいた。また、丁寧な仕事をしてくださった校閲の方にも感謝したい。新潮社のみなさんのおかげで、よい本になったと自負している。もちろん、最終的な文責は私にある。ご批判やご感想を基に、次に繫げていきたい。

二〇一六年以降、私もメディアのなかで皇室・天皇制について発言させていただく機会を得るようになった。そのなかでは、それぞれの記者の思いとは別に展開していくメディアの論理を見たときもあった。まさにそれは、本書で論じた「権威」や「消費」の側面だろう。そこで感じた疑問や関心なども本書の記述に反映している。こうした経験を基に、歴史学は現在との往還であるとの思いを強く持ちつつ、執筆を行った。その結果、二〇二〇年代の、今という状況が反映した象徴天皇制論になったと考えている。また、今後の象徴天皇制を考える手がかりになる一冊になったとも思う。なお、本書脱稿後に、井上亮《まこと》氏による『比翼の象徴　明仁・美智子伝』(岩波書店)全三冊の刊行が始まった。その成果はうまく組み込めなかったが、内容において本書と重なる部分も多い。読者のみなさまには併読をおすすめしたい。

最後に、いつも私の研究を見守ってくれる家族に感謝を述べることをお許し願いたい。調査や執筆のために週末も家にいないことはしばしばであった。いつか、この成果を子どもたちが読んでくれることを願っている。

二〇二四年一〇月

河西秀哉

本書関連主要事項年表

一八七二（明治五）年
明治天皇がいわゆる六大巡幸を開始（〜八五年）

一八七四（明治七）年
一一月二日◆『読売新聞』発行開始

一八七五（明治八）年
六月二八日◆新聞紙条例を布告。国体を誹謗するような主張の掲載を禁止

一八八五（明治一八）年
日本初の本格的女性誌『女学雑誌』創刊

一八八七（明治二〇）年
二月一五日◆総合雑誌『国民之友』創刊。八月には『中央公論』創刊

一八九九（明治三二）年
七月一三日◆『読売新聞』に「宮廷記事」欄が設けられる

一九〇〇（明治三三）年
二月一一日◆嘉仁皇太子と九条節子の結婚が発表される

一九〇一（明治三四）年
四月二九日◆裕仁親王、誕生

一九一一（明治四四）年
宮内省、皇室写真撮影の規制を緩和

一九一二（明治四五・大正元）年
七月三〇日◆明治天皇、死去

一九一四（大正三）年
宮内省に記者クラブ「菊花倶楽部」ができる（のち「坂下倶楽部」と改称）

一九一七（大正六）年
二月一四日◆女性誌『主婦之友』創刊

一九一九（大正八）年
四月三日◆総合雑誌『改造』創刊

一九二〇（大正九）年
三月〜◆宮内省が大正天皇の病状につき公式発表を始める
一一月◆東京府下の新聞通信社の記者各二名が赤坂離宮御苑の拝観を許可される

一九二一（大正一〇）年
三月三日〜九月三日◆裕仁皇太子、ヨーロッパ外遊
一一月二五日◆裕仁皇太子、摂政に就任

一九二二（大正一一）年
二月二五日◆『旬刊朝日』創刊（のち『週刊朝日』）
四月二日◆『サンデー毎日』創刊

一九二三（大正一二）年
一二月二七日◆虎ノ門事件

一九二四（大正一三）年
一月二六日◆裕仁皇太子、久邇宮良子女王と結婚
一一月◆大衆娯楽雑誌『キング』創刊

一九二五（大正一四）年
四月二二日◆治安維持法、公布
七月一二日◆ＮＨＫラジオ、東京と名古屋で本放送を開始

一九二六（大正一五・昭和元）年
一二月二五日◆大正天皇、死去

一九二八（昭和三）年
九月二八日◆秩父宮雍仁親王、松平節子（のちの勢津子妃）と結婚

一九三五（昭和一〇）年
二月一八日◆美濃部達吉の天皇機関説が貴族院本会議で非難される（天皇機関説事件の始まり）
八月三日、一〇月一五日◆政府が「国体明徴に関する政府声明」を発表

一九四五（昭和二〇）年
一一月八日◆宮内省が新聞記者を宮城内に入れ取材させる

一九四六（昭和二一）年
一月一日◆昭和天皇が「新日本建設に関する詔書」（いわゆる「人間宣言」）を発出
二月一九日◆昭和天皇の戦後巡幸が始まる

一九四七（昭和二二）年
五月三日◆昭和天皇と新聞記者との会見を各紙で報道
六月六日◆昭和天皇、関西巡幸中に毎日新聞大阪本社を訪問
八月四日◆宮内府とメディアが「宮廷用語の一新」を申し合わせたと報道
一〇月一四日◆一一宮家が皇籍を離脱（臣籍降下）

一九四八（昭和二三）年
一〇月五日◆昭和天皇、皇后とともに三越百貨店で開催の「自由を守る新聞文化展」を見学

一九四九（昭和二四）年
二月二五日◆昭和天皇が辰野隆、徳川夢声、サトウハチローと会見
一〇月六日◆昭和天皇、日本新聞協会役員らを会食に招き懇談

一九五〇（昭和二五）年
五月二〇日◆孝宮和子内親王、鷹司平通と結婚
一〇月二日◆昭和天皇と皇后、皇居内で全国の新聞社の代表一三〇名と会見

一九五一（昭和二六）年
一月一日◆『中部日本新聞』が昭和天皇の御製を独占掲載

一九五二（昭和二七）年
二月◆『週刊サンケイ』創刊。七月、『週刊読売』創刊
一〇月一〇日◆順宮厚子内親王と池田隆政が結婚
一一月一〇日◆明仁皇太子の成年式・立太子礼

一九五三（昭和二八）年
二月一日◆ＮＨＫテレビ、本放送を開始

三月三〇日〜一〇月一二日◆明仁皇太子、欧米一四カ国を訪問（六月二日にはエリザベス英女王の戴冠式に出席）
八月二八日◆日本テレビ、放送を開始

一九五六（昭和三一）年
二月六日◆『週刊新潮』創刊
四月◆小説『孤獨の人』（藤島泰輔）刊行

一九五七（昭和三二）年
三月六日◆『週刊女性』創刊

一九五八（昭和三三）年
七月二七日◆『週刊明星』創刊
一一月二七日◆宮内庁が正田美智子の皇太子妃決定を正式に発表
一二月一二日◆『女性自身』創刊

一九五九（昭和三四）年
四月一〇日◆明仁皇太子、正田美智子と結婚
七月一五日◆美智子妃の妊娠が発表される
一〇月五日◆「皇室アルバム」放送開始

一九六〇（昭和三五）年
二月二三日◆浩宮徳仁親王、誕生

一九六一（昭和三六）年
二月一日◆嶋中事件
三月二六日◆明仁皇太子・美智子妃の地方訪問が本格的に始まる
一二月二一日◆中央公論社、『思想の科学』天皇制特集号の発売中止を決定

一九六二（昭和三七）年
一一月一日◆美智子妃、フィリピン訪問に際し記者会見で戦争の記憶について答える

一九六三（昭和三八）年
三月一一日◆宮内庁、雑誌『平凡』に連載中の小説「美智子さま」（小山いと子）の掲載中止を平凡出版に申し入れる
三月二二日◆美智子妃の第二子、流産の措置

一九六四（昭和三九）年
二月二〇日◆美智子妃単独の記者会見

一九六九（昭和四四）年
八月一二日◆明仁皇太子、記者会見で「象徴」について説明

一九七一（昭和四六）年
九月二七日〜一〇月一四日◆昭和天皇、初の外遊として欧米諸国を訪問

一九七三（昭和四八）年
九月◆ジャーナリストの児玉隆也、月刊誌『現代』に「皇太子への憂鬱」寄稿

一九七五（昭和五〇）年
七月一七日〜◆明仁皇太子・美智子妃、沖縄を訪問。一七日には「ひめゆりの塔事件」起こる（その後、沖縄には七六年、八三年、八七年（二回）、九三年、九五年、二〇〇四年、一二年、一四年、一八年に訪問）
一〇月九日◆評論家・ノンフィクション作家の上前淳一郎、『週刊文春』に「〝皇太子世代〟から見る次代の天皇像」寄稿

一九七七（昭和五二）年
九月◆ジャーナリストの橋本明、月刊誌『現代』に「中年皇太子がいま燃えている」寄稿

一九七八（昭和五三）年
一〇月二三日◆昭和天皇、来日した中国の鄧小平副首相と会見

一九八六（昭和六一）年
一月一日◆明仁皇太子・美智子妃の韓国訪問の検討を『朝日新聞』が報道（のち無期延期となる）

一九八七（昭和六二）年
九月二二日◆宮内庁、昭和天皇の入院治療を発表

一九八八（昭和六三）年
九月一九日◆昭和天皇、大量吐血
九月二一日◆昭和天皇の病状報道を受け、イベントなどの自粛についての報道が始まる

一九八九（昭和六四・平成元）年
一月七日◆昭和天皇、死去。明仁皇太子が即位
一月八日◆元号が「平成」と改められる
四月一三日◆明仁天皇、来日した中国の李鵬首相と会見
八月四日◆明仁天皇、即位後初めての記者会見。宮内庁は初めて「会見」と認める
八月二六日◆礼宮文仁親王と川嶋紀子の婚約を『朝日新聞』が報道

一九九〇（平成二）年
五月二四日◆明仁天皇、来日した韓国大統領・盧泰愚との会見で戦争責任問題に触れ「痛惜の念」と述べる
六月二九日◆礼宮文仁親王と川嶋紀子が結婚、秋篠宮家が創設

一九九一（平成三）年
七月一〇日◆明仁天皇・美智子皇后、長崎県の雲仙・普賢岳噴火の被災地を訪問
九月二六日～一〇月六日◆明仁天皇・美智子皇后、タイ、マレーシア、インドネシアを訪問

一九九二（平成四）年
二月一三日◆徳仁皇太子の結婚をめぐり宮内庁の要請を受けて新聞協会加盟各社が自粛の報道協定を申し合わせる
一〇月四日◆「皇室グラフィティ」放送開始
一〇月二三日～二八日◆明仁天皇・美智子皇后、中国を訪問。歴史問題につき「深く悲しみとするところ」との「おことば」を述べる

一九九三（平成五）年
一月六日◆徳仁皇太子の結婚をめぐり、小和田雅子が皇太子妃に決定と報道
四月一五日◆『週刊文春』に「吹上新御所建設ではらした美智子皇后『積年の思い』」掲載
六月九日◆徳仁皇太子、小和田雅子と結婚
七月二七日◆明仁天皇・美智子皇后、北海道南西沖地震の被災地を訪問
八月◆月刊誌『宝島30』八月号に仮名の宮内庁職員による「皇室の危機」掲載
九月三日～一九日◆明仁天皇・美智子皇后、イタリア、ベルギー、ドイツを訪問
一〇月二〇日◆美智子皇后、誕生日を前に宮内記者会からの質

問に対し、一連のバッシング報道についてコメント。その後、心因性ストレスによる失声症を発症

一九九四（平成六）年
二月九日◆徳仁皇太子・雅子皇太子妃、初めての記者会見
二月一二日～一四日◆明仁天皇・美智子皇后、硫黄島を含む小笠原諸島を訪問
六月一〇日～二六日◆明仁天皇・美智子皇后、アメリカを訪問
一〇月二日～一四日◆明仁天皇・美智子皇后、フランス、スペインを訪問
一一月五日～一五日◆徳仁皇太子・雅子皇太子妃、初の海外訪問としてサウジアラビア、オマーン、カタールなどを歴訪
一二月二〇日◆明仁天皇、誕生日の記者会見で戦後五〇年を迎える心境につき「戦争の禍の激しかった土地に思いを寄せていく」と語る

一九九五（平成七）年
一月一七日◆阪神・淡路大震災が発生
一月二〇日～二八日◆徳仁皇太子・雅子皇太子妃、クウェート、アラブ首長国連邦、ヨルダンなどを歴訪
一月三一日◆明仁天皇・美智子皇后、兵庫県を訪問し被災地を見舞う
七月二六日～二七日◆明仁天皇・美智子皇后、長崎・広島を訪問。八月二日には沖縄、三日には東京都慰霊堂を訪問
八月一五日◆明仁天皇、全国戦没者追悼式で「戦争の惨禍が再び繰り返されぬことを切に願い」との「おことば」を述べる

一九九六（平成八）年
一二月六日◆雅子皇太子妃、初の単独記者会見

一九九九（平成一一）年
九月一三日～一七日◆明仁天皇・美智子皇后、福島・栃木両県の豪雨災害の復興状況を視察
一一月一〇日◆明仁天皇・美智子皇后、即位一〇年に際し記者会見
一二月一〇日◆雅子皇太子妃が妊娠の兆候と『朝日新聞』が報じる
一二月三〇日◆雅子皇太子妃、稽留流産と診断

二〇〇一（平成一三）年
五月一五日◆宮内庁、雅子皇太子妃の懐妊を発表
七月二六日◆明仁天皇・美智子皇后、新島、神津島、三宅島の災害状況を視察（二〇〇六年三月には三宅島を再訪）
一二月一日◆雅子皇太子妃、愛子内親王を出産

二〇〇三（平成一五）年
七月一日～五日◆明仁天皇・美智子皇后、有珠山噴火災害の復興状況を視察
一二月四日◆雅子皇太子妃、帯状疱疹を発症し入院

二〇〇四（平成一六）年
五月一〇日◆徳仁皇太子、記者会見で雅子皇太子妃に対する「人格否定」があったと発言
七月三〇日◆宮内庁、雅子皇太子妃が適応障害と発表
一一月六日◆明仁天皇・美智子皇后、新潟県中越地震の被災地を見舞う

二〇〇五（平成一七）年
六月二七日～二八日◆明仁天皇・美智子皇后、サイパン島を訪問

二〇〇六（平成一八）年
八月一七日～三一日◆徳仁皇太子一家、オランダを訪問

二〇〇七（平成一九）年
二月一六日◆オーストラリア人ジャーナリスト、ベン・ヒルズ著の『プリンセス・マサコ――菊の玉座の囚われ人』をめぐり、宮内庁と外務省の抗議を受けて講談社が出版の中止を決定

二〇〇九（平成二一）年
四月一〇日◆明仁天皇・美智子皇后、成婚五〇周年。ＮＨＫスペシャル「象徴天皇　素顔の記録」が放送される
一一月六日◆明仁天皇・美智子皇后、即位二〇年に際して記者会見

二〇一一（平成二三）年
三月一一日◆東日本大震災が発生。一六日には明仁天皇がビデオメッセージを発表
三月三〇日◆明仁天皇・美智子皇后、東京武道館で東日本大震災の避難者へ見舞い（四月には埼玉、千葉、宮城、茨城県を、五月には岩手、福島県を訪問）

二〇一三（平成二五）年
三月◆宗教学者の山折哲雄が『新潮45』に「皇太子殿下、ご退位なさいませ」を寄稿
一一月一四日◆宮内庁が「今後の御陵及び御喪儀のあり方について」を発表

二〇一五（平成二七）年
一月一日◆明仁天皇、新年に当たり「満州事変に始まるこの戦争の歴史を十分に学び、今後の日本のあり方を考えていくことが」極めて大切と述べる
四月八日～九日◆明仁天皇・美智子皇后、パラオのペリリュー島を訪問

二〇一六（平成二八）年
七月一三日◆明仁天皇が生前退位の意向とＮＨＫが報じる
八月八日◆明仁天皇による「象徴としてのお務めについての天皇陛下のおことば」がテレビ、ラジオ、インターネットなどを通じて伝えられる
九月二三日◆政府が「天皇の公務の負担軽減等に関する有識者会議」の設置を発表

二〇一七（平成二九）年
五月◆秋篠宮眞子内親王が小室圭さんとの婚約準備を進めていることをＮＨＫがスクープ、その後に婚約内定が発表される
六月九日◆「天皇の退位等に関する皇室典範特例法」が参議院本会議で成立

二〇一八（平成三〇）年
二月六日◆宮内庁が眞子内親王と小室圭さんの結婚に関係する儀式の延期を発表

二〇一九（平成三一・令和元）年
四月三〇日◆明仁天皇が退位
五月一日◆徳仁皇太子が天皇に即位、元号を令和と改める

二〇二四（令和六）年
四月◆宮内庁がインスタグラムで情報発信を開始
（敬称は略した。雑誌等の日付は発行日を記した）

新潮選書

皇室《こうしつ》とメディア——「権威《けんい》」と「消費《しょうひ》」をめぐる一五〇年史《ひゃくごじゅうねんし》

著　者 ……………… 河西秀哉《かわにしひでや》

発　行 ……………… 2024年12月15日

発行者 ……………… 佐藤隆信
発行所 ……………… 株式会社新潮社
〒162-8711 東京都新宿区矢来町71
電話　編集部 03-3266-5611
　　　読者係 03-3266-5111
https://www.shinchosha.co.jp
シンボルマーク／駒井哲郎
装幀／新潮社装幀室
印刷所 ……………… 株式会社三秀舎
製本所 ……………… 株式会社大進堂

乱丁・落丁本は、ご面倒ですが小社読者係宛お送り下さい。送料小社負担にてお取替えいたします。価格はカバーに表示してあります。

ISBN978-4-10-603919-5 C0330